한 권으로 읽는 불교 교리

일러두기

- 이 책은 1997년 7월부터 2001년 1월까지 모두 160회에 걸쳐 〈불교신문〉에 연재되었던 '지명 스님의 교리산책'을 엮은 것입니다.

- 연재 글 중 중복되는 부분이나 당시 벌어졌던 특정한 '사건' 등에 대해 쓴 글들은 제외하고 모두 126편으로 다시 엮었습니다.

- 신문 연재 당시 독자의 질문이나 이에 대한 답변 등도 가능한 한 그대로 살려 두었습니다.

- 본문 중 고타마 싯다르타를 지칭할 때는 '세존', '석존' 혹은 '석가세존'으로 표기하였으며 깨달은 분 일반을 지칭할 때는 '부처님'으로 표기하였습니다.

- 본문에 있는 부연 설명은 편집자가 붙인 것입니다. 이에 대한 책임은 저자가 아니라 편집자에게 있음을 밝힙니다.

한 권으로 읽는 불교 교리

초기불교에서 밀교까지
불교 교리의 핵심을 관통하는
126가지의 질문과 답

목
차

1장

고와 연기
苦　　　　緣起

001 고苦란 무엇인가 I

사람은 왜 사는가? 이 물음은 옛날 옛적부터 무수히 던져졌지만, 아직도 그 효력을 잃지 않고 있다. 많은 이들이 나름대로 이 질문에 대한 답을 만들었다. 그러나 그 답들은 모든 사람을 만족시키지 못한다. 이 사람은 이 답을 좋아하고 저 사람은 저 답을 좋아한다. 과거, 현재, 또는 미래의 모든 사람을 한꺼번에 만족시키는 답은 아직 없다.

사람이 사는 목적에 대해서 한마디로 분명하게 대답할 수는 없지만, 이것만은 분명하다. 세상의 모든 생명은 본능적으로 살고 싶어 한다는 것, 그리고 그 삶에서 안락과 행복을 기대한다는 것이다. 목숨을 가진 것은 무엇이나 살고 싶어 한다.

물론 자진해서 죽음으로 뛰어드는 것도 많다. 가령 불나비는 스스로 불에 뛰어들어 타 죽는다. 하지만 불나비는 결코 죽기 위해서 불로 뛰어든 것이 아니다. 불에 들어가면 죽게 된다는 것을 모르고 뛰어들었을 뿐이다. 자살하는 사람도 많다. 그러나 그의 목적은 죽음 그 자체가 아니다. 죽음으로 삶에 대한 자신의 절망과 반항을 표현할 뿐이다. 사는 것만이 전부가 아니다. 비교적 잘 살아야 한다. 사랑, 돈, 명예, 권력 등이 있어야 한다. 소유에 대한 절대적인 기준은 없다. 오직 상대적으로 남보다 더

갖거나 적어도 남이 가지는 만큼은 가지고 싶어 한다. 안락하고 행복하게 살고 싶어 한다. 그런데 세상이 우리 맘대로 되지 않는다. 중·고등학생들이 훗날 좋은 직장과 배우자를 만나려면 먼저 좋은 대학에 입학해야 하고, 일류 대학에 가려면 지독하게 공부해야 한다. 공부에 취미가 있는 학생, 또 공부한 만큼 진전이 있는 학생은 문제가 없겠지만, 그렇지 못한 학생에게 있어서 공부는 고통이다. 어려움은 여기서 끝나지 않는다. 실력 있는 사람이 힘껏 노력해도 안 되는 일은 너무도 많다. 돛단배를 타고 바다에 나가 보라, 순풍이 불어 주면 아무리 먼 목적지라도 잘 갈 수 있다. 그러나 바람이 없으면 아무리 노력해도 성취가 없다. 노를 저어서 나아가 본들 별 진전이 없다.

　예전에 비리로 청문회에 섰던 어떤 재벌은 "운이 9할이고 사람의 실력과 노력이 1할"이라는 말을 했다. 이 말을 믿고 싶지 않지만, 우주를 감싸고 있는 업과 인연의 바람 앞에서 우리는 너무도 미약하다. 우리의 노력이라는 것은 기껏해야 바람이 불어 줄 때, 배가 제 방향을 잡아서 잘 나아갈 수 있도록 준비하는 데 불과하다. 만사는 이루기가 쉽지 않다. 설사 처음에 꿈꾸었던 것을 성취한다고 하더라도, 우리의 고민은 끝나지 않는다. 점점 더 높은 목표가 연이어서 생겨나기 때문이다. 또 많은 사람 가운데서 몇몇만 누리는 정상의 자리에 오른다고 하더라도, 문제는 또 있다. 그 정상을 지키기 위해서 피나는 노력을 기울여야 하기 때문이다. 조금만 방심하면 천길 만길 낭떠러지로 미끄러진다. 어떤 이가 자신의 꿈을 이루고, 정상의 자리를 잘 지킨다고 치자. 여기에 또 다시 인간의 변덕인 병, 늙음, 죽음이 찾아온다. 좋아하는 사람과 이별하거나, 사랑하던 이가 원수로 변하는 수가 있다. 마음에 들지 않는 사람과 같이 살을 비비며 살아야 한다. 여기에 병과 늙음과 죽음이 곁들이면, 헤아릴 수 없이 많은 고통들이 생겨난다.

부처님의 가르침은 아주 간단하다. 오직 모든 사람이 되풀이해 온 저 물음에 답하고자 할 뿐이다. 살려고 하는 사람들에게 참으로 살 수 있는 길을 가르쳐 주고, 안락과 행복을 구하는 이들에게 그것을 얻는 방법을 전해 주려는 것이다. 의사가 환자의 병을 치료하려면 먼저 진찰이 있어야 한다. 우리가 고통으로부터 벗어나려면 우리의 고통을 여실히 보아야 한다. 불법의 첫 걸음은 인간의 고통을 있는 그대로 보는 것이다. 그래서 불교 교리의 기본인 사성제四聖諦 즉 네 가지 진리는 고통의 관찰로부터 시작된다. 먼저 고통을 관찰해야 그 원인을 찾고 그것을 제거할 방법을 강구할 수 있기 때문이다.

사성제四聖諦 또는 사제四諦
괴로움苦 · 괴로움의 원인集 · 괴로움의 소멸滅 · 괴로움을 끊는 방법道. 네 가지를 말한다.

002 고苦란 무엇인가 II

석존의 기본적인 가르침인 사성제의 고통을 우리의 현실로 단정하자, 이에 동의하지 않는 독자들의 항의성 전화가 있었다. 어떤 이는 자신이 살만큼 살아봤지만 별로 고통을 느끼지 않는데 왜 불교에서는 멀쩡한 사람에게 괴로움을 느끼라고 강요하느냐고 물었다. 다른 이는 인간의 무력함을 돛단배에 비유한 데 대해서 "돛단배를 타지 말고 모터보트를 타면 될 것이 아니냐!"고 힐난했다. 현실을 괴로운 것으로 기정사실화 하는 태도라든지, 그것을 뒷받침하기 위한 비유가 틀렸다는 것이다. 그렇다면 고통에 대한 불교의 기본적인 입장은 무엇인가? 세상은 고통으로만 되어 있는가? 아니다. 고통도 있고 즐거움도 있다. 단지 사람이 스스로 고통만을 느끼거나 즐거움의 요소가 한 뭉치로 뒤섞여 있다는 것이다. 그래서 세상이 고통으로만 차 있다거나, 즐거움으로만 차 있다거나, 고통과 즐거움이 반반이라거나, 고통도 없고 즐거움도 없다는 주장이 똑같이 가능하게 된다. 고통과 즐거움의 요소는 증감이 없이 항상 그대로이지만 사람의 업과 생각이 선택해서 각기 다르게 느낀다는 것이다.

저 질문자들처럼 고통을 느끼지 못하는 것도 둘로 나누어 볼 수 있다. 하나는 아직 세상의 맛을 보지 못해서 고통을 느끼지 못하는 것이요,

다른 하나는 세상을 여실히 보고 고통과 즐거움이 둘이 아니라고 체달한 것이다. 후자의 경우라면 참으로 다행이고 그러기를 바란다. 전자의 경우라면 세상의 속맛을 보려고 더 노력해야 한다.

만약에 말이다, 어떤 이가 깊은 사랑을 해 보지 않고 삶 또는 세상에 대해서 다 안다고 하면 어떤가? 긴말할 것도 없이 그는 틀렸다. 삶의 목숨 또는 호흡은 사랑에 있다. 사랑을 해 보면 어떤가? 괴롭다. 아무리 나를 상대에게 주어도 나는 더 주고 싶은데 그것이 마음대로 되지 않는다. 줄 수가 없다. 어디에선가 숨어 있던 동물의 마음은 상대를 훔치려고 한다. 한쪽 마음은 한없이 주고 싶고, 다른 쪽 마음은 한없이 빼앗고 싶다. 죄스럽고 괴롭다. 삶은 사랑이고, 사랑은 괴로움인데, 괴롭지 않다는 것은 그가 진정으로 사랑하지 않았다는 것을 나타낸다.

젊었을 때는 누구나 강하게 밀어닥치는 성욕을 경험한다. 성욕에 시달리는 것은 괴롭다. 상대를 찾아 방황하게 만든다. 많은 생각과 시간과 에너지를 소모시킨다. 이때 수음으로 배설했다고 치자. 방황과 괴로움은 즉각 멈춘다. 자기가 할 일에 전념할 수 있다. 그러나 여기에서 그의 생명력은 멈추고 만다. 상대를 찾고 상대를 사랑할 힘의 뿌리를 잘라 버렸기 때문이다. 이제부터는 오직 사람의 몸을 가진 기계만 있을 뿐이다. 사랑도 괴로움도 없는 기계 말이다. 그래서 석존은 성불구자가 성불할 수 없다고 가르쳤다. 욕망의 괴로움을 피하기 위해서 수음식으로 배설하는 것이 성욕에만 있을까? 음식에도 있고 돈에도 있다. 또 권력이나 명예에도 있다. 강아지가 뼈다귀 하나를 입에 물고 남이 없는 곳에 가서 하루를 보내듯이, 아주 작은 음식, 돈, 권력, 명예를 잡고 끊임없이 괴롭히는 원초적인 사랑의 욕망을 배설하려고 한다. 어떤 종류의 자위행위도 사랑을 찾는 생명의 기운을 죽여 버린다. 그런데, 석존은 어느 한 사람을 사랑하는 작은 고통을 가르치려고 하지 않는다. 자기를 지우고 모든 중생의 목숨을 사랑하는 큰 고통을 가르치려고 한다. 나만의 이별이 아니라 모든 중생의 이별을 멈추고, 나만의 죽음이 아니라 모든 사람의 죽음도 뛰어넘는 길을 찾으려고 한다. 나와 나의 애인을 하나로 만들고 나의 애인과 모든 사람을 하나로 보려고 한다. 나, 남, 그리고 온 우주를 한 몸으로 살려고 한다. 내 목숨보다도 더 사랑하는 나의 아들, 딸, 부모, 남편, 아내, 또는 연인을 잃었다고 치자. 작은 고통을 겪는 사람은 죽은 그 당사자가 다시 살아나기를 바란다. 그러나 큰 고통을 겪는 사람은, 세상의 모든 것에서 그들의 얼굴 윤곽을 그리려고 한다. 어느 곳에서나 나타나고 어느 것에서나 살아 있는 그들의 얼굴을 보려고 한다. 그러니 중생 즉 뭇 애인들의 고통을 보는 그는 항상 슬픔에 차 있다. 항상 글썽이는 눈망울로 세상을 본다.

큰 고통은 큰 사랑이요 큰 슬픔이다. 고통의 현실을 바라보는 것은 괴로워하기 위해서가 아니다. 고통으로부터 벗어나기 위해서다. 새가 바람을 피하는 법을 관찰해 보자. 반드시 바람 쪽을 향한다. 그래야만 바람이 깃털 속으로 파고드는 것을 막을 수 있다. 돛단배도 마찬가지이다. 강풍이 불어올 때 그것을 피하려고 바람을 등지면, 돛이 너무 강한 바람을 한꺼번에 받은 나머지 배가 곤두박질치고 만다. 오히려 바람을 향할 때, 그 바람의 강타로부터 벗어날 수 있다. 고통도 마찬가지이다. 고통을 바라볼 때 우리는 고통의 폭풍으로부터 벗어날 수 있다. 그래서 석존은 맨 먼저 우리의 고통에 대해서 가르치신 것이다.

003 고苦란 무엇인가 III

앞에서 말했듯이 석존의 기본적인 가르침은 고苦 · 집集 · 멸滅 · 도道 사성제이다. 즉 고통의 현실, 그 고통의 원인인 번뇌 뭉치, 번뇌로부터 해방된 열반의 이상 경지, 그리고 열반에 이르는 수행의 방법으로 이루어진 네 가지 진리이다. 모든 불경과 교리는 이 사성제의 어느 부분이나 전체를 설명하는 것이다.

아무리 복잡하고 심오한 교리라고 할지라도 사성제를 풀이하는 범위를 벗어날 수 없다. 연기緣起, 공空, 성구性具, 유식唯識, 유심唯心, 여래장如來藏, 불성佛性, 진언眞言, 정토淨土, 보살도菩薩道 등의 심오한 교리들도 모두 중생의 현실 처지, 그 원인, 그리고 고통으로부터 벗어나는 방법을 제각기 해석한 것일 뿐이다. 그래서 불교 초심자들이 우선 사성제를 터득해야 하는 것은 더 강조할 필요도 없다.

그렇다면 고통의 원인은 무엇인지 생각해 보자. 고통의 원인은 두 가지 방면에서 생각할 수 있다. 하나는 고통을 만드는 존재의 현실, 다른 하나는 우리 자신의 마음과 행동이다. 세상이 무상하지 않다면 무너지는 것도 이별하는 것도 없고, 따라서 괴로울 것도 없을 것이다. 그러나 우리가 아무리 불평하더라도 세상의 무상은 어찌할 수 없다. 무상은 존재의 실상 그 자체이다. 그렇다면 우리는 고통의 원인을 내부에서 찾아야 한다.

석존이 가르치는 고통의 원인은 갈애渴愛이다. 목마른 이가 물을 구하 듯이 재물, 색, 음식, 명예, 안락 등의 오욕락에 헐떡거리며 집착하는 데 서 고통이 온다는 것이다. 이 갈애는 세 가지 유형으로 나타난다. 첫째는 직접적으로 세상의 오욕락에 대해서 집착하는 것, 둘째는 하나를 얻으면 둘을 갖고 싶어 하는 식으로 끊임없이 붙잡으려고 하는 것, 셋째는 마음 대로 안 될 때 반항적이고 자포자기적인 허무주의에 빠져서 삶 자체를 부 수려고 하는 것이다.

1997년도 절찬리에 종용한 텔레비전 드라마 〈신데렐라〉가 있다. 제주 도에서 서울로 간 자매가 신분 상승을 위해서 갖은 고초를 겪어 가며 애 쓰다가, 자살을 시도하고 기억상실증까지 이를 정도로 극심한 고통을 겪 고는 다시 고향의 제자리로 돌아간다는 줄거리로 이루어져 있다. 언니는 목적 달성을 위해서 수단 방법을 가리지 않고 저돌적으로 대드는 형이다. 동생은 표면적으로는 착하고 온순하고 과욕이 없는 것처럼 보이지만, 내 면적으로는 기회가 온다면 언제나 자신을 억눌러 온 언니를 이겨 보고 싶다는 무의식에 시달리는 외유내강의 형이다.

이 드라마의 작가는 편의상 두 가지의 극단적인 유형만을 과장해서 들었지만, 흰색과 검정색 사이에 헤아릴 수 없이 많은 회색이 있듯이, 이 두 유형의 중간에도 많은 신분 상승 욕망의 인간형이 있을 것이다. 사람 에 따라 차이는 있을지언정, 우리에게는 누구를 막론하고 물질적 또는 형 상적으로 높이 솟아오르려는 욕구가 있다. 그 욕망이 평소에는 얌전하게 잠자는 척 하고 있지만, 어떤 기회가 올 때는 눈알을 부라리며 살인이라 도 할 듯이 덤빈다. 일을 저지르는 사람들은 본래부터 악인의 종자가 아니다. 숨어 있던 갈애의 집착심이 어느 날 한 순간에 사람을 미쳐 버리게 할 정도로 강하게 동했을 뿐이다. 남보다 적게 얻은 것에 만족한다면 얼마나 편안할까. 세상은 그렇지 않다. 처음에 세운 목표의 성취로 만족하기는 쉽지 않다. 새 목표를 세운다. 사랑을 얻고 나면 돈이 생각나고, 돈을 얻고 나면 권력을 갖고 싶다. 파도의 끝에 오르면 이제는 그 성취를 지키고 싶다. 마음대로 되지 않으면 될 대로 되라는 듯이 자기파멸의 길로 빠지기도 한다. 잠복해 있는 갈애는 눈에 보이지 않지만 때가 되면 엄청난 폭발력을 갖고 나타난다. 그래서 고통의 뿌리가 된다.

오욕락五欲樂
눈, 귀, 코, 혀, 몸의 다섯 가지 감각 기관을 잘 다스리거나 조절하지 못해 다섯 가지 대상을 향해 욕망이 일어나는 것을 말한다.
일반적으로 재물, 색, 음식, 명예, 수면에 대한 갈애나 탐착을 뜻하기도 한다.

004 갈애渴愛 - 고통의 원인

앞에서 우리는 고집멸도 사성제의 둘째인 집集을 번뇌의 뭉치라고 보고, 번뇌 가운데서도 그 핵심을 이루는 것을 갈애라고 읽었다. 갈애가 고통의 원인이라는 것이다.

이에 대해서, 어떤 이는 이런 질문을 한다. 종교는 사람을 위해서 있는 것이다. 세상 사람들이 사랑과 돈과 명예를 구하고 결혼해서 자식을 가지는 것을 탓할 수는 없다. 오욕락을 구하고 누리면서도 바르게 사는 건전한 사람들도 많다. 그렇다면 불교는 불행을 초래하는 어떤 과도한 탐욕과 집착만을 특별히 경계하는 것인가 아니면 사회 구성원 전체의 보편적인 욕망마저도 문제 삼는 것인가? 만약 후자라면 불교는 현실을 부정하는 것이 아닌가? 불교가 지금 숨 쉬며 살아 있는 사람들의 생존 의미와 가치를 송두리째 지워 버리려고 한다면, 종교로서의 무슨 역할을 할 수 있단 말인가?

이 물음은 현실에 별 문제가 없다고 생각하는 이에게서 나온 것이다. 부처님은 고통의 원인을 갈애라고 가르치는데, 고통 자체를 느끼지 못하는 이는 그 원인으로서의 갈애를 받아들일 수 없는 것이다. 그렇다면 저 질문이 지적하듯이 고통의 뿌리로서의 갈애는 특별히 넘치는 집착심을 뜻하는가 아니면 중생심 전체를 말하는가?

한마디로 대답한다면 둘 다이다. 과도한 갈애뿐만 아니라 평범한 사람들의 애욕도 고통의 뿌리가 된다. 요즘 우리는 10대들의 폭력성과 난잡성을 문제 삼고 있다. 동료나 후배 학생들을 폭력으로 괴롭히고 선생님마저도 두들겨 패는 청소년들이 있는가 하면, 자신들이 음란행을 시연하고 그것을 비디오로 찍어서 판매하는 남녀 중고생들도 있다. 60퍼센트 이상의 중고생들이 집을 나가고 싶다고 한다. 그렇다면 이들을 염두에 두고 물어 보자. 저들에게 괴로움을 겪을 만한 원인이 있는가?

주린 배를 움켜쥐고 보릿고개를 넘으며 살아온 우리의 입장에서 보면 저 아이들은 괴로워할 만한 것이 없다. 부모들은 저들을 가르치기 위해서 파출부로 나가거나 심지어는 도둑질이라도 할 각오가 되어 있다. 돈에 쪼들리면서도 아이들을 가르치는 데는 큰돈 쓰기를 주저하지 않는다.

요즘 아이들은 예전보다 경제적으로 풍족하고, 성적으로도 자유롭게 접촉할 기회가 많아졌다. 여론조사 기관들도 청소년들의 남녀 접촉이 성인들이 상상할 수 없을 정도로 많다고 밝히고 있다. 민주 의식이 높아지면서 나이 어린 이들에 대한 인권도 과거에 비해 존중되고 있다. 어른들이 보면 저 아이들의 고통은 이해가 안 된다. 그럼에도 불구하고 아이들은 집으로부터 뛰쳐나가고 싶을 정도로 괴롭다고 한다. 고통이 사실적으로 있는 것이 아니다. 사람이 공연히 스스로 괴로워할 뿐이다. 왜 그런가?

인간에게는 끊임없이 그리워하고 그것이 충족되지 않으면 외로워하는 본능이 있기 때문이다. 아이들이 아무리 집의 구속으로부터 벗어나 폭력을 쓰고 본드를 마시고 성적으로 발가벗어도 허전하고 괴롭다. 실제로 10대 포르노 비디오에 출연한 한 여중생은 초등학교에 다닐 때는 두 번

씩이나 반장을 맡았었다고 한다. 모범생이었다는 말이다. 한 순간 빗나가서 "될 대로 되라."의 길로 빠져서 아무렇게나 살았지만 괴로움은 더해만 갔다고 텔레비전 카메라 앞에서 울먹였다.

저 갈애의 심원에서 나오는 이유 없는 그리움과 외로움이 아이들에게만 있는가. 아니다. 누구에게나 있다. 단지 어른들은 그것들을 적당히 조절해서 배설하거나 참아낼 줄 안다는 점만 다를 뿐이다. 남보다 더 잘나고 성공하고 싶어 하는 사람들, 무엇엔가 무아지경으로 빠지고 싶어 하는 사람들, 모두 저 갈애를 정면으로 바라보지 않으려고 기를 쓰는 중이다.

우리가 용케 갈애의 그림자로부터 잘 피해 나간다고 하더라도, 마지막에는 어찌할 수 없이 만나야 하는 것이 있다. 바로 죽음의 고독이다. 죽음은 누구나 혼자 가야 하는 철저하게 외로운 길이다. 나를 사랑해 주던 이들도 나를 버리고 가야 하고, 내가 사랑하는 이가 있어도 나는 그를 버리고 가야 한다. 내가 심혈을 기울여 이루어 온 모든 성취들도 버려야 한다. 이 죽음은 육신의 소멸만을 말하는 것이 아니다. 저가 없이는 살지 못할 것 같은 내가 저에게 시큰둥해지는 마음의 죽음 또는 변덕도 포함된다.

불교는 이 세상이나 저 세상 어느 하나만을 위한 종교가 아니다. 이 세상에서는 살아 있는 이들이 과도한 갈애의 탐착에 빠지지 않도록 가르치고 죽음을 맞이해야 하는 모든 사람이 영원한 생명을 얻도록 안내한다. 고통의 원인으로 갈애를 드는 것은 결코 현실을 부정하기 위해서가 아니다. 자기 위주의 갈애를 타인 또는 우주 중심의 자비원력으로 돌리기 위해서이다.

(005) 미혹과 업 – 갈애의 뿌리

모든 결과에는 원인이 있다. 고통은 번뇌들이 움직여서 만들어 내고, 그 번뇌의 바닥에는 갈애가 있다. 갈애가 고통의 원인이다. 그렇다면 갈애의 원인도 있어야 할 것이 아닌가. 바로 미혹과 업이다. 이 두 가지 개념은 교리를 이해하는데 아주 중요하다. 불교는 이것을 설명하는 데 많은 부분을 할애한다.

우리가 앞으로 공부할 "연기법"은 바로 미혹과 업, 그리고 우리가 문제로 삼은 고통과의 연기 관계에서 이루어지기 때문이다. 미혹은 무명無明이라는 말과 같은 뜻으로 쓰인다. 무명은 "미혹의 가장 깊은 뿌리"랄까 "미혹의 원초"라는 의미이다. "우치愚痴"라는 말도 자주 만나게 되는데, 이 어리석을 치痴자도 미혹을 뜻한다.

업은 정신적 육체적 행동 습관이다. 범어 "카르마karma"를 음역해서 "갈마"라는 말로 쓰기도 한다. 사람은 습관의 동물이다. 모든 움직임에는 관성이라는 것이 있다. 습관의 관성은 없어지지 않는다. 이 습관의 축적을 업이라고 한다. 왜 미혹과 업이 갈애의 원인인가?

수행력이 높은 독신승이, 한 남자 갓난아기를 깊은 산속으로 데려다가 길렀다고 치자. 이 아이에게는 물질의 소유에 대해서 아무것도 가르쳐 주지도 않았다. 남녀관계에 대해서는 더욱이나 말해 주지 않았다. 이러할 경우 그 아이에게는 "내 것"이라는 생각이 떠오르지 않을까? 그 아이가 자라서 어른이 되었을 때, 여자에게 끌리는 마음이 없을까? 남을 이기고 싶은 마음은 없을까?

여러 사람이 같이 어울려 살 경우에는, 다른 사람들에게서 네 것과 내 것을 배우기 때문에 누구나 물질을 소유하고자 하는 마음이 있을 것이다. 그러나 혼자 살아온 아이도 자신과 자신의 소유를 생각하고, 애욕을 가진다면 그것은 누구에게서 배운 것이 아니다. 그 아이의 본성에 이미 갈애의 본능이 있는 것이다. 그러면 이 본능은 어디에서 생기는 것일까? 꽃씨처럼 바람을 타고 옮겨 온 것도 아니다. 자기 자신에게서 갈애의 마음이 우러난 것이다. 불교는 이것을 업으로 설명한다. 인간이 다겁생래로 애착의 생활을 해 왔기 때문에, 금생에 다른 이에게서부터 배우지 않아도 애착이 있게 된다는 것이다.

공동체 사회에 살면서, 다른 사람으로부터 애착을 배웠다고 해도 마찬가지로 업의 설명이 적용된다. 갈애를 가지기로 작정하고 세상에 태어난 사람은 없다. 사람들이 가지는 탐착심은 오직 개별적 또는 공동적 업의 산물일 뿐이다. 사람이 귀할 때보다는 사람이 많을 때 경쟁심이 더 극심해지고, 인심이 각박해 질 수는 있다. 그러나 그 각박한 인심도 누가 고의로 만들어 낸 것이 아니다. 사람이 서로 제 것을 챙기고, 남을 이기려고 하다 보니 그렇게 되었을 뿐이다. 어떤 이가 그 환경에 살면서 강한 집착심을 가지고 세상을 향해 달려들게 되었다면, 그 환경의 업이 그에게 전염된 것이다. 갈애는 업 때문에 생기는 것이다. 그러면 우리는 계속 물어야 한다. 업으로부터 갈애가 생긴다면, 사람은 왜 갈애의 업을 짓는가 하는 질문이다. 그것은 미혹하기 때문이다.

　어리석기 때문에 자신에게 맞지 않는 욕심을 내고, 그 욕심 때문에 업을 짓고, 업을 짓기 때문에 괴롭게 된다. 업의 근원을 미혹으로 보는 것은 죄인에 대해서 자비심을 가지는 중요한 근거가 된다. 세 사람이 각기 우리에게 입에 담을 수 없는 심한 욕설을 했다고 치자. 그런데 한 사람은 맑은 정신이었고, 다른 사람은 깊이 술에 취해 있었다. 또 다른 사람은 정신 이상자였다. 우리는 누구를 가장 미워할까? 말할 것도 없이 맑은 정신의 사람이다. 그는 정상적인 판단력을 가진 상태에서 욕설을 했기 때문이다. 술에 취한 사람이 참으로 제정신이 아니었다면 용서하기가 쉽다. 그리고 미친 사람은 제정신이 아니므로 아예 탓할 바가 아니다.

　갈애에 찬 업의 근원을 미혹으로 보는 것은, 사람들이 미혹의 상태 즉 제정신이 아닌 상태에 있다고 보는 것과 같다. 이런 입장에서는 그 미혹의 중생이 저지르는 갈애의 죄업을 보고 미워하기보다는 불쌍히 여기는 마음을 낼 수가 있다. 정신 이상자나 정신 박약아를 둔 가족들이 환자에 대해서 가련히 여기는 마음으로 사랑을 베풀듯이, 잘못을 미혹의 소산으로 보는 이는 사람들의 잘못을 소화할 수 있다.

　자 다시 한 번 확실하게 정리해 두자. 고통은 갈애에서 나오고, 갈애는 업에서 나온다. 그리고 그 업은 미혹에서 나온다. 이 관계를 혹업고惑業苦로 줄여서 말할 수도 있다. 혹업고를 삼도三塗라고 하는데 미혹의 윤회 세계를 설명하는 기본틀이 된다.

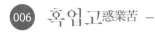

006 혹업고惑業苦 –
미혹의 윤회 세계를 설명하는 기본틀

우리는 지금 교리를 이해하는 데 키포인트가 되는 중요한 지점에 와 있다. 미혹, 악업, 고통의 순환적 의존 관계가 바로 불교에서 중요시하는 연기법의 기초이고 여기에 근거해서 윤회의 길과 해탈의 길이 설명되기 때문이다. 교리상 십이연기, 업감연기業感緣起, 아뢰야연기阿賴耶緣起, 진여연기眞如緣起, 법계연기法界緣起, 육대연기六大緣起, 성구연기 등 여러 가지의 연기설이 있지만 그 모든 것들은 이 혹업고 관계를 여러 각도에서 보충 설명한 것일 뿐이다.

고통의 원인이 갈애이고, 갈애의 원인이 업이고, 업의 원인이 미혹이라고 한다면, 우리는 계속해서 미혹의 원인이 무엇이냐고 물을 것이다. 그러나 실은 원인과 결과가 따로 있는 것이 아니라, 혹업고가 서로 서로 원인이 되기도 하고 결과가 되기도 한다.

나는 바닷가에서 조그만 돛단배를 타던 중에 폭풍을 만났다. 바람이 거세지면 당연히 육지로 돌아와야 한다. 그러나 내 마음속에는 엉뚱한 만용과 욕심이 생겼다. 그 폭풍과 씨름하면서 즐겨 보자는 것이었다. 바람이 갑자기 더 강해졌다. 나는 바람을 피하기 위해서 바람이 흐르는 방향으로 도망쳤다. 그런데 그것이 화근이었다. 돛이 바람을 너무 많이 받은 나머지 배가 뒤집어지고 부서졌다. 큰 배의 도움을 받아서 다행히 목숨은 건졌지만, 뒤에 생각하니 내가 너무 멍청했던 것이다. 폭풍이 불면 바다에 나가지 않아야 한다든지, 바람이 강하면 오히려 바람 쪽으로 뱃머리를 향해야 한다는 기본적인 원칙을 떠올리거나 행하지 못한 것이다. 왜 내가 그리 바보짓을 했을까?

돌이켜 보니 나의 자만과 과욕이 판단을 흐리게 했고 잘못된 판단이 고난을 만든 것이었다. 이 세상은 욕망의 바다이다. 너 나 할 것 없이 크고 작은 욕망을 가지고 있다. 그 욕망이 자기 것일 경우에는 아름다운 이상으로 보이고 남의 것일 때는 과욕으로 보인다. 내 중심으로 세상을 보는 우리의 마음에는 바른 판단이 나올 수가 없다.

평소에 우애를 나누며 잘 지내던 형제들도 부모가 많은 유산을 남기고 사망했을 때 체면을 벗어 던지고 더 큰 몫을 갖기 위해서 날뛴다. 재물, 애정, 권력 등이 눈을 가리면 사람이 미쳐 버려서 어떤 일이라도 저지를 수 있다. 일류 대학 법대를 졸업한 한 수재가 자기의 결혼에 반대한다는 이유로 친구와 친구의 어머니를 살해하고, 자신도 음주운전 중에 사망한 일이 있었다. 아버지를 죽인 교수도 있고, 부인을 죽인 의사도 있다. 저들에게 지식은 넘치도록 많았다. 갈애의 탐착에 빠지면 바른 판단력을 잃을 수밖에 없다. 미혹해질 수밖에 없다. 탐착하면 미혹하고, 미혹하면 악업을 짓고, 악업을 지으면 고통을 받는다. 이렇게도 말할 수 있다. 악업을 짓다 보면 미혹해지고, 미혹하면 고통을 받게 된다거나, 고통을 받으면 더욱 미혹해져서 악업을 짓고, 고통은 더욱 커지게 된다는 것이다.

티베트 육도윤회도

　미혹과 악업과 고통이 서로 앞서거니 뒤서거니 하면서 원인과 결과가 된다. 그렇다면 혹업고에 일정한 순서가 없는가? 있다. 다음에 십이연기를 공부할 때 보게 되겠지만, 미혹해서 악업을 짓고, 악업을 짓기 때문에 고통을 받는다는 것이다. 논리적으로는 혹업고가 순서이다. 허면 이 논리적 순서가 시간적 순서와 일치하는가.

　그렇지는 않다. 시간상으로는 동시적이다. 미혹이 있은 후에 업을 짓고 업을 지은 후에 고통을 받는 것이 아니다. 미혹이 있는 그 자리에는 바로 업과 고통이 있고, 업이 있는 곳에는 미혹과 고통이 있다. 고통이 있는 곳에도 마찬가지로 반드시 미혹과 업이 있다. 이 셋은 항상 한 몸으로 붙어 있다.

　그래서 우리가 혹업고를 보다 정확하게 나타내려면 "미혹과 업에 찬 고통", "미혹과 고통에 찬 업" 또는 "업과 고통에 찬 미혹"이라고 불러야 할 것이다. 미혹과 악업과 고통은 생사윤회의 길이다. 불교는 윤회로부터 벗어나려고 한다. 그렇다면 해탈의 길, 즉 혹업고와 반대되는 길도 있을 것이다. 반야의 지혜, 해탈 수행, 법신안락法身安樂이다. 줄여서 반야, 해탈, 법신이라고 하고, 이 셋을 삼덕三德이라고 부른다. 미혹의 반대는 반야라는 지혜이고, 업의 반대는 해탈을 향한 수행이다. 그리고 고통의 반대는 우주의 몸인 법신을 사는 안락이다.

혹업고 삼도는 윤회의 과정이 되고, 반야, 해탈, 법신의 삼덕은 해탈의 과정이 된다. 그러면 어떻게 해야 혹업고 삼도를 삼덕으로 전환시킬 수 있을까. 미혹을 바로 반야로 전환시키거나 고통을 바로 법신으로 바꾸기는 어렵다. 그러나 우리의 악업을 수행으로 바꿀 수는 있다. 악업 대신에 수행을 하면 그 자리에 반야와 법신이 나타난다. 혹업고 삼도가 한 몸체이듯이 반야, 해탈, 법신도 한 묶음이기 때문이다.

108번뇌

갈애는 크게 세 종류로 나눌 수 있다. 감각적 욕망에 대한 갈애慾愛, 존재에 대한 갈애有愛, 존재하지 않음에 대한 갈애無有愛다. 이 세 가지 갈애가 안이비설신의 6근에서 일어나는 장소에 따라 18가지(3×6) 갈애가 생겨나고, 18가지 갈애는 또 내부대상과 외부대상의 두 가지가 곱해져서 36가지(18×2) 갈애가 된다. 여기에 과거, 현재, 미래 삼세가 곱해져서 총 108번뇌(36×3)가 된다.

007 혹업고惑業苦와 십이인연

미혹, 악업, 고통이 서로 의존 관계에 있다고 한 것에 대해 어떤 사람은 이런 의문을 제기한다. 불교는 모든 것에 대해서 확실하게 말하지 못한다. 다른 종교에서는 절대자가 모든 것을 창조했다고 말함으로써 세상의 시작을 분명히 밝히고 있는데, 불교에서는 모든 것의 시작과 끝이 없다고 하는가 하면, 고통의 뿌리를 추적해 가다가는 중도에서 상호 의존 관계에 있다는 논리로 어물쩍하면서 최초의 근본 찾기를 피한다는 것이다.

그렇다. 불교는 보통 사람들이 경험할 수 있는 것만을 말하려고 한다. 부처님의 말씀 가운데 전생과 윤회가 초현실적인 것으로 보일 수도 있지만, 그것은 인도의 모든 사람들이 공통으로 가진 문화이다. 또 불경에는 하늘에서 꽃비가 내리고 빛이 퍼지고 땅이 흔들리는 등의 법회 장면 묘사가 있기도 하지만, 그것은 문학적인 표현일 뿐이다. 다른 종교의 경전에서처럼 기적을 내세워서 교주가 위대하다는 것을 말하려고 하지 않는다.

우주의 시원인 창조자를 말하지도 않는다. 그래서 사람들의 경험에 기초한 불교는 과학이 발전할수록 그 심오함이 증명된다. 다른 종교에서처럼 과학과 배치되는 일은 없다. 또 우주의 시원을 따지는 것은 무의미한 일이다.

만약 최초의 조물주가 있다고 한다면, 그 다음에는 그 조물주는 누가 만들었느냐는 의문이 제기된다. 만약 본래 있었다고 한다면, 그 본래 있는 상태에 대해서 물을 것이다. 조물주를 묻지 않는다면 모르거니와, 만약 묻기로 한다면 끝까지 파고들어야 한다. 그러면 조물주론은 항복할 수밖에 없다. 또 계란과 닭, 볍씨와 벼 가운데 어느 것이 먼저냐를 따지는 것도 무의미한 일이다. 혹업고를 보다 자세하게 인간의 생존 현실로 설명한 것이 십이연기인데, 이것은 미혹 무명을 그 출발점으로 잡고 있다. 미혹 때문에 인간사의 모든 일이 벌어진다는 것이다. 그러나 이 미혹을 다른 종교에서처럼 우주의 시원으로 풀이해서는 안 된다. 이것은 누구나 경험하는 어리석음을 뜻하는 것이지, 우주가 벌어질 때 있으리라고 상상되는 최초의 혼돈이나 어둠을 의미하는 것은 아니다.

십이연기는 이렇게 진행된다. 미혹 무명으로 인해서 윤회의 세계로 가는 업이 있고, 윤회의 업으로 인해서 자기를 내세우는 인식이 나온다. 이 인식은 정신적인 것과 물질적인 것들을 만들고, 계속해서 여섯 가지 감각 기관, 감촉, 느낌, 사랑, 갈애, 존재, 태어남, 늙고 병들고 죽는 고통으로 이어진다. 열두 가지의 하나하나는 미혹이나 업이나 고통 가운데의 하나에 속하기 때문에 간단하게 줄이면 혹업고가 된다.

십이연기가 미숙한 쪽에서 성숙한 쪽으로 발전해 가는 면을 보고, 어떤 이는 생태학적으로 풀이하기도 한다. 사람이 뱃속의 태에 들어설 때부터 늙어죽을 때까지를 묘사했다는 것이다. 또 다른 이는 사람의 마음속에서 찰나에 일어나는 심리적인 현상을 나타냈다고 보기도 한다. 이 외에도 여러 방면에서 풀이할 수 있지만, 십이연기가 혹업고로 압축된다는 데는 다를 바 없다.

십이연기의 세 번째 가지에 인식이 있고 열 번째 가지에는 존재가 있다. 불교에서 마음의 연기를 밝히는 유식사상과, 존재에 실체가 없음을 밝히는 공사상이 큰 축을 이루면서 발전해 왔는데, 그 뿌리가 여기에 다 있는 것이다.

십이연기의 인식을 중심으로 생각하면 만법유식^{萬法唯識}의 연기론이 되고, 존재를 중심으로 생각하면 만법개공^{萬法皆空}의 실상론이 된다. 그러나 인식과 존재는 떨어진 것이 아니다. 한 줄기이다. 인식의 존재이고 존재의 인식이다. 우리는 앞에서 혹업고가 동시적이고 상호 포함적이라고 읽은 바 있다.

십이연기의 열두 가지도 마찬가지이다. 한 가지에는 다른 가지가 모두 포함되어 있다. 무명에는 업과 잘못된 인식과 갈애가 포함되어 있다. 그래서 인식이라 함은 미혹한 업의 인식이다. 존재도 마찬가지이다. 존재라는 것은 미혹한 업으로 갈애에 차서 인식한 것일 뿐이다. 태어남과 죽음도 마찬가지이다. 혹업고가 미혹의 길이고, 이를 뒤집은 반야, 수행, 법신이 해탈의 길이듯이, 십이연기에도 미혹의 길과 해탈의 길이 있다.

무명을 따라 업을 짓고 자기중심으로 분별하면 생사윤회로 갈 것이지만, 미혹을 지혜로 돌리고, 업을 수행으로 돌린다면 해탈열반의 길로 이어진다. 그래서 불경은 "무명으로 인해 윤회의 행위가 있고, 이 윤회의 업으로 인해 아집에 찬 잘못된 인식이 있고…"라고 설하는가 하면, "무명이 멸하면 윤회의 행위가 멸하고, 윤회의 행위가 멸하면 아집에 찬 인식이 멸하고…"라고 설한다.

008 연기법 I

불교 교리의 핵심은 무엇일까? 불교가 고통이 일어나는 원인과 소멸시키는 방법을 제시하는 데 쓰이는 기본적 원리, 또 불교가 파악한 모든 존재의 실상은 무엇일까? 이것은 연기법이다. 불교가 아무리 많은 방편의 문을 열지만, 어느 종파나 어떤 종사의 가르침도 반드시 연기법에 뿌리를 두고 있다.

　연기법의 기본은 간단하다. "이것이 있음으로써 저것이 있고, 이것이 일어남으로써 저것이 일어난다. 이것이 없으면 저것도 없고, 이것이 없어지면 저것도 없어진다."는 것이다. 세상의 모든 사물은 독자적으로 있을 수 없고, 반드시 상호의존의 관계 속에서 생기기도 하고 없어지기도 한다.

　"이것"과 "저것"은 혹업고에서처럼 상호의존의 관계를 나타내는 것, 십이연기에서처럼 연속적인 원인과 결과의 관계를 말하는 것, 삶과 죽음, 선과 악, 큼과 작음 등처럼 상대적인 개념을 나타내는 것, 또 혼자 존재할 수 없는 삼라만물의 상대적 구성체를 나타내기도 한다. 지게는 혼자 설수 없다. 반드시 작대기가 있어야 한다. 자동차는 혼자 갈 수 없다. 도로, 휘발유, 운전사 등이 있어야 한다. 볍씨만 가지고는 쌀이 나올 수 없다. 햇빛, 땅, 거름, 빗물, 노동력, 운송수단 등이 있어야 한다. 혼자 결혼하고 아기를 낳을 수 없다. 반드시 이성적 상대가 있어야 한다. 혼자 돈을 벌고, 권력을 잡고, 명예를 얻을 수 없다. 반드시 무엇에겐가 누구에겐가 의지해야 한다.

혼자 행복할 수 없다. 반드시 주변 환경이 갖추어져야 한다. 모든 것은 다른 것에 의지해서만 존재한다. 그림과 경치도 혼자 있을 수 없다. 그 것을 보는 눈이 있어야 한다. 장님에게 그림은 없는 것과 같다. 마찬가지로 귀머거리에게 음악은 없는 것과 같다. 주관과 객관은 홀로 존재할 수 없다. 세상에 불의가 없다면 정의도 있을 수 없다. 악이 없으면 선도 없다. 못난 것이 없으면 잘생긴 것도 없고, 추함이 없으면 아름다움도 없다. 작은 것, 낮은 것, 얕은 것이 있을 때, 큰 것, 높은 것, 깊은 것이 있을 수 있다. 모든 것은 상대적으로 있을 수밖에 없고, 따라서 의존 관계에 있게 된다. 좋은 쪽이든 나쁜 쪽이든 상대와의 인연 관계 또는 연기관계에 의해서 존재하게 된다는 것이다.

물질의 최소 단위인 분자나 원자는 어떤 상태에 있을까? 하나의 고 정체로서 영원히 불변의 상태로 존재할 수 있을까? 그렇지 않다. 원자핵의 양자와 중성자도 의존 관계 속에서 끊임없이 운동하는 상태에 있다고 한다. 원자 자체가 다른 것에 의탁해서 있거니와, 그 내부에서조차도 다른 성질의 것이 서로 의지해 움직이면서 변해가는 과정에 있다는 것이다. 세상의 모든 것이 의존 관계에 있다고 이해하는 것은 그리 어렵지 않다. 그러나 "나"가 관련되면 달라진다. 내가 피땀으로 이룩한 성취라도, 그것이 호젓이 내 것이 아니고 남에 의지해서 얻어진 것이거나, 남에게 의지해서 유지되는 상태에 있을 뿐이라고 인정하기가 어렵다. 나의 재산, 나의 권력, 나의 명예, 나의 자식, 나의 애인, 또는 나 자체가 온전히 내 것이 아니라는 것을 받아들이기가 어렵다.

태어남은 반드시 죽음에 의지해 돌아가야 하고, 만남은 반드시 이별로 끝나야 하는 세상이 야속하다. 그러면 왜 저 연기법이 그리도 중요한가? 연기의 상태, 즉 상호의존의 관계 속에서만 존재하는 우리의 처지 또는 실상을 여실히 봄으로써, 고통의 원인인 번뇌가 일어나는 것과 소멸되는 것, 생사윤회의 길과 열반적정의 길을 파악할 수 있기 때문이다.

모든 것이 서로 의존하는 관계 속에 있으므로 혼자서 존재할 수 없다. 하나가 움직이면 다른 것이 움직인다. 지구가 돌고 태양이 움직인다. 시간에 따른 변화가 있다. 육체와 마음, 주관과 객관이 움직인다. 이 상태에서 "있다"는 것은 "임시"의 상태에 있음을 뜻한다. 그래서 모든 사물에는 홀로 존재할 수 있는 자성自性 즉 "자기 존재"가 없다.

자기 존재가 없으므로 공空한 상태 즉 독자적 실체가 없는 상태에 있다. 모든 것이 독자적 실체가 없다는 상태를 뒤집어서 보면 모든 것에는 각기 다른 것이 포함되어 있다는 것이 된다. 사물 하나하나에 내 쪽의 것이 없으므로, 내 쪽에는 다른 쪽의 것이 처음부터 포함되어 있다는 것이다. 간단히 말하면 연기하므로 자성이 없고, 자성이 없으므로 공하고, 공하므로 다른 것을 포함한다.

연기법은 존재의 실상을 관찰하는 쪽으로 이용되기도 하고, 사물을 인식하는 쪽으로 쓰이기도 한다. 주관과 객관이 어떻게 발전해 나와서 자신이나 사물이 독자적으로 존재하는 것처럼 착각하게 되는 과정을 세심하게 살피는 것이 유식학唯識學이다.

009 연기법 II

연기법에 의하면 만사만물이 서로 의존 관계에 있으므로 독자적으로 존재하는 것은 하나도 없다. 여기에서 끝나지 않는다. 시간이 개입된다. 시간을 벗어나서 존재할 수 있는 것은 없다. "존재한다."거나 "살아 있다."는 것은 "어떤 시간 내에 있다."는 것을 뜻한다. 그런데 시간은 끊임없이 흘러간다. 일 분 일 초도 멈추지 않는다.

따라서 시간에 의지하는 것은 그 시간에 따라 변할 수밖에 없다. 무상할 수밖에 없다. 하루살이의 목숨은 짧다. 이름 그대로 일생이 하루뿐이기 때문이다. 유행가 가사에 나오듯이 나팔꽃도 아침에 피었다가 저녁에 진다. 꽃의 수명이 더 길 수도 있겠지만, 얼마지 않아 질 수밖에 없다. 다른 꽃들도 마찬가지이다.

그러면 우리의 수명은 어떤가. 분명히 백년은 하루에 비하면 엄청나게 길다. 그러나 영겁의 시간 속에 백년은 아주 작은 점에 불과하다. 모든 시간을 지도로 나타내기로 한다면, 아무리 넓은 종이를 써도 백년의 기간을 표시할 수가 없다. 실제로는 제법 큰 섬도 지도에는 나타낼 수 없는 것과 같다. 우리가 볼 때 하루살이의 하루가 아무것도 아니듯이, 우주의 시간에서 볼 때 우리의 목숨이 의탁해 사는 백년은 아무것도 아니다.

바다에서 연속적으로 흔들리는 배가 사람을 어지럽게 만들 듯이, 쉼 없이 움직이는 시간은 우리로 하여금 정신을 못 차리게 만든다.

어릴 때는 철이 없어서, 젊어서는 시간이 귀한 줄 몰라서, 그리고 늙어서는 기운이 없어서, 시간을 즐기지 못한다. 어른이 되면 얼마나 좋을 것인가 하고 나이 먹기를 손꼽아 기다리던 때가 엊그제 같은데, 무엇을 쫓느라고 젊은 시절을 정신없이 보내고, 이제는 흙으로 돌아갈 마음의 준비를 해야 하는 때에 이르렀다.

어떤 이는 여왕으로 태어나고 싶다고 하는가 하면 다른 이는 세계를 정복해서 통합하는 군주로 태어나고 싶다고 한다. 그러나 새로 태어나도 마찬가지이다. 시간은 그들로 하여금 정신없이 허둥대다가 죽게 만들 것이 뻔하기 때문이다. 시간만 흐르는 것이 아니다. 마음도 흐른다. 마음도 시간에 기대서 변한다.

처음에는 사람 두들겨 패는 것을 손뼉 치면서 좋아하던 사람들이, 시간이 지나고 나면 슬슬 싫증내기 시작한다. 사람들 손뼉 치는 것만을 보고 그들의 비위를 맞추기 위해서 힘을 쓰던 사람은 마침내 바보가 된다. 관객들이 모든 책임을 그 행위자에게 뒤집어씌우기 때문이다.

영웅이라고 칭송받던 정복자들이나 권세가들이 모두 무상한 인심에 의해서 쓰러져 갔다. 주연만 무상에 의해 당하는 것이 아니다. 조연도 파리 목숨의 처지에 있기는 마찬가지이다. 이방원을 따라 쿠데타를 일으켰던 대부분의 공신들이 모두 그 주연의 변덕에 의해서 지워져 갔다. 조연들의 힘을 빌려서 권력을 쟁취하지만, 일단 잡고 나면 마음이 달라진다.

새 권력자는 자기를 도운 힘을 경계하기 마련이다. 계속해서 힘을 누리려고 하는 사람이 있다면 그의 앞에는 죽음뿐이다. 예전의 역사도 그

랬고 지금도 마찬가지이다. 누구를 특별히 지칭해서 좋다 나쁘다고 말할 것도 없다. 시간과 마음의 무상 법칙이 그러한 것을 어쩌랴. 사람은 시간에 의지해서 살아야 하기 때문에, 시간의 무상은 바로 사람의 무상을 뜻한다. 존재는 바로 시간이고 시간은 바로 무상이다. 시간과 상황의 변화를 강조해서 말하면 무상이 되고 주체의 변화를 강조해서 말하면 무아가 된다. "나"라고 하면 변하지 않고 동일하게 있는 어떤 주체를 말한다. 그런데 무상한 세계에서 모든 것이 끊임없이 변한다고 하면, 어느 하나를 꼬집어서 "나"라거나 "이것"이라고 할 수가 없다. 계속 변해 가기 때문에 일단 집어 들고 고정적인 이름을 붙이게 되면, 이미 그 이름은 틀린다. 그것은 어떤 한순간의 것이, 어느 한 시간의 변덕스러운 마음에 비쳐진 것일 뿐이다. 연기법은 어느 것이 한 번만 다른 것에 의탁하는 것을 뜻하지 않는다. 사물은 종으로 횡으로 위로 아래로 무한히 얽혀 있다. 모든 사물은 시간에만 의존해서 변하는 것이 아니다. 그 이전에 각기 다른 것들과 연쇄적으로 얽혀 있다. 혼자 존재할 수 없으므로 이미 무아의 상태에 있기는 하지만, 여기에 시간의 무상까지 있어서 무아를 더욱 확실하게 해준다. 모든 것이 고정적 주체가 없이 변하는 미결정의 상태에 있는 것을 공空이라고 한다. 불교가 연기법을 근거로 해서 우리가 무상, 무아의 상태에 있음을 강조하는 것은 허무주의로 가고자 함이 아니다. 참으로 향상하고 나가 있는 이상 세계를 소개하기 위함이다. 그래서 삼법인은 사물의 무상, 무아와 함께 그것을 초월한 열반적정의 세계를 가르치는 것이다.

010　무아와 나의 기능

불교의 기본 교리는 연기법이고, 연기법은 모든 것이 의존 관계에 있다고 가르친다. 의존 관계에 있다는 것은 고정적인 실체가 없다는 것을 뜻하고, 이것을 나에게 적용시키면 나의 실체가 없다는 것이 된다. 즉 무아無我라는 말이다.

그런데 우리는 일생상활에서 "나"라는 말을 쓰고 있다. 나라는 것 때문에 나가 없다는 말도 있게 된다. 불교의 업사상에 의하면 선악의 업에 따라서 육도에 윤회하는데, 만약 나가 없다면 윤회의 주체가 무엇인가. 또 조사 스님들은 "네가 바로 부처이다."라고 가르친다.

일상적으로 부르는 나, 업의 주체로서의 나, 본래 부처로서의 나는 어떻게 다르며, 이 나들이 어떻게 무아의 가르침과 공존할 수 있느냐는 문제가 떠오른다. 무아를 바로 이해하려면 먼저 나의 실체와 기능을 나누어서 생각해야 한다. 연기의 원칙에서 나오는 무아는 나라고 하는 고정적 실체가 없다는 말이지, 현실에서 움직이는 나로서의 기능이 없다는 뜻은 아니다.

가령 불은 고정적 실체가 없다. 연료가 없으면 불이 꺼진다. 연료를 공급하고 불을 붙이면 다시 불이 생긴다. 불이 타고 있을 때, 그 불에 고정적인 실체가 있다고 말할 수 없다. 연료가 다 타고 나면 불은 꺼질 것이기 때문이다. 또 불이 없다고 말할 수 없다. 만약 불에 독자적이고 고정적인 실체가 있으려면 항상 꺼지지 않아야 한다.

연료가 없더라도 살 수 있어야 한다. 그러나 실제로 불은 연료에 의존해 있다. 그러므로 불에 독자성은 없다. 음식을 만들고 방을 따뜻하게 하는 좋은 불과 재산과 산을 태우는 나쁜 불이 따로 있는 것이 아니다. 같은 불이 좋게 쓰이기도 하고 나쁘게 쓰이기도 한다. 하지만 실체가 없다는 것, 즉 연료에 의존해 있다는 것이 불의 기능조차 없다는 것을 뜻하지는 않는다.

독자성이 없더라도 얼마든지 불의 기능은 있을 수 있다. 성냥불이 초에 옮겨 붙어서 촛불이 될 수도 있고, 촛불이 옮겨져서 다른 불이 될 수도 있다. 불에 고정적인 독자성이 없으면서도 불의 기능은 연속성을 가질 수 있다. 우리의 "나"도 마찬가지이다.

우리에게 나라고 하는 고정적인 실체는 없다. 그럼에도 불구하고 내가 몸과 입과 뜻으로 짓는 행동 즉 업은 연속성을 가진다. 악업은 나쁜 결과를 낳고 선업은 좋은 결과를 낳는다. 거지와 어울려서 살아온 사람은 거지처럼 행동을 하기가 쉽고, 귀인과 어울려서 살아온 사람은 귀인처럼 행동하기가 쉽다.

나에게 고정적인 실체는 없지만, 행동을 하고 그 습관은 담아 두고 전달시키는 기능은 있는 것이다. 그래서 독자적이고 고정적인 주체가 없이도 윤회할 수 있다는 것이다. "무아라면 윤회의 주체가 무엇이냐?"라는 물음에는 윤회하려면 반드시 어떤 고정적 주체가 있어야 한다는 전제가 깔려 있다. 이 전제를 바로잡지 않고 바로 "나의 기능"을 말하면, 이것을 다시 고정적이고 실체적인 것으로 착각할 수가 있다.

그래서 우리는 "윤회의 주체"라는 말을 피해야 하고, 만약 사용한다면 실제로는 주체가 없는 기능의 의미로 이해해야 한다. 어떤 이는 이렇게 물을지도 모른다. "만약 고정적이고 실체적인 나가 없이 윤회한다면 선악의 업이나 나에 대해서 신경 쓸 필요가 없지 않은가?" 하는 것이다. 윤회하는 것이 나가 아니라면, 악업을 짓든지 선업을 짓든지, 또 지옥에 가든지 천상에 가든지 상관이 없지 않느냐는 것이다.

여기에서 진짜 나에 대해서 물을 필요가 생긴다. 모든 것이 의존 관계에 있어서 자성이 없고, 자성이 없어서 공하고, 공하므로 나가 없다면, 이것을 뒤집어서 생각할 수가 있다. 세상에 있는 모든 것에 독자의 나가 없다는 것은 하나하나에 자기 이외의 다른 것을 모두 포함하고 있다는 뜻이 된다. 나에게는 세상의 모든 것이 포함되어 있고 결국 나는 세상의 모든 것이라는 말이다.

이렇게 보면, 나가 있다고 하는 것이 잘못된 것이 아니라, 우주 전체를 나로 받아들이지 못하는 나가 잘못된 것이다. 진짜의 나는 개체가 아니라 우주 전체인 것이다. 세상의 모든 것이 하나도 빠짐없이 나라면, 나는 악업과 지옥에 대해서 걱정해야 한다. 악업을 쉽게 하고 지옥을 소멸해야 한다. 내가 개인적으로 지옥에 가는 것을 염려하는 것이 아니라, 나 속에 지옥이 남아 있어서는 안 된다고 생각하는 것이다.

불교는 혼동을 피하기 위해서 개별의 나와 우주의 나, 거짓 나와 참 나, 작은 나와 큰 나라는 말을 쓴다. 작은 나는 개체로의 나를 가리키고, 큰 나는 우주 전체로서의 나를 가리킨다. 조사 스님들이 부처라고 하는 "나"는 이 큰 나 또는 참 나를 뜻한다.

2장

공

空

011   성구性具와 공空

불교 교리를 이해하는데 큰 장애 가운데 하나는 일반적으로 통용되지 않는 용어를 소화하는 것이다. 서양 종교는 신과 인간의 관계를 밝히는 것으로 단순한 데다, 서구 문물의 팽창으로 대중들에게 그 기본 개념이 이미 전해져 있다.

그러나 불교는 다른 동양 종교와 마찬가지로 종교와 철학이 혼합되어 있다. 국민 대중은 한글을 쓰려고 한다. 불교의 한문 용어가 한두 가지라면 한글화 통일 작업도 벌일 수 있지만, 그것들이 너무도 많다. 또 한글의 한 개념으로 전통적인 용어를 묶어 놓으면, 그것이 가지는 다양한 풀이의 가능성을 죽여 버리게 된다. 그래서 이 책에서는 전통 용어의 사용이나 풀이를 가능한 피하고 불교 교리 전체의 밑그림을 전하는 데만 집중하려고 한다.

그렇지만 피할 수 없는 교리의 골격 용어들이 있다. 연기緣起, 무자성無自性, 공空, 성구性具, 여래장如來藏, 불성佛性, 유심조唯心造 같은 말들이다. 이 개념들을 한두 번만 사용할 것이라면, 경우에 따라서 쉽게 풀이하고 넘어갈 수 있지만, 교리 전체가 이 개념을 바닥에 깔고 있기 때문에 그럴 수도 없다. 그래서 초심자들은 불교사전이나 다른 참고 서적으로 주요 용어의 개념들을 확실하게 정리하면 좋을 것이다.

우리는 앞에서 연기 관계, 즉 만물이 서로 의존해서 일어나고 없어지는 관계 속에 있기 때문에 독자성이 없다는 것, 독자성이 없기 때문에 공하다 것, 그래서 무상無常하고 무아無我하다는 것을 누차 살펴 왔다. 무상, 무아, 공은 있지도 않은 실체에 대한 허망한 집착을 지우려는 것이다.

물론 이것이 허무주의를 뜻하지는 않는다. 보통 우리가 생각하는 방식으로는 영원하고 참된 생명을 얻을 수도 누릴 수도 없기 때문에, 작은 것을 지우고 큰 것을 얻고자 하는 것이다. 한때의 시간뿐만 아니라 모든 시간을 살고, 한때의 공간뿐만 아니라 모든 공간을 살며, 개별아의 주인 뿐만 아니라 우주아의 주인이 되려고 하는 것이다.

스님들은 자주 "무상하다."거나 "공하다."는 말을 한다. 나도 사람들 앞에서 "일장춘몽의 무상한 세상"이라는 말을 자주 쓴다. 그러면 사람들은 "스님께서 그러시면 우리 같은 속인들은 어찌합니까?"라는 질문을 한다. 불도를 닦는 승려가 허무주의의 비관에 빠지면 어찌 하냐는 힐책이다. 나의 본뜻은 현실에 대한 집착을 버리고 도의 세계를 구하는 것이지만, 세상에는 그렇게 들리지 않는 모양이다.

공空이라는 말에는 이미 무상, 무아를 극복하려는 의지가 담겨 있다. 또 텅 빈 것을 뒤집으면 꽉 찬 것이 된다. 연기 관계에 의해서 독자적인 실체가 없다고 말할 수도 있지만, 사물 하나하나에 세상의 모든 것이 꽉 차 있다고 말할 수도 있다. 쌀 한 톨, 물 한 모금에도 하늘과 땅 그리고 많은 사람들의 노고가 담겨 있다.

우리가 무심히 가지는 한 생각에도, 무시겁래無始劫來로 익혀 온 업이 영향을 미친다. 하나는 둘과 관계를 가지고, 둘은 셋과 관계를 가지는 식으로 무한히 연결되기 때문에, 한 가지의 연기 관계는 모든 것의 연기 관계를 뜻한다. 하나에 모든 것의 인연이랄까 영향이 직접, 간접적으로 포함되어 있다.

공空이라는 말은 이미 처음부터 텅 비었다는 뜻과 함께 꽉 채워졌다는 뜻을 겸해서 나타내고 있지만 사람들은 전자의 뜻을 우선적으로 받아들인다. 불경도 이 점을 응용해서 지혜를 가르친다. 『반야심경』이나 『금강경』 같은 반야부 계통의 불경은 공사상 가운데 실체가 없음을 강조해서 집착을 지우고, 그 무집착으로부터 존재의 실상을 여실히 보는 반야 지혜를 끌어내려고 한다.

그러나 사물이 연기관계로 꽉 채워져 있는 것을 강조하는 경전도 필요했다. 『법화경』은 반야부 경전의 공사상을 이어 받으면서도, 공사상이 가지는 꽉 차 있다는 점을 활용한 불경이다. 『법화경』의 본래 성불이나 만선성불萬善成佛사상은 지옥과 부처가 일심에 꽉 차 있다는 것을 전제로 한다. 공이라는 말이 주로 텅 비었다는 것으로 이해되기 때문에 꽉 차 있다는 점을 특별히 나타낼 필요가 생겼다. 그래서 조사 스님들은 구具라는 말을 썼다. 이 말은 "갖추다." "포함하다." "꽉 차 있다."는 것을 의미한다. 이 구具자에 "본래의 성품"을 나타내는 성자를 붙여서 "성구性具"라는 용어를 쓰는데, 뜻은 구와 마찬가지이다. 모든 사물이 본래의 성품 그 자체에 세상의 모든 것을 갖추고 포함한다는 뜻이다. 공사상은 텅 빔을 강조해서 지혜를 기르고, 성구사상은 꽉 참을 강조해서 근기에 맞게 수행하도록 한다.

성구사상은 지옥에도 부처가 본래로 갖추어져 있다고 함으로써, 누구나 수행을 하면 불도를 이룰 수 있다는 확신을 준다.

012 성구와 본래 성불

우리는 좋게 될 수도 있고 나쁘게 될 수도 있다. 극락으로 갈 수도 있고 지옥으로 갈 수도 있다. 성구사상에 의하면 우리 마음속에는 지옥, 아귀, 축생, 아수라, 인간, 천상, 부처가 들어 있다. 악업을 지으면 지옥으로 가고, 선행을 하면 천상으로 간다. 수행을 하면 부처를 이룬다.

여기서 우리에게는 의문이 떠오른다. 장님은 앞을 보지 못하고 귀머거리는 소리를 듣지 못한다. 중생은 부처를 알아볼 수 없다. 부처가 어떻게 생겼는지도 모르는 중생이 어떻게 부처가 될 수 있느냐는 물음이다. 『열반경』에서 석존은 모든 중생이 부처가 될 성품을 가지고 있다고 한다. 『법화경』에서도 불도를 닦으면 부처를 이룰 수 있다고 한다. 그러나 우리에게 불성이 있다거나 부처가 될 수 있다는 것만으로는 충분하지 않다. 부처가 될 가능성이 있다면 안 될 가능성도 있기 때문이다. 불성에는 우리가 수행해서 부처를 이루는 본성도 포함되어 있어야 한다. 수행할 성품이 불성에 포함되어 있지 않으면 우리에게 아무리 불성이 있어도 소용이 없다.

그런데 부처가 되느니 마느니 하는 질문은 우리가 중생이라는 것을 전제로 하고 있다. 우리의 속마음을 들여다보니 지옥으로 되어 있다. 탐욕으로 가득 차 있기 때문이다. 행동을 보니 또한 그렇다. 남이 볼 때는 인간이 되지만, 혼자 있다거나 남들이 나를 알아보지 못 한다고 생각될 때는 축생도 되고 아수라도 된다. 서른 미만의 임신부가 어린이를 유괴해서 죽이는 데 가담하기도 하고, 다른 이는 생사람을 흙속에 묻어서 죽이기도 한다. 우리 모두가 그런 일을 저지르지 않지만, 우리 가운데 그러한 사람들이 있다. 또 내가 언제 어떤 일을 저지를지 모른다. 몸과 마음이 지옥에서부터 인간까지를 찰나찰나 넘나드는 나를 보게 됨으로, 우리는 어떻게 부처가 되어야 하는가를 생각하게 된다.

하지만 『열반경』에서의 불성이나 성구사상에서 열 가지 세계의 하나하나에 포함되어 있는 부처는, 과거에 없었던 부처를 앞으로 새로이 만들라고 하는 것이 아니다. 우리가 본래 부처인데 단지 그것을 알아보지 못하고, 부처 행세를 하지 않고 있음을 알리려는 것이다. 『열반경』에서 석존은 중생을 구제하기 위해서 중생과 같은 육신의 옷을 입고 왔다가 간다고 한다. 『법화경』에서도 자신이 무량겁 전에 부처를 이루었지만, 중생을 구제하기 위해서 삶과 죽음을 보인다고 한다.

『법화경』은 의사의 비유로 석존의 본뜻을 쉽게 풀이하려고 한다. 한 의사가 타국에서 돌아와 보니 자녀들이 마약중독 증세와 같은 병에 빠져 있다. 의사는 약을 지어서 아이들에게 먹이지만 아이들은 먹으려고 하지 않는다. 의사는 충격 요법을 생각해 낸다. 그래서 멀리 타국으로 떠난 다음, 자신이 죽었다는 소문을 퍼뜨려 아이들에게까지 전해지게 한다. 아이들은 슬퍼하면서 아버지 말을 듣지 않은 것을 후회한다. 그리고 아버지가 지어 놓았던 약을 먹고, 병을 치료한다.

이와 마찬가지로 석존도 중생을 구하기 위해서 짐짓 생사를 보이지만, 실제로는 무량겁 전에 성불해서 생사를 벗어났다는 것이다. 석존이 금생에 정각을 이루는 모습을 보였지만, 실제로는 성불한 지 오래라는 것을 알리기 위해서 『법화경』은 이런 장면도 연출한다. 타방세계에서 온 보살들이 석존의 가르침을 전하겠다고 하니까 석존은 그럴 필요가 없다고 한다. 그 때 땅에서 헤아릴 수 없이 많은 보살과 수행원들이 솟아오른다. 그들은 석존에게 제자로서 문안드리고 석존은 스승으로서 인사를 받는다. 사람들은 깜짝 놀란다. 석존이 성불한 지 불과 40여 년이므로, 저처럼 많은 대중을 교화할 수 없다고 생각하기 때문이다. 이 때 석존은 대중의 의구심을 풀기 위해서 위의 의사 비유를 들려준다. 역사적으로 석존은 이 사바세계에서 2천6백여 년 전에 중생의 모습으로 태어나서 수행하다가 성불했다. 중생이었던 석존이 깨닫고 보니 자신은 오래 전에 성불한 부처였다. 석존이 도솔천에서 내려와 마야부인의 태에 들어가 있다가 싯다르타 태자로 태어나서 보통 사람의 모습을 보일 때도, 마음속은 항상 무량겁 전에 성불한 부처로 있었다고 치자. 그렇다고 하더라도, 금생에 석존이 이룬 깨달음을 귀 중하게 여기는 것은, 우리가 의욕을 가지고 수행하는데 도움이 된다.

석존이 중생으로 깨달았다면 우리도 깨달을 수 있고, 석존이 본래 부처였다면 우리도 본래 부처일 수 있기 때문이다. 성구사상에서 우리의 마음속에 갖추어져 있는 부처는, 우리가 무량겁 전에 이룩했던 본래의 나이다.

013   성구와 불이不二

불교에서는 "상대적으로 보이는 것이 본래 둘이 아니다."라는 불이不二를 가르친다. 이 불이사상은 교리에서뿐만 아니라 선禪에서도 귀중하게 여긴다. 열반과 생사, 지혜와 번뇌, 부처와 중생, 극락과 지옥, 결과와 원인, 깨끗함과 더러움, 마음과 몸 등의 불이는 중생으로서의 우리가 서 있는 지금의 이 자리에서 궁극의 이상 경지를 찾는데 중요한 교리적 근거가 된다.

이 불이법은 기본적으로 연기법에 그 뿌리를 두고 있어서 연기, 공, 성구의 세 가지 가운데 어느 것을 들어도 불이를 끌어 낼 수 있다. 하지만 모든 사물이 상대적인 것을 자신에 포함하고 있다는 성구사상을 이용하면 불이에 보다 쉽게 접근할 수 있다.

사람은 누구나 행복해지고 싶어 한다. 우리는 행복을 포획하기 위해 헤매는 사냥꾼과 같다. 살아 있다는 것, 건강하다는 것, 자유롭다는 것, 이 모두가 중요한 행복의 조건이다. 그러나 주위를 살펴보니 이런 것은 많은 사람들이 이미 누리고 있다. 나는 보통 사람들이 쉽게 잡지 못하는 것을 얻고 싶다. 돈은 많을수록 그리고 지위는 높아질수록 좋다. 높이 오르기 위해서 줄기차게 대든다. 나만이 아니라 모든 사람이 나서니 경쟁이

범어사 불이문不二門

치열하다.

하나를 얻으면 둘을 갖고 싶고, 한자리에 오르면 더 높은 자리가 탐난다. 피곤하다. 또 나보다 높이 오른 사람들도 별수가 없어 보인다. 내가 공연히 바쁘게 뛰는 것은 아닐까. 어느 날 깨닫는다. 행복이 멀리 있지 않다는 것을. 봄을 찾아서 온 세상을 뒤지던 사람이 집에 돌아와서 자기 집 마당에 핀 매화를 보고 그 자리에서 봄을 발견하듯이, 행복을 누리기 위해서 재물과 권력에 매달리던 사람이 어느 날인가 자기가 서 있는 바로 그 자리에 행복이 있음을 알게 된다.

하늘, 땅, 풀, 공기가 좋다. 저녁노을도 화려하다. 그것들을 보고 느끼는 것만으로도 즐겁다. 불이는 지옥에서 극락을 보고, 번뇌에서 지혜를 발견하는 묘법이다. 우리 앞에 거울이 있다고 치자. 거울에 먼지가 덮여 있으면 나를 반사하지 못한다. 먼지를 쓸어 내면 내 모습이 나타난다. 내가 거울의 먼지를 닦아 냈다고 해서 거울의 반사력을 새롭게 만든 것은 아니다. 거울이 가지고 있던 기능을 드러내게 했을 뿐이다.

속세에서 행복해지거나 도를 닦아 성불하는 것도 마찬가지이다. 행복하다고 하는 것은, 내가 새롭게 행복을 지어낸다는 뜻이 아니다. 이미 있던 행복을 발견할 뿐이다. 행복이 모든 곳에 있지만, 사람에 따라 먼 길을 돌 수도 있다. 그러나 아무리 멀리 가서 얻은 행복이라고 하더라도, 자기가 출발한 그 자리에 본래부터 있던 행복과 다를 바 없다.

도를 닦는데도 조사들은 항상 똑같은 가르침을 준다. 극락, 열반, 해탈, 지혜는 멀리 있는 것이 아니라 바로 내 자리 내 마음에 있다고 누누이 말하지 않던가. 거울의 비유로 다시 돌아가자. 거울이 모든 것을 반사할 수 있다는 것은, 거울에 세상의 모든 모습이 들어 있는 것과 같다. 어떤 이는 얇은 거울이 어떻게 세상의 모든 것을 다 담을 수 있느냐고 힐문할지 모른다. 그러나 텅 빈 것으로 보기로 하면 찰나찰나 변하는 과정에 있는 이 세상 어느 것 하나 실다운 것이 없지 않은가. 연기법은 아무런 쓸모 없는 것도 세상에 있는 모든 쓸모 있는 것들의 의지처로 만들고 아무 힘이 없는 것도 세상에 있는 모든 힘 있는 것들을 받침으로 만든다. 공하거나 꽉 찬 상태의 모든 사물은 거울을 자신 속에 포함하기도 하고, 거울 속에 자신을 빼앗기기도 한다.

거울이 나를 포함하듯이 나에게도 거울이 갖추어져 있다. 반사될 형상이 본래부터 나에게 없다면 무슨 재주로 거울이 나를 반사할 수 있겠는가. 중생은 상대적인 것에 울고 웃는다. 좋다는 것은 나쁜 것보다도 비교적 좋다는 뜻이나 우수한 것은 저열한 것에 비해서 뛰어났다는 의미이다. 지옥은 극락에 비해서 괴로운 곳이나 내가 지금 나쁜 쪽에 있다고 치자. 묘하게도 나의 불행은 다른 행복의 의지처가 된다.

나는 다른 사람의 거울이 된다. 나를 보고 다른 이들이 자신의 행복과 불행을 가늠하기 때문이다. 나는 세상의 거울이기도 하고 그 대상이기도 하다. 어느 쪽이든 상관없다. 나에게는 세상의 모든 불행과 행복이 다 갖추어져 있다.

　어느 것을 보고 누리느냐는 내 자유이다. 행복을 밖의 물질적인 것에서 찾으면 먼 우회로를 도느라고 무척 고단할 것이다. 안으로 행복을 찾으면 쉽고 편하지만, 다겁생래의 업력을 눈을 가리고 밖으로 내 몰 것이다. 그래서 업을 녹이는 수행이 필요하다. 성구 정신에서 보면, 중생에도 부처가 갖추어 있고, 지옥에도 극락이 포함되어 있다. 둘은 하나로 붙어 있다. 그래서 둘이 아니다. 오직 중생심이 둘을 가를 뿐이다.

한역 경전에는 행복이라는 용어가 없다. 다만 안락安樂, 길상吉祥 등의 용어가 현재 우리가 쓰는 행복이라는 말과 유사하다.

만족을 아는 것이 곧 안락이며
들은 것이 많은 이가 법을 알며
중생을 해치지 않는 것이
인간의 대자비라네.

욕망의 즐거움을 능히 없애면
모든 악을 다 멀리 떠나며
아만我慢을 꺾어서 항복시키면
이 사람은 가장 안락하다네.

－『근본설일체유부비나야파승사』 중

014 성구와 선악

우리는 가끔 이런 의문을 가질 경우가 있다. 부처님에게는 악이 있을까 없을까? 처음부터 악이 없었다면 왜 생겼으며, 성불한 다음에 악이 없어 진다면 그 악은 어디로 갈까?

연기하는 모든 것은 공한 상태에 있다. 없다고 말하기로 하면 악뿐 만 아니라 선도 없다. 있기로 말하면 선과 악이 똑같이 온 세상에 스며져 있다. 선악뿐이 아니다. 참다움과 거짓됨, 깨끗함과 더러움, 아름다움과 추함도 마찬가지로 세상에 꽉 차 있다. 이것이 성구사상이다. 지옥에서부 터 부처까지 서로 서로 갖추어 있다고 하는 것은, 좋은 쪽의 것이거나 나 쁜 쪽의 것이 똑같이 얽혀 있다는 것이다.

불교에서는 심성이 본래 청정하다고 가르친다. 본래의 참마음 자리는 참답고 깨끗한데 중간에 미혹과 업이 끼어들어서 거짓되고 더럽고 악하 게 되었다는 것이다. 그런데 주의해야 할 점이 있다. 이 가르침은 더러운 것에 대해서 깨끗하다거나, 악한 것에 대해서 선하다는 뜻이 아니다. 사 람에게는 존재의 실상을 있는 그대로 바라볼 수 있는 능력이 있다는 의미 이다.

질서를 선이라고 치고 무질서를 악이라고 쳐보자. 일본인들은 질서를 잘 지킨다. 한국인도 요즘 많이 나아졌다고 하지만 아직 일본인만큼의 질서 의식은 없다. 헌데 그 질서 의식이라고 하는 것이 본래 있거나 없는 것이 아니다. 사람이 자신과 남, 사람과 환경을 같이 생각하게 되면, 쓰레기를 길이나 산에 몰래 버리지 않고 깊은 밤에도 질서를 지키게 된다. 일본인이 질서를 지킬 수 있다면, 한국인도 지킬 수 있고, 한국인이 무질서하다면 일본인도 무질서할 수 있다. 선한 사람이 한 명이라도 있는 한 모든 사람이 선해질 수 있고, 악한 사람이 한 명이라도 있는 한 모든 사람이 악해질 수 있다. 악은 어리석음과 업에서 나온다. 배우고, 깨치고, 행하지 못한 데서 나온다.

　악은 중생의 미혹에 찬 이기심에 뿌리를 박고 있다. 중생은 이기심 그 자체이고, 이기심은 바로 악이다. 중생을 부처로 만드는 것은 저 이기심이나 악을 없애는 일이 아니다. 오직 세련시킬 뿐이다. 악을 다듬으면 그대로 선이 되고, 중생을 다듬으면 그대로 부처가 된다.

　악과 선은 따로 떨어져 있지 않다. 한 몸뚱이다. 도둑질하는 사람에게도 자기 가족을 위하는 선이 있고, 천사에게도 세상 사람을 공평하게 살피지 못하는 악이 있다. 못난 사람에게도 남을 편안하게 해 주는 선이 있고, 잘난 사람에게도 남을 피곤하게 하는 악이 있다. 한 마음을 잘 다스리면 선이 나오고 잘못 다스리면 악이 나온다.

　부처가 되는 것은 악을 없애는 것이 아니다. 오직 악이 악의 얼굴로 나타나지 않게 할 뿐이다. 악을 물리쳐서 세상을 밝게 하겠다는 것은, 원자폭탄으로 인류를 멸망시켜서 악이 행하지 못하게 하려는 것과 같다. 악은 바로 중생 그 자체이기 때문이다. 악을 잘 화장하면 선이 된다. 부처는 자신의 마음속에 있는 악을 보고 중생의 마음을 안다. 부처의 마음속에

악이 없다면, 부처는 중생의 마음을 살피지도 못하고, 구제하려는 마음도
내지 않을 것이다.

진리와 무명의 시작은 헤아릴 수 없지만 끝에서는 달라진다는 가르침
이 있다. 진리는 영원하기 때문에 끝이 없고, 무명은 깨달음에 의해서 소
멸되기 때문에 끝이 있다는 것이다. 그러나 무명이 없어진다는 말을 바로
알아들어야 한다. 있던 무명이 없어진다는 뜻이 아니라, 무명을 밝히면
그대로 밝은 진리가 된다는 말이다. 악을 뒤집어서 선을 만들었다고 해
서, 악이 없어지고 선이 새롭게 생기는 것은 아니다. 악이 선으로 전환되
었을 뿐이다. 선이 잘못되면 언제라도 악으로 다시 바뀔 수 있기 때문에,
악 자체가 완전히 없어지는 것은 아니다.

선과 악이 하나라는 것, 부처에게도 악이 있고 지옥에도 선이 있다는
것은 모든 사람들을 항상 겸손하고 조심하게 만든다. 운동선수나 악기 연
주가들에게 물어 보라. 하루라도 연습을 거르면, 항상 하던 것도 제대로
되지 않는다. 윤리를 가르치는 선생이라고 해서, 저절로 도덕군자가 되
는 것은 아니다. 끊임없이 닦아야 한다. 한번 도를 얻었다고 해서, 항상
도의 마음이 일어나는 것은 아니다. 끊임없이 수행해야 한다. 다시는 뒤
로 물러서지 않는 높은 도의 경지가 있기는 하지만, 그것은 닦지 않아도
된다는 말이 아니라, 닦지 않고는 못 배기는 경지에 이르렀기 때문에 퇴
보하지 않는다는 뜻이다.

불교의 강점 가운데 하나는 악을 이해하고 포용하는 것이다. 중생을
구제하는 것은 바로 악을 감싸는 것이다.

015 성과 구와 중도

석존은 정각을 이루기 전에 갖가지의 수행법을 경험했다. 선정주의에 들어가 보기도 하고, 또는 앙상히 뼈만 남은 해골과 같이 될 정도로 몸을 학대하면서 고행에 빠지기도 했었다. 그러고는 도가 고행에 의해서 얻어질 수 없다는 것을 깨달았다. 석존은 쾌락주의나 고행주의를 피하고 중도로 수행해야 한다고 가르쳤다.

또 석존 당시에는 많은 외도들의 가르침이 있었다. 물건들이 모여져서 세상을 이룬다는 유물론이나, 어떤 신적인 것이 변해서 세상이 되었다는 전변론轉變論 같은 것들이 있었다. 죽은 다음에 아무것도 없다는 허무주의, 어떤 형태로든지 삶이 영원히 계속된다는 상주론, 시간과 공간의 끝이 있다거나 없다는 주장 등은 모두 한 변에 치우친 극단적 결정론이었다.

이에 대해서 석존은 양극단을 벗어난 중도의 법을 가르쳤다. 바로 연기법이다. 세상에서의 처신법이나 수행하는 방법으로서 중도를 가르치기도 하고, 존재의 실상을 볼 때 한 변의 극단에 기울지 않는 진리로서의 중도를 가르쳤다. 왜 연기법이 중도의 가르침인가.

쾌락주의와 고행주의의 중간이 중도라거나, 거문고의 줄을 너무 팽팽

하게 하지도 않고 너무 늘어지게 하지도 않는 것이 중도라는 것은 이해하기 쉽다. 그러나 공이나 성구사상으로 전개되는 연기법이 중도가 된다는 것은 좀 깊이 생각해야 납득될 수 있다.

먼저 이런 물음을 던져 보자. "우리가 죽은 다음에 존재하는 무엇이 있는가 아니면 없는가?" 모든 사물이 연기하는 상태에 있으므로 공하고, 공하므로 서로 무한히 얽혀서 포함해 있다는 석존의 가르침을 염두에 두고 생각하면, 저 질문은 아예 성립되지 못한다. 왜냐. 먼저 "우리가 죽는다."는 전제부터가 틀렸다. "우리"라고 하는 것은 변하는 상태에 있다.

시간과 공간 그리고 인연이 끊임없이 변하는 상태에 있다. 고정된 것이 없는데 고정된 개념으로 묶어서는 안 된다. 그럼에도 불구하고 "우리"라고 이름 붙인 데는, 이미 자의적인 "결정"이 개입되어 있다. 고정된 것이 없이 끊임없이 변하는 상태에 있는 것을 "우리"라는 개념으로 고정시켰기 때문이다. "죽는다."는 개념에도 제멋대로의 결정이 스며 있다.

항상 변하는 과정에 있는 우리가 특별히 산다고 할 것이 없는데, 살아 있다고 기정사실화해서 죽음을 말하기 때문이다. 고정적으로 있지도 않은 "우리" "태어남" "삶" "죽음" 등을 기정사실화해서 답을 만들면 양극단의 결정론이 나온다. 즉 "있다" "없다"이다. 죽은 다음에 영원히 존재하는 것이 있다거나, 아무것도 없다는 극단적인 결론을 내리게 된다는 말이다. 그러나 어떤가. 연기하고, 공하고, 포함된 상태에 있는 모든 사물은 한마디로 있다거나 없다고 말할 수가 없다. 끊임없이 변해가는 과정에서 어느 한 순간의 것만을 집어서 최종적인 것으로 말할 수 없다. 판단을 중지해야 한다. 그러므로 연기, 공, 성구사상은 있다거나 없다는 양극단에 대한 중간 입장, 즉 중도가 되는 것이다.

제자가 석존에게 물었다. "세상이 공간적으로나 시간적으로 끝이 있는가 없는가, 죽은 다음에 존재하는가, 정신과 육체는 하나인가 둘인가?" 석존은 침묵할 수밖에 없었다. 이 질문은 "자기 맘대로의 단정"들로 꽉 차 있었기 때문이다. 만약 저 질문을 상대하면 "세상" "공간" "시간" "정신" "육체" 등을 고정적인 것으로 인정하는 격이 된다. 꿈속의 금이 몇 근이냐는 물음에 응답하면 꿈속의 금 무게를 인정하는 것이 된다.

그래서 침묵만이 가장 적절한 대답이었다. 석존은 침묵으로 있다 없다의 양극단을 피했지만, 뒤의 용수는 달랐다. 용수는 변증법을 써서, 양극단 결정론자들의 주장이 잘못되었음을 논리적으로 밝히려고 했다. 용수는 실체론자들이 자가당착에 빠지게 해서 석존 침묵의 깊은 의미를 설명하려 했다. 연기법이 바로 중도이기 때문에 우리는 공이나 성구사상에서도 똑같이 중도를 끌어낼 수 있다.

그러나 변하는 상태나 텅 빈 상태에 있음을 강조해서 일반인들이 쓰고 있는 개념을 부정하는 식으로 나아가면, 중도를 이해하고 설명하려는 논리 구조가 좀 복잡하다. 반면에 공을 뒤집은 성구에서 중도를 끌어내 보면 연기나 공으로 밝히려는 중도가 좀 더 분명해진다.

삶에도 죽음이 포함되어 있고, 없음에도 있음이 포함되어 있다고 함으로써, 삶이나 죽음, 있음과 없음의 양극단을 피할 수 있기 때문이다. 공은 유무의 양극을 부정해야 하기도 하고, 또 중도의 뜻을 전해야 하지만 성구는 양극을 놔둔 채 중도를 드러낼 수 있는 것이다.

육사외도六師外道

부처님이 활동하던 기원전 5~6세기경에는 브라만교에 반기를 든 신흥 사상이 만개하던 때였다. 그 중에 대표적으로 여섯 사람의 주장이 있었는데 이후 불교 교단에서는 이들을 육사외도라고 통칭해 불렀다. 각 무리의 우두머리와 주장은 다음과 같다.

아지타 케사캄발리

인생은 4대의 집합이므로 흩어지면 4원소에 불과하니, 죽어서 화장하면 아무것도 남지 않는다고 하며, 현실과 쾌락을 즐기며 제사, 기도, 도덕, 종교, 윤리를 부정했다.

파쿠다 카짜야나

4대와 고, 락, 생명은 불변불멸이므로, 칼로 목을 잘라도 생명은 없어지지 않는다고 주장했다.

푸라나 카싸파

흔히 도덕 부정론자로 경전에서는 언급된다. 선악은 관습에 의해서 만들어진 것으로 인과응보와는 관계가 없다고 주장했다.

마칼리 고살라

모든 운명은 숙명적으로 만들어졌기 때문에 인간의 힘으로는 바꿀 수 없다고 주장했다.

산자야 밸라티풋타

회의론자로 형이하학적 문제는 결론이 없음으로 각자의 소신을 진리로 인정했다.

니간다 나다풋다

극단적인 고행과 철저한 계율을 주장했다. 당시 불교와 비슷한 세력을 유지했던 것으로 알려져 있다. 아직도 인도에서 나체로 유행하고 있는 수행자를 본다면 틀림없는 이 자이나교 수행자이다.

016　당처성불當處成佛과 전제

모든 중생에게는 불성이 있다. 부처가 될 가능성이란 없던 부처를 새로 만드는 것이 아니라, 본래 부처인 자신으로 돌아갈 수 있는 잠재적인 능력을 뜻한다. 성구는 중생 속에 부처가 포함되어 있고, 부처 속에 중생이 포함되어 있다는 것이다. 또 불이는 부처와 중생이 둘이 아니라는 것이다. 성구, 본래성불, 불이의 입장에서 보면, 처처에 부처가 있다. 바로 처처성불處處成佛 또는 당처성불當處成佛이다.

　성구, 본래성불, 또는 불이를 읽어 온 독자는 이런 의문을 품을 수 있다. 불교는 무작정 낙관주의, 현실 외면주의, 환상적 공론주의 같다. 세상은 문제로 가득 차 있다. 악, 부정, 불의, 부조리로 꽉 차 있다. 불교에서 가르치는 대로 세상은 무상하고 고통스럽다. 이 세상을 바로 눈앞에 두고 불교에서는 사람들이 본래 부처라느니, 지옥 속에도 부처가 있다느니, 당처성불이라느니 하고 있으니 어이없는 일이 아닌가? 불교는 고통받는 사람에게 계속적으로 고통이 없다고 말함으로써, 고통을 즐거움으로 받아들이게 하는 최면의 종교인가? 불교는 세상의 문제와 고통을 보지 않으려 하거나, 그것들로부터 도망가려고만 하고, 한 가지도 해결하려는 의지를 보이지 않으면서, 중생을 구제하겠다고 하니, 그 구제라고 하는 것이 진정 무엇인가?

불이나 당처성불 사상은 이런 혐의를 받기 십상이다. 이미 과거에도 사회운동을 하는 사람들에게 이런 비난을 받은 적이 있다. 부당하게 인권을 유린당하고 억압받는 피지배자들의 불만을 없애기 위해서 지배자들이 악용하기 쉬운 교리 체계라는 것이다. 대중들을 핍박하면서, 사람들이 겪는 고통을 전생에 그들이 지은 업의 과보로 돌리거나, 아니면 괴로운 현실을 극락세계로 받아들이라고 강요하는 억압자의 논리처럼 들린다는 것이다.

어떤 이는 지배자에 의해서 불교가 악용된 예를 옛날 왕조 시대의 중국 역사에서 찾기도 한다. 불교가 서민 대중보다는 왕실에 더 친해지려고 노력했고, 권력자에게 국민들을 구슬리는 논리를 제공하는데 주력했다고 생각하기도 한다. 그러나 세상에서 아무리 좋은 것도 나쁜 쪽으로 악용될 수 있다. 불은 음식을 만들고 난방을 하는데 귀중하게 쓰이는 것이지만, 집이나 산림을 태우는 쪽으로 악용될 수도 있다. 칼도 생활에 유익한 도구가 될 수도 있고, 사람을 해치는 흉기가 될 수도 있다. 과학의 발전도 마찬가지다. 잘못 사용될 수 있다는 것을 생각해 세상에서 모든 성냥과 칼과 과학을 없애려고 하는 사람이 있다면 그야말로 얼마나 어리석은가. 불교 교리라고 해서 예외일 수는 없다. 얼마든지 악용될 수가 있다. 그러므로 교리가 본래의 목적대로 사용되는 것을 위주로 풀이해서 정당하게 그 가치를 인정해야 한다.

또 있다. 중생과 부처의 불이나 당처성불에는 반드시 전제가 있어야 한다는 것이다. 바로 수행이다. 우리가 수행하는 것을 전제로 할 때, 그곳에 본래 부처가 있을 수 있다. 수행과 깨달음이 없는 이에게는 지옥은 분명히 지옥이고, 축생은 분명히 축생이다. 지옥과 극락은 말 그대로 하늘과 땅의 차이이다. 그런데 사람들은 이 점을 간과하는 경우가 많다. 모든 상대적인 것이 둘이 아니라고 해서, 수행이 없는 미혹한 이에게도 그것이 똑같이 적용된다고 생각하는 것이다. 처처에 부처가 있다는 것은, 부처의 생각과 부처의 행동을 하는 곳에 부처가 있다는 뜻이다. 우리도 한때나마 부처처럼 행동할 수 있다. 본래의 자기, 즉 본래 부처로 돌아갈 수 있다. 그러나 그렇게 되려면 깊은 수행이 있어야 한다.

　사람은 자기 마음을 1분이라도 한결같이 지키기가 힘들다. 1분간 부처의 마음을 가지기가 어렵다. 부처의 마음을 가지고 부처의 행동을 한다면, 그 짧은 기간에만 부처가 있는 것이다. 사람의 마음이 다시 인간이나 아수라로 바뀌었다면, 그는 다시 인간과 아수라로 돌아온 것이다. 당처의 성불이나 모든 곳에 부처가 있다는 말이 끌어내고자 하는 것은 우리의 수행이다. 아무리 본래성불이나 성구 또는 불이를 들이대도 수행이 없으면 아무 소용이 없기 때문이다. 그렇다면 불교는 현실회피주의나 낙관주의가 아니다. 끊임없는 도전주의, 끊임없는 노력주의이다. 수행이란 바로 문제를 해소시키려는 내면 또는 외면에서의 다각적인 노력을 뜻하는 것이 아니겠는가. 물론 불교는 우리의 참 생명을 외형적인 물질의 세계에서 얻을 수 있다고 생각지 않는다. 안으로 즉 내적인 깨달음에서 영원한 생명을 얻어야 한다고 가르친다. 그렇다고 육체적인 고통의 현실을 무시하는 것은 아니다. 단지 그것을 푸는 방법이 내향적일 뿐이다.

017 　 진속이제

성철 스님이 설한 "산은 산이요 물은 물이다."라는 법문 구절은 불교인 뿐만 아니라 대부분의 국민들이 한 번 이상은 들었을 것이다. 또『금강경』에는 "갑은 갑이 아니고 단지 그 이름이 갑이다."라는 식의 표현이 많이 있다. "불국토를 장엄한다는 것은 장엄이 아니며 단지 그 이름이 장엄이다."라든지 "여래가 설한 세계는 세계가 아니고 단지 그 이름이 세계일 뿐이다."라는 식의 논리이다.

성철 스님의 법문이나『금강경』의 연속적인 긍정과 부정은 초심자들을 난감하게 만든다. 불교에는 두 가지 진리가 있다. 하나는 일반적으로 통용되는 통속적인 진리이고 다른 하나는 참다운 또는 궁극적인 진리이다. 통속적인 진리는 불교에서 속제俗諦라는 이름으로, 참 진리는 진제眞諦라는 이름으로 쓰인다. 그런데 똑같은 용어가 한 문장이나 문단에서 속제적인 의미나 진제적인 의미로 자주 뒤바뀌면서 혼용될 때, 초심자들은 혼란에 빠지게 된다.

"산은 산이요 물은 물이다."라는 말은 "산은 산이 아니고 물은 물이 아니다."로 이어지고 다시 "산은 산이요 물은 물이다."로 된다. 처음 글귀는 속제이고 두 번째 글귀는 진제이다. 그리고 세 번째는 진제와 속제를 포괄하고 초월하는 중도의 진리이다. '산'이나 '물'이라는 이름과 개념이 본래부터 있었던 것이 아니다. 사람이 만들어 낸 것일 뿐이다.

　또 상호의존의 연기법과 모든 것을 변하게 하는 시간을 두고 생각하면, 산은 산이 아니고 물은 물이 아니다. 앞산과 그 아래 계곡의 물에 1억 년만 더하거나 빼 보라. 산은 항상 산이 아니고 물은 항상 물이 아니다. 그러나 형상과 이름으로 보고 알아야 하는 우리는 눈앞의 산과 물을 지우고 살 수가 없다. 그래서 속제와 진제 다음에 중도의 진리가 나타나게 된다. 이때 속제와 진제는 한꺼번에 속제로 되고, 중도의 진리가 진제가 된다. "이다"와 "아니다"가 속제가 되고 "이기도 하고 아니기도 하다"가 진제가 된 것이다. 이 같은 속제와 진제의 변증법적인 발전은 무한히 계속될 수 있지만, 그 모든 과정을 생략하고 세 번째의 진제만을 들어서 "산은 산이요 물은 물이다."라고 했을 뿐이다. 『금강경』에서의 긍정, 부정, 긍정도 마찬가지다. 왜 두 가지 진리가 필요한가. 단번에 진제로 들어갈 수 있으면 좋겠지만, 그렇지 못하기 때문이다.

　우리는 형상에 의지해서 보고, 개념에 의지해서 생각한다. 가령 사람들이 궁극의 도에 대해서 이말 저말을 붙인다고 치자. 그들이 참다운 도에 이르려면 말을 떠나야 한다. 말을 멈추라는 신호로 죽비를 친다. 그러나 여기서 말이 끊어진 것은 아니다. 죽비도 "조용히 하라."는 의미의 말과 다름없다. 말을 하지 말라고 죽비를 쳤지만, 우리는 말을 멈추기 위해서라도 말을 하지 않을 수가 없는 것이다.

　또 우리가 꿈속에 있는데, 아무도 우리를 깨우지 않는다고 치자. 진리의 세계는 꿈을 깨는 것이다. 꿈속에 호랑이가 있다면 그것은 가짜다. 그러나 꿈속에서라도 무섭게 보이는 가짜 호랑이가 잠자는 우리를 깨울 수 있다. 통속 세계의 수행, 즉 속제도 우리를 진제로 안내할 수 있다는 말이다. 손가락은 분명히 달이 아니지만 달을 가리킬 수 있다는 것이다.

대승불교의 입장에서 보면 소승불교는 아주 낮은 수준의 가르침이다. 대승불교 내에서도 입장과 시각에 따라서 어떤 경전은 낮은 단계의 방편이고 다른 것은 궁극적인 가르침이다. 그러나 다시 선의 입장에서 보면 모든 불경이 속제의 가르침에 불과하다. 말이 있는 데서 말이 없는 데로 들어가야 하고 또 중생의 근기가 다르기 때문에 여러 종류의 달을 가리키는 손가락이 있게 되는 것이다.

속제가 진제에 들기 위한 방편이라면 궁극의 목적지는 진제의 세계인가? 이 대답은 간단치가 않다. 왜냐하면, 속제와 진제의 단계는 변증법적으로 무한히 발전해 나가서 끝이 없기 때문이다. 어떤 것을 궁극적인 것이라고 집어서 사람의 말로 그것에 얽어매는 순간 이미 그것은 궁극적인 진리가 아니다. 그것은 속제가 된다.

참다운 진제는 속제와 진제의 합일에 있다. 궁극의 목표는 속제로부터 진제로 넘어가는 것이 아니라, 속제와 진제를 하나로 만드는 것이다. 텔레비전에서 드라마가 끝난 후에 NG 모음을 보여 주는 수가 있다. 드라마는 일부러 꾸민 속제이고, NG에서의 웃음은 드라마가 속제라는 것을 아는 진제이다. 드라마 속에서의 선인이나 악인은 가짜이다. 실제로는 선인도 악인도 없다. 참다운 도의 경지는 드라마에서도 NG 모음을 보고, NG에서도 드라마를 보는 것이다.

018 사구부정四句否定

조사 스님네의 글을 읽다 보면 많은 부정어구들을 만나게 된다. 부정이 한 단계에서 끝나지 않고 여러 단계 계속되기도 한다. 이 부정들은 진속이제眞俗二諦를 써서 통속적인 진리를 벗어나 참 진리로 들어가려고 하지만, 아울러 정형화된 네 가지 부정형식 즉 사구부정으로 된 경우도 있다.

이 사구부정은 용수가 외도의 실체론을 쳐부수기 위해서 사용한 것으로 유명하지만, 이미 석존 당시부터 그 형식은 있었다. 만동자가 석존에게 세계의 시간·공간적 시작과 끝, 사후의 존재 여부, 정신과 육체의 동일 여부를 물을 때, 사구부정의 형식이 사용된다. 예를 들면 사후의 존재에 대해서 '존재 하느냐, 마느냐, 존재하기도 하고 존재하지 않기도 하느냐, 존재도 비존재도 아니냐?'는 식으로 묻는다. 그래서 네 가지의 기본적인 질문은 이 4구 형식으로 곱해져서 14가지가 된다. 석존은 침묵으로 대답했지만, 용수는 이 사구부정을 이용해서 상대가 주장하는 실체론의 허구를 드러낸다. 찻잔을 예로 들어보자. 이 찻잔이 어디로부터 왔는가. 자기 자신에서 왔는가. 다른 것에서 왔는가. 자기와 다른 것을 합한 데서 왔는가. 아니면 자기도 다른 것도 아닌 원인이 없는 데서 왔는가.

만약 찻잔이 자기 자신으로부터 나왔다면, 찻잔은 무한히 새로운 찻잔을 만들어 내야 한다. 그러나 현실적으로 그런 일은 없다. 찻잔이 다른 것으로부터 나왔다면, 찻잔의 다른 것은 흙뿐만 아니라 세상의 모든 것이다. 그렇다면 나무나 풀에서도 찻잔이 나와야 한다. 찻잔이 자기 자신과 다른 것이 합쳐서 나왔다고 한다면 여기에도 문제가 있다. 자기나 다른 것에서 생긴다는 것은 각기 부정되었거나, 자기와 다른 것이 합쳐서 생긴다는 없던 것이 뒤에 생긴다는 말이 된다. 이것은 원인이 없이 생기는 것이 되고, 결국 네 번째의 구절인 자기로부터도 아니고 다른 것으로부터도 아닌 원인이 없는 데서 왔다는 것과 똑같이 된다.

여기에서 불교의 인연법을 아는 이들은 용수의 논리가 좀 이상하다는 생각을 할 것이다. 불교에서는 어떤 인과 연의 합에 의해서 사물이 이루어진다고 가르치는데, 네 가지로만 상대의 주장을 묶어 놓고 상대 주장의 불합리함을 공박하는 것은 부당하지 않느냐는 것이다. 만약 이런 식으로 불교의 인연법을 검증하려 한다면, 불교도 꼼짝없이 불합리한 교설로 몰릴 수 있다는 것이다.

하지만 그렇지 않다. 외도와 불교에는 기본적 입장이 하늘과 땅처럼 다르다. 외도들은 모든 사물에 불변의 실체가 있다고 주장하고 불교에서는 인연법에 의해서 만물이 생기므로 자성이 없고 공하다고 가르친다. 상대는 변하지 않는 것이 있다고 주장하기 때문에 네 가지 구절의 하나하나에 걸리지만, 불교는 공하지 않는 것은 아무것도 없다고 가르치기 때문에 걸릴 것이 없다.

용수는 이 사구부정을 쓰면서, 자신의 입장이나 주장을 내놓지 않는다. 오직 상대의 주장을 들어서 그것이 자기모순, 자가당착, 또는 딜레마에 빠질 수밖에 없다는 것을 밝힐 뿐이다. 찻잔이 어디에서 왔느냐는 물음에 대해서 실체론자 외도들은 찻잔이 자기 자신으로부터 왔다고 할수도 없고, 다른 것으로부터 왔다고 할수도 없고, 원인이 없이 생겼다고도 할수 없는 진퇴양난의 입장에 처하게 된다.

다른 예로 여기에 사과식초가 있다고 치자. 사과에서 식초가 나왔기 때문에 사과는 원인이고 식초는 결과라고 해 두자. 이 경우에 원인과 결과가 같다, 다르다, 같기도 하고 다르기도 하다, 같지도 않고 다르지도 않다는 주장의 어느 하나를 말해도 실체론자들은 자기모순의 딜레마에 빠지게 된다. 만약 원인과 결과가 같다고 하면, 낳은 것과 낳아진 것이 똑같이 된다. 원인과 결과가 같다면, 여기서 원인과 결과를 가리는 것은 무의미하다. 원인도 없고 결과도 없어서, 사과와 식초 사이의 구별도 없다. 사과와 식초는 똑같은 것이 된다. 원인과 결과가 다르다고 하면, 사과와 식초 사이에 관련이 없어져서 사과는 식초의 원인이 아닌 것처럼 되어 버린다. 앞의 찻잔 사구부정의 예처럼, 여기에서도 제3구와 제4구는 불합리하게 된다.

용수는 이 사구부정으로 말의 허구성을 지적하려고 한다. 만약 찻잔이나 식초가 흙이나 사과보다 먼저 존재한다면, 결과는 원인에 의해 제약받지 않는 것이 된다. 원인이 없어졌을 때 결과가 생기는 것이라면, 그 결과는 원인의 변형이거나 본래의 원인으로 다시 돌아간다는 것이 된다. 실체론자들의 주장은 희론에 불과하다.

공이나 구를 인정할 때, 딜레마와 희론으로부터 벗어날 수 있다는 가르침이 사구부정의 바닥에 깔려 있다.

019 부정과 긍정의 반복

우리는 앞에서 불전에 나타나는 부정들을 진속이제와 사구부정의 측면에서 살펴보았다. 이번에는 그 부정되는 것들의 가치에 초점을 맞추어 생각해 볼 차례다.『금강경』을 읽다 보면 부처님은 일반적으로 중요하다고 생각되는 것들의 가치를 부정한다. 보시, 복덕, 불국토를 장엄하는 것 등이 일단 부정된다.『반야심경』에서는 부정이 더욱 극단적이다. 존재를 구성하는 요소, 감각 기관, 감각 기관의 대상, 인식을 부정하는 것까지는 이해가 간다.

부정은 계속되어서 미혹의 과정으로서의 12연기나 해탈의 과정으로서의 12연기도 부정되고, 불교 교리의 기본이라고 하는 사성제마저도 부정된다. 내가 가진 것을 남에게 주거나 부처님께 공양하는 보시는 참 좋은 일이다. 하지만 모든 사람들이 보시만 하려고 하지도 않고, 또 보시만 하면서 살 수도 없다.

보시하는 사람들보다는 남의 것을 얻거나 빼앗으려는 사람들이 더 많다. 보시의 반대는 간탐이다. 보시하는 사람은 부처에 가깝거나 부처 쪽을 가는 사람이고, 간탐하는 사람은 지옥에 가깝거나 지옥 쪽으로 가는 사람이다. 보시하는 사람의 수보다도 간탐하는 사람의 수가 더 많다는 것은, 부처 쪽에 있는 사람보다도 지옥 쪽에 있는 사람의 수가 더 많다는 것을 뜻한다.

만약 우리가 단편적으로 보시하는 사람을 중히 여기고 간탐하는 사람을 소멸되어야 할 것으로 생각하기로 한다면, 부처나 보살의 세계에 살고 있는 사람만을 중히 여기고 지옥, 아귀, 축생, 아수라, 인간 등의 세계에 살고 있는 사람은 없어져야 할 것으로 생각하는 셈이 된다. 중생은 자기를 가장 먼저 생각한다. 중생심은 바로 이기심을 뜻한다.

중생들이 불보살에게 귀의하고 감사하는 큰 이유 가운데 하나는 불보살이 중생을 자신의 몸이나 자식처럼 생각하고 보살피기 때문이다. 중생이 부처가 되려고 하는 이유도, 불행한 나가 아닌 행복한 나, 작은 나가 아닌 큰 나, 거짓 나가 아닌 참다운 나를 얻기 위해서이다. 만약 중생심에서 이기심을 제거하고 나면, 중생들은 아무 의욕도 내려고 하지 않을 것이고, 중생들에게 아무런 책임도 물을 수가 없게 된다.

나라고 하는 주체가 없는 마당에 나의 책임을 거론한다는 것이 무의미하다. 작은 나를 부처가 되라고 하고, 남이 아닌 네가 부처가 되라고 할 때, 중생들은 움직인다. 이런데 나를 완전히 지운 부처만 존재할 가치가 있고, 이기심을 갖고 있는 중생들은 존재할 가치가 없다고 한다면, 중생이 무엇을 위해서 부처가 되려고 할 것이며, 부처는 무엇 하러 중생을 구제하려고 할 것인가.

이전에는 암을 치료할 수 없는 병으로 알았지만, 요즘에는 암에 걸리더라도 약 50퍼센트 정도의 사람은 살 수 있다고 한다. 에이즈에 걸리면 거의 다 죽는다. 우리가 암이나 에이즈를 치료한다고 하는 것이 암균과 에이즈균을 죽이는 일이라고 하는 것은 분명하다. 그러나 사람을 살려 두면서 병균을 선별적으로 죽여야 한다. 그냥 에이즈균을 죽이기로 말하면 병에 걸린 사람을 죽이는 것 이상으로 더 쉽게 에이즈 균을 퇴치하는 방법은 없다. 중생을 부처로 만드는 것도 중생심의 모두를 죽여 버리는 것은 아니다. 이기심을 완전히 없애는 것도 아니다. 이기심을 살려 두어야 내가 부처가 되고 내가 중생을 구제하려고 할 것이기 때문이다. 단지 그 이기심을 개인적인 것에서 우주적인 것으로, 혼자만 생각하는 것에서 자기와 같은 이기심을 가진 다른 이가 있음을 살피는 것으로 확대하려고 할 뿐이다.

『금강경』은 한편으로는 "집착과 상을 없애라."고 하고, 다른 한편으로는 "보시하거나 불국토를 장엄하려는 마음을 내라."고 설한다. 상과 집착을 지우라고 하면서도 끊임없이 마음을 내라고 하는 것은 중생이 살고 있는 현실을 인정하는 데서부터 출발하는 것이다. 중생세계에 있는 집착과 상이라는 병균만 제거하려는 것이지 결코 중생을 없애는 것이 아니다. 『반야심경』의 부정도 마찬가지이다. 끝까지 읽어보면 부정되는 것들이 그냥 버려지는 것이 아님을 알 수 있다.

무소득의 지혜를 위해서 부정할 뿐, 중생세계의 가치는 그대로 남아 있다. 어떤 소득이 있으리라는 기대가 있을 때, 나는 무너지고 공포에 떨게 된다. 가짜 소득에 대한 미련이 없을 때 공포가 없고 공포가 없을 때 진정한 나를 얻게 된다. 이기심의 부정은 보시이다. 보시를 부정하면 우리의 탐욕을 긍정하는 것이 된다.

부정과 긍정을 반복하는 것은 중생의 가치를 인정하면서 미혹의 병균을 제거하는 데 큰 어려움이 있음을 나타낸다. 보이고 들리는 것에 홀리지 않으면서 마음을 내기는 쉽지 않기 때문이다.

020 방편과 진실

절집 주변에서는 "방편"이라는 말을 자주 듣는다. 불교인들의 기본 예식이라고 할 수 있는 『천수경』에도 "속히 좋은 방편을 얻게 해 주십시오."라는 발원이 들어 있다. 부처님 설법의 특징 가운데 하나는 상대의 근기 또는 수준에 맞게 지도한다는 것이다. 진리는 하나이지만 사람에 따라 갖가지의 방편으로 진리의 전부나 일부를 보여 준다. 그런데 언뜻 생각할 때, 하나의 진실에 여러 가지의 방편적인 가르침이 있다면, 그것들은 거짓말에 속하는 것이 아닐까 하는 의문이 떠오른다. 또 방편이 거짓이 아니라면, 방편과 진실은 어떤 관계가 있느냐는 물음이 생긴다.

『법화경』「비유품」에서 석존은 불난 집의 비유를 설한다. 재산이 엄청나게 많은 장자가 있었다. 어느 날 그의 저택에 불이 났다. 그 집안에는 장자의 자녀들 수십 명이 불이 무엇인지도 모르고 놀고 있다. 장자는 아이들에게 집밖으로 나가라고 한다. 노는 데 정신이 팔려 있는 아이들은 들은 체도 하지 않는다. 장자는 아이들을 불난 집밖으로 끌어 낼 궁리를 한다. 그래서 아이들에게 집밖으로 나가면 여러 종류의 수레를 주겠다고 약속한다. 양이 끄는 수레, 사슴이 끄는 수레, 소가 끄는 수레를 주겠다는 것이다. 불난 집 밖으로 나온 아이들은 장자에게 약속한 수레를 달라고 한다. 장자는 처음에 소형 수레를 주겠다고 약속했지만, 그보다 더 크고 좋은 흰 소가 끄는 수레를 준다. 아이들은 기뻐한다. 이 비유를 설한 석존은 사리불에게 묻는다. 불난 집에서 아이들을 끌어낸 장자가 거짓말을 했느냐는 것이다. 사리불은 장자가 아이들의 목숨을 건진 것만으로도 거짓말이 되지 않는데, 하물며 소형 수레 대신 대형 수레를 주었으니 거짓말이 될 수 없다고 대답한다. 마찬가지로 석존이 중생을 구제하기 위해서 낮은 수준의 이익을 거론하지만, 실제로는 석존의 가르침을 따라서 행한 중생들이 당초에 기대했던 것보다도 더 큰 이익을 얻게 되었을 때, 석존의 방편이 거짓말이 아니라는 것이다. 여기에 나오는 세 종류의 수레는 불교에서 수행 성취의 세 가지 단계로 이해된다. 즉 성문, 연각, 보살이다. 그리고 흰 소가 끄는 대형 수레는 부처의 단계이다. 세 가지 낮은 단계를 삼승三乘이라고 하고 부처의 단계를 일승一乘이라고 한다. 그래서 삼승은 방편이 되고 일승은 진실이 된다. 『법화경』의 주장은 방편을 펴는 사람이 상대를 위한 좋은 취지를 갖고 거짓말을 하고, 또 실제로 상대에게 약속한 것보다도 더 좋은 결과를 얻게 해 준다면, 방편으로 한 거짓말은 거짓말이 아니라는 것이다.

그런데 방편이 거짓이 아니기 위해서는 선행 조건이 반드시 갖춰져야 한다. 방편을 쓰는 이의 수준이 그것을 받는 이의 수준보다 높아야 한다. 또 방편을 펴는 이의 의도가 절대적으로 좋아야 한다. 대학의 교수가 학생들에게 수학이나 영어를 가르치는 것을 예로 생각해 보자. 대학생에게는 지금까지 학계에 알려진 과목 지식을 있는 그대로 전부 전하려고 할 것이다. 그럼에도 불구하고 동시에 모든 지식을 다 전할 수는 없다. 상대가 받아들이도록 처음에는 지식의 일부를 전해야 한다. 또 고등학생이

나 중학생에게는 수준을 더 낮추어야 한다. 그 학생들이 받아들일 수 있는 양만큼만 전해야 한다. 초등학교 1학년생에게는 해당 과목에 관한 아주 작은 일부의 지식만 전할 수밖에 없다. 이때 교수가 초등학생, 중고생, 대학생에게 공부해야 할 과목의 모든 지식을 한꺼번에 다 쏟아 놓지 않았다고 해서, 거짓말을 했다고 할 수는 없다.

또 통역하는 것을 예로 생각해 보자. 영어를 우리말로 통역할 때, 그 것을 듣는 사람의 수준에 따라 통역어가 달라져야 한다. 상대가 어려운 용어를 쓸 때, 그 말을 초등학생에게 통역하려면, 당연히 그 수준에 맞는 용어와 어구를 제한적으로 사용해야 한다.

하물며 다른 태양계의 언어와 지식을 지구인들에게 전해야 한다면, 우리 수준에 맞는 개념이나 용어를 제한적으로 사용했다고 해서, 거짓말을 했다고 할 수는 없을 것이다. 석존은 성인 세계의 일을 중생 세계에 전하려고 한다. 중생이 알아들을 수 있도록 갖가지 방편을 폈을 때, 석존이 거짓말을 했다고 할 수 없다. 왜 팔만사천법문이 있는가. 중생의 근기, 수준, 취향이 천차만별이기 때문이다.

어떤 사람은 이런 비유를 들어 줘야 좋아하고, 다른 사람은 저런 이익을 말해 줘야 가르침을 실천해 보려고 한다. 그러니 방편이 많아질 수밖에 없다. 방편이 많다는 것은 부처님의 자비가 한량없다는 것을 나타낸다.

삼승三乘 (성문, 연각, 보살)

부처님의 깨달음에 이르는 하나의 길을 중생들의 성품과 능력에 따라 셋으로 나눈 것이다. 『법화경』에 따르면 성문승은 사성제, 팔정도 등을 닦아 열반을 증득하는 길이며, 연각승은 십이연기를 관하여 일체법의 인연을 잘 아는 길이며, 보살승은 육바라밀을 닦아 깨달음을 구하는 길이라고 설명되어 있다. 하지만 모든 부처님의 가르침은 오직 하나이며 방편으로 삼승을 설한 것이라고 곁들이고 있다.

021 방편 과정과 일시성불

불교의 궁극적 목표는 성불이다. 그것도 혼자만이 아니라 나와 남이 다같이 일시에 성불하는 것 즉 "자타일시성불自他一時成佛"이다. 불교에 있어서 나와 남이란 사람과 사람 사이에서만 쓰이는 것이 아니다. 짐승이나 곤충 같은 유정물有情物과 식물이나 산하대지 같은 무정물無情物도 포함된다. 세상의 모든 유정물과 무정물이 함께 성불하는 것이 불교의 이상이다.

하등동물이나 무정물이 어떻게 성불할 수 있느냐의 문제는 너무 복잡하고 광범위하기 때문에 여기서 제쳐 두기로 하자. 우선 사람의 일만 생각해 보기로 하자. 근기와 수행의 높낮이에 따라서 성불로 가는 길에 많은 단계가 있을 것이다. 그런데 어떻게 세상의 모든 사람들이 다같이 성불할 수 있을까. 모든 사람들이 당장 성불할 조짐이 없는 상태에서 사람은 어떻게 삶의 의미를 찾을 수 있을까.

잘나고 수행이 높은 사람은 살맛이 난다고 하지만, 못나고, 악하고, 천박한 사람은 삶의 보람이나 가치를 어디서 찾을까. 우리의 이 같은 의문을 예상했었는지 불경은 그 답으로 좋은 예를 마련해 두고 있다. 『법화경』「약초유품」에는 '여러 등급의 풀과 나무의 비유' 또는 '비구름의 비유'가 나온다. 구름이 세상에 골고루 비를 내리지만 풀이나 나무들이 제

각기 자기 필요에 따라 그 비를 흡수해 쓴다. 풀 가운데는 상품의 약초도 있고 중품이나 하품의 약초도 있다. 또 큰 나무도 있고 작은 나무도 있다. 마찬가지로 부처님께서 중생을 위해 법을 설하지만 각기 자기 수준에 맞게 그것을 받아들인다는 것이다. 위의 비유는 부처님의 입장에서 모든 중생에게 평등하게 최상의 진리를 전하지만 중생들이 그것을 달리 받아들인다는 뜻이다.

그런데 이것을 중생의 입장에서 생각해 보면, 천차만별의 근기를 가진 중생들은 부처님의 가르침을 자기의 처지에서 자기 나름대로 풀이하고 각자의 평화를 얻을 수 있다는 말이 된다. 부처님의 가르침 속에는 이미 중생의 근기를 예상한 방편이 담겨 있다고 여겨짐으로, 중생이 자기에게 맞는 방편에서 임시적이나마 삶의 보람과 가치를 찾을 수 있다는 말이다.

풀과 나무의 비유로 다시 돌아가 보자. 상품의 약초는 그것이 필요한 병에 쓰인다. 큰 병은 상품의 약초로 다스려야 한다. 그러나 아주 작은 병에 큰 약을 쓸 필요는 없다. 과도하게 약을 쓰면 오히려 새로운 병을 만들수가 있다. 작은 병에는 하품의 약초를 써야 한다. 또 모든 약초는 각기 자기만의 특성이 있다. 본래 상품, 중품, 하품의 약초가 따로 있지 않다.

큰 병에 쓰이는 약을 사람들은 상품의 약초라고 부르고, 작은 병에 쓰이는 약을 하품의 약초라고 부른다. 또 아무리 좋은 약초라도 희귀하면 상품이라고 이름 붙이고 흔하면 하품이라고 할 수도 있다. 그렇다면 상품의 약초나 하품의 약초가 똑같이 존재의 가치를 갖고 있는 것이다. 나무의 경우도 마찬가지다.

큰 나무와 작은 나무의 용도가 다르다. 큰 나무는 대들보나 기둥에 쓰이고 작은 나무는 서까래로 쓰인다. 큰 나무를 잘게 잘라서 서까래로 쓰고, 여러 개의 작은 나무를 한 뭉치로 묶어서 각기 다른 용도로 쓸 수 있기는 하지만, 그것은 불편하고 부자연스럽다. 전봇대로 쓰이는 나무나 이쑤시개로 쓰이는 나무가 똑같이 나름대로 존재해야 할 가치를 가진다. 사람도 약초처럼 상품과 하품으로 나뉠 수 있을까. 사람이야말로 각기 독특한 개성을 가지고 있다.

같은 지문이 없는 것처럼 정확하게 똑같은 개성이나 취향을 가진 사람은 없다. 한 방면에서 유능하면 다른 방면에서 무능할 수 있다. 단지 우리가 사람의 능력을 돈, 권력, 명예를 거머쥘 수 있느냐 없느냐의 기준으로만 판단하기 때문에 잘난 사람 못난 사람이 생겨날 뿐이다. 그렇다면 모든 사람은 어떤 면에서 아무리 부족하다고 하더라도 살아야 할 가치가 있다. 낮게 평가받는 것이 존재해야 할 이유는 또 있다. 구름이 풀과 나무를 예상해서 비를 내리듯이, 풀과 나무에도 비구름이 전제되어 있다. 연기법에서 나오는 성구사상은 오묘하게도, 비구름에 풀과 나무가 포함되어 있고, 풀과 나무에 비구름이 포함되어 있다고 가르친다. 모든 풀과 나무는 비구름과 함께 이 세상에 꼭 있어야만 할 귀중한 것이다.

여기에서 모든 사람들이 함께 성불할 수 있는 예를 하나를 만들 수 있다. 세상의 삼라만물이 각기 서 있는 그 자리에서 각기 독특한 가치를 가지면서도 서로 포함되어 있음을 체달하면, 나에게 있어서 나와 남은 이미 부처의 각 단계를 누리고 있다.

022 제법실상의 관찰

법法은 불교에서 크게 세 가지 의미로 쓰인다. 첫째는 부처님의 가르침, 둘째는 진리, 셋째는 사물을 뜻한다. 세상의 모든 사건과 물건의 존재 이치가 바로 진리이고, 그 진리가 그대로 부처님의 가르침이기 때문에, 법을 한 가지 의미로 뭉쳐서 풀이할 수도 있다. 불교의 모든 교리는 관찰법으로 이루어져 있다.

　존재의 의존 관계를 나타내는 연기사상, 사물의 실체가 없음을 나타내는 공사상, 모든 사물이 서로를 포함하고 있다는 성구사상, 모든 것이 마음의 규정에 의해서 이름 붙여진다고 하는 유심조사상, 우리의 본래면목을 찾으려고 하는 선사상 등이 모두 존재의 실상을 관찰하는 것이다. 그래서 불교는 "모든 사물이 존재하는 실상을 있는 그대로 보는 것" 즉 "제법의 실상을 여실히 관찰하는 것"이라고 줄여서 말할 수 있다.

　『법화경』「법사공덕품」에는 제법실상의 관찰이 특이하게 강조되어 있다. 우리가 불법을 잘 닦으면 "여섯 가지 감각 기관" 즉 "육근六根"이 청정해진다고 한다. 청정해진 육근은 무수히 많은 눈, 귀, 코, 혀, 몸, 뜻을 가지고 세상을 본다. 한 개의 눈은 한 입장 특히 자기를 중심으로 해서 사물을 본다. 그러나 백 개, 천 개의 눈은 자기의 입장뿐만 아니라 세상 모든 것의 입장에서 보기 때문에 사물을 있는 그대로 볼 수가 있다.

보는 것뿐이 아니다. 무수히 많은 귀로 듣고, 무수히 많은 코로 냄새 맡을 때, 존재의 여실한 모습이 그대로 드러난다. 더 있다. 무수히 많은 숫자의 감각 기관으로 한 사물을 파악한다고 하더라도 존재의 실상을 더 잘 볼 수 있을 터인데, 세상에 있는 것을 하나도 빼지 않고 낱낱이 다 관찰한다면 더욱 잘 볼 수 있지 않겠는가.

저 청정해진 육근은 위로는 가장 높이 있는 천상으로부터 아래로는 가장 낮게 있는 아비지옥에 이르기까지, 세상에 있는 모든 것을 보고 듣고 냄새 맡는다. 부처의 소리, 소 우는 소리, 지옥의 소리, 부자의 소리, 거지의 소리, 천한 계집의 소리, 귀한 공주의 소리, 어른의 소리, 아이의 소리 등 세상의 모든 소리를 다 듣고, 세상의 모든 움직임을 다 본다.

선거를 앞두고 사람들은 이 후보가 좋다거나 저 후보가 싫다고 말한다. 헌데 우리의 선별을 잘 관찰해 보면, 좋고 싫음의 기준이 "나 중심"에 있고, 그나마 그 "나"라고 하는 것도 참다운 나가 아닌 각자의 업력임을 알 수 있다. 만나는 사람들과 몇 마디를 나눠 보면 나는 그가 어느 후보를 좋아하고 싫어하는가를 거의 틀림없이 집어낼 수 있다. 어떤 이는 마음속으로 갑 후보를 좋아하는데 을 후보가 이익을 보는 것이 싫어서 병 후보를 지지하고, 다른 이는 을 후보의 참신성과 정책을 좋아하는데 지금까지 지지해 온 후보를 버리는 것이 아까워서 갑 후보를 계속 지지한다. 업의 껍질이 씌워진 한 개의 눈으로만 보고, 한 개의 귀로만 듣기를 고집하는 것이다. 많은 눈과 귀가 필요한 이때에 말이다.

정치에 거짓말이 없기를 바라는 것은 고기를 잡으러 물에 들어가면서 물은 없고 고기만 있기를 바라는 것과 같다. 정치란 말 바꾸기와 거짓말투성이로 이루어져 있다. 그러나 존재의 실상은 거짓말로만 되어 있지 않다. 거짓과 진실이 뒤섞여 있다. 거짓 뒤에 진실이 있고, 진실 뒤에 거짓이 있다. 우리는 많은 눈으로 모든 거짓과 진실을 다 봐야 한다. 어느 후보에게 진실이 더 있다거나, 어느 후보를 지지하면 더 좋아서가 아니다. 어느 후보가 대통령이 되면 경제가 좋게 풀린다거나 또는 악화될 것이라는 예측이 있어서도 아니다. 누구를 지지하더라도 정치에 있는 모든 거짓과 진실, 모든 지옥과 천상을 있는 그대로 볼 수 있어야 한다는 것이다. 부처님은 불법을 간직하고 닦고 전하면 육근청정을 얻어서 세상 전체를 볼 수 있다고 하는데, 저 정치판의 거짓과 진실도 손바닥 보듯이 살필 수 있다고 하는데, 어떻게 그것이 가능할까.

　이것은 두 방면으로 풀이할 수 있다. 하나는 불법을 닦으면 육근청정이 얻어진다는 것이요, 다른 하나는 육근청정을 얻어야 제대로 불도에 들었다고 할 수 있다는 것이다. 불교의 가르침은 상호의존과 마음이 모든 것을 지어낸다는 것을 그 기본으로 삼는다.

　연기와 유심조를 알면 공과 무아가 터득된다. 나를 지운다는 것은 내가 가진 업의 눈을 지운다는 것이요, 그 하나를 지운다는 것은 세계의 모든 눈을 얻는다는 것이다. 나무의 눈, 구름의 눈, 강물의 눈, 내 반대편의 눈, 무한한 내 반대의 반대편의 눈 등으로 세상을 볼 수 있다는 것이다.

023 삼천세계

앞에서 불법을 닦으면 여섯 가지 감각 기관이 청정해져서 각기 많은 숫자로 늘어나고 좋은 것으로부터 나쁜 것, 또는 높은 곳으로부터 낮은 곳에 이르기까지 세상의 모든 사물을 여실하게 관찰한다는 것을 『법화경』 「법사공덕품」에 나온 예로 살펴보았다. 그런데 천태종에서는 이 정신에 바탕을 둔 관찰법을 개발했는데 바로 "일념삼천一念三千" 즉 "한 생각에 삼천의 세계가 갖추어져 있음"을 관찰하는 수행법이다.

사람은 의식적으로나 무의식적으로 무엇인가를 생각한다. 좋은 생각을 할 수도 있고 나쁜 생각을 할 수도 있다. 부처의 생각을 가질 수도 있고 지옥의 생각을 가질 수도 있다. 사람이 죽어서만 윤회하는 것이 아니라 살아 있으면서도 순간순간 지옥과 극락을 넘나든다. 상대를 누르고 권력을 잡고 재물을 얻기 위해서 우리는 지옥의 마음을 가진다.

큰 유산을 배당 받는 일에 있어서는 형제자매가 삽시간에 축생이 되기도 한다. 하지만 똑같은 사람이 한 마음을 돌리면 사랑하는 사람을 구하기 위해서 물, 불, 차에도 뛰어들 수도 있다. 우리는 한 장의 신문에서 사람을 살리기 위해 목숨을 던지는 사람과 재물을 차지하기 위해 친족 간에 재판을 벌이는 사람에 관한 보도를 본다. 선행 표창을 받은 사람이 범죄를 저지르기도 하고, 악한으로 알려진 사람이 선행을 하기도 한다. 목숨을 바꾸지 않고도 사람들은 끊임없이 윤회하는 것이다.

우리의 생각을 열 가지 수행의 단계로 나눈 것을 십계^{十界}라고 한다. 가장 낮은 단계인 지옥으로부터 아귀, 축생, 아수라, 인간, 천상의 순서로 올라가고 그 위에 성문, 연각, 보살, 부처가 있다. 사람이 한 생각을 먹으면, 그 생각은 이 열 가지 세계 가운데의 하나가 된다. 욕심을 많이 내면 지옥에 빠진 것이 되고, 성냄이 많으면 아귀에 빠진 것이 된다.

어리석으면 축생과 같고 투쟁심에 불타 있으면 아수라와 같다. 우리는 찰라찰라 저 십계를 오르내린다. 사람이 한 생각을 먹으면 반드시 십계 가운데의 하나에 들기는 하지만 그것이 전부가 아니다. 지옥의 생각에는 지옥만 있고, 부처의 생각에는 부처만 있는 것이 아니다. 지옥의 생각에도 부처를 포함해서 십계의 하나하나가 포함되어 있고, 부처의 생각에도 지옥을 포함해서 십계가 포함되어 있다.

그래서 십계에 다시 십계를 곱하면 백계^{百界}가 된다. 일념 속에 있는 십계와 백계를 본다는 것은 우리의 마음이 어떤 상태에 있는가를 여실히 관찰한다는 뜻이다. 마음의 현재 상태만 보는 것으로는 충분하지 않다. 그 마음의 겉모양, 본성, 몸체, 힘, 작동, 원인, 과정, 과보, 시작과 끝도 살펴야 한다. 지금 품고 있는 분노의 마음, 탐욕의 마음, 질투하는 마음이 어디에서 생겨나고, 어떻게 머물고 무엇으로 바뀌어져서, 언제 소멸하는지를 관찰해야 한다.

흐르는 마음의 시종 과정에 대한 여실한 관찰을 십여시^{十如是} 즉 "열 가지 있는 그대로 마음의 모습"이라고 한다. 일념에 백 가지의 세계가 있고, 그 하나하나에 십여시를 곱하면, 천여시^{千如是}가 된다. 관찰해야 할 것이 또 있다. 생각을 일으키는 주체, 환경, 그리고 주체와 환경을 이루는 요소들이다. 이 세 가지를 삼세간三世間이라고 한다. 앞에서 곱해 온 천 가지에 이 셋을 다시 곱하면 삼천이 된다. 일념에 일어나는 십계에 각기 열을 곱해서 백을 만들고, 여기에 십여시의 열을 곱해서 천을 만든다.

다시 삼세간을 곱해서 삼천이라는 숫자를 만든다. 숫자를 만드는 과정이 좀 복잡하다거나 과장이 심하다는 느낌이 든다. 그렇다. 삼천이라는 숫자는 중요하지 않다. 일념 가운데서 삼천 가지의 마음을 다 찾아보려고 애쓸 필요는 없다. 단지 일념이 십계 중의 하나에 속해 있으며, 한 세계에 속한 마음에 다른 십계가 다 포함되어 있다는 것을 보면 된다.

여기에 마음의 변화 과정, 주체, 환경 등도 같이 살피는 것이다. 일념 속에서 삼천의 세계를 보는 관법은 삼라만법이 각기 서로를 포함하고 있다는 성구사상을 잘 나타낸다. 지옥의 마음에 부처가 포함되어 있고, 부처의 마음에도 지옥이 포함되어 있다는 아이디어는 바로 성구사상의 기본에 속하기 때문이다. 이 일념삼천의 관법은 남방불교의 위빠사나 명상법과 선불교 참선법의 중간치가 된다.

위빠사나는 마음이 일어나고 소멸되는 과정을 현장 중심으로 관찰하고, 일념삼천 관법은 성구性具를 중심으로 관찰한다. 그리고 선禪에서는 그 포괄성과 상징성이 극대화된다. 선의 공안은 삼천이라는 숫자는 생략하면서도 무한한 성구의 상태를 관찰하는 정신을 내포하고 있다.

024 사성제를 보는 네 가지 시각

석존의 기본적인 가르침인 사성제를 이해하는 데 있어서도, 이 원칙이 적용된다. 불이가 얼마만큼 드러나 있느냐에 따라서, 현실의 고통, 그 원인인 번뇌 뭉치, 고통을 바로잡은 열반, 그 열반에 이르는 수행으로 이루어지는 고집멸도 사성제가, 네 가지 깊이로 분류될 수 있다는 것이다.

네 가지의 사성제 즉 사종사제는 실체적인 생멸에 기초한 생멸사제^{生滅四諦}, 공사상에 기초한 무생사제^{無生四諦}, 유심사상에 기초한 무량사제^{無量四諦}, 성구사상에 기초한 무작사제^{無作四諦}다. 여기서 앞의 세 가지는 다른 종파에서 잘못 파악한 것이고, 마지막의 무작사제만이 사성제의 본뜻을 제대로 파악했다는 것이 천태종의 주장이다. 공사상이나 유심사상 그 자체가 잘못된 것이 아니다. 공과 유심은 모든 불교 종파가 공유하고 있다. 단지 그것을 전문으로 연구하고 전파하는 종파가 한 편에 치우쳐서 사성제를 잘못 파악할 수 있다는 것이다.

생멸사제는 삶과 죽음을 실제적인 것으로 생각한다. 물론 여기에도 공사상은 있다. 그러나 그 공에 대한 이해가 분석적이다. 삶이 괴로운 것은 세상일이 뜻대로 되지 않고 필경에는 무상한 세월에 의해서 죽음을 맞이해야 하기 때문이라고 생각한다. 고통, 성취, 실패, 삶, 죽음을 실체적인 것으로 받아들인다.

공하다고 하는 것이 고통이나 죽음에까지 철저하게 적용되지 못한다. 분석적인 사고는 공을 받아들이더라도 무엇인가 있을 것이라는 기초 위에 서기 때문이다. 따라서 삶과 죽음, 성공과 실패, 행복과 불행, 즐거움과 고통은 각기 둘로 나누어진다. 무생사제는 공사상의 지움이 철저하다. 생멸사제에서는 분석적으로 공을 파악했지만, 여기에서는 체달하는 공이다. 삶도 없고 죽음도 없다. 아무것도 없다. 모든 것을 철두철미하게 부정하고 지우다 보니 현실의 역사를 소홀히 대하게 된다. 공사상이 허무주의는 아니지만 공을 강조하므로 삶과 현실을 무시하게 된다. 공에 의해서 삶과 죽음, 성공과 실패, 즐거움과 고통 같은 상대적인 양극 개념을 지우기는 하지만, 공과 현실이라는 새로운 차별이 생긴다. 이 무생사제도 모든 차별에서 불이를 끌어내는데 실패한다.

무량사제에는 모든 것이 마음으로부터 생긴다는 유심사상이 전제되었다. 참마음을 진여라고 하고 번뇌의 거짓 마음을 무명이라고 치자. 진여는 부처님의 세계이고 무명은 중생의 세계이다. 세상은 진여의 마음에 무명의 마음이 덮여서 일어난다. 무명만 없애면 고통의 세계가 그대로 극락의 세계요, 삶과 죽음은 둘이 아니다. 부처의 마음, 진여의 마음을 전제로 해서 세상의 모든 상대 개념과 차별을 극복하려고 한다. 그러나 여기에는 현실의 무명을 본래 없는 것이거나 앞으로 없어져야 할 것으로 생각하는 문제가 있다. 중생이란 번뇌 그 자체이다. 부처의 세계에서부터 지옥의 세계까지 십계 가운데서, 부처의 세계에만 진여로 가득 차 있고, 나머지 9계에는 무명이 가미되어 있다. 진여만 인정하고 무명을 부정한다면, 오직 부처의 세계만 존재해야 할 것으로 생각하고, 나머지 아홉의 세계는 없어져야 할 것으로 여기는 셈이 된다.

결국 진여의 세계와 무명의 세계, 부처의 세계와 다른 세계 사이에 편가름이 있다. 여기에 진정한 불이란 있을 수 없다. 무작사제는 성구사상을 전제로 하면서 인위적으로 지어내는 것을 배격한다. 세상의 자연을 있는 그대로 받아들이자는 것이다. 진여와 무명은 처음부터 있었고 또 영원히 있을 수밖에 없다. 중생은 바로 무명의 산물이기 때문이다.

중생이 없다면 진여와 무명을 가르는 것이 무의미하다. 그 경지에는 진여라는 말도 필요 없기 때문이다. 현재 눈앞에 펼쳐져 있는 중생의 세계를 무시하고, 부처의 세계만을 인위적으로 가정하지 않는다는 의미에서 무작無作이다. 궁극의 경지는 현실의 이 자리에서 찾아야 한다. 석존의 본래성불과 삼라만물의 성구를 생각하면, 참과 거짓, 선과 악, 부처와 지옥은 본래부터 서로 포함되어 있다. 모든 상대개념은 둘이 아니다.

무작사제에서는 고집멸도가 따로 있지 않다. 현실의 고통을 바로 읽으면 그것이 바로 법신이다. 고통과 열반은 둘이 아니다. 고통 속에 그 원인과 해결이 다 들어있다. 마찬가지로 번뇌나 열반에도 각기 다른 셋이 들어 있다.

십계와 삼천세계三千世界

10×10
10계는 지옥, 아귀, 축생, 아수라, 사람, 하늘, 성문, 연각, 보살, 부처의 세계를 가리킨다. 이 10계는 각각 또 10계를 갖추고 있으므로 100계의 모든 세계가 된다.
100×10
100계는 각각 10여시로 분류되기 때문에 모두 1,000여시가 된다.
1,000×3
1,000여시는 3종 세간오온세간, 중생세간, 국토세간이 두루하므로 3,000세계가 된다.

025　상락아정常樂我淨의 열반사덕

우리가 불도를 닦는 목적은 고통을 여의고 즐거움을 얻기 위해서이다. 부처님은 현실을 고통의 바다라고 한다. 열반이라는 이상 세계가 있다. 그경지에 이르면 고통은 없고 즐거움만 있다. 그런데 해탈열반의 즐거움은반드시 다른 조건도 갖추어야 한다. 항상함, 진정한 나, 깨끗함이 있어야참으로 즐거울 수 있다는 것이다. 열반의 경지에서 얻는 이 덕목을 "상락아정常樂我淨"이라고 한다. 바로 "열반사덕涅槃四德"이다.

　상락아정에도 두 종류가 있다. 욕망의 세계에 살고 있는 중생들이 생각하는 것과, 열반에 이른 부처님이 생각하는 것이다. 중생들은 무상한것에서 항상함을 찾고, 즐겁지 않은 것에서 즐거움을 찾고, 나가 없는 데서 나를 찾고, 깨끗하지 못한데서 깨끗함을 찾는다. 그래서 중생의 상락아정은 전도된 것이라고 한다.

　열반사덕의 첫째는 항상함이다. 지금 나라 전체가 어렵다. 불안하다.왜인가. 당장 밥을 굶거나 추위에 떨기 때문이 아니다. 앞으로 어떤 고통이 닥칠지 모른다는 걱정 때문이다. 사형언도를 받고 집행일을 기다리며 사는 사형수들이 가장 고통스러워하는 것은 감옥 생활이 아니다. 구금, 배고픔, 추위도 아니다. 앞으로 닥칠 죽음이다. 중생은 항상한 것을 원한다. 오늘과 같이 내일을 살고 싶어 한다. 중생의 바람과는 달리 세상은 항상하지 못하다. 억척스러운 우리는 반드시 오늘의 경제난국을 극복할 것이다. 모든 경제 체제의 구조조정을 통한 단단한 발판 위에서 다시 일어설 수 있을 것이다. 그러나 아무리 잘 살게 된다고 하더라도 세월이 멈추지는 않는다. 늙음, 병, 부서짐이 없어지지 않는다. 누구나 늙고 병들고 죽는다. 항상함은 물질에 의지해서 얻을 수 없다. 육신과 물질에 대한 집착을 벗어나지 않으면 우리는 저 무상법에 의해서 놀림만 당할 것이다. 무상한 세상과 나 자신을 있는 그대로 바라볼 때, 우리는 진정한 항상함의 길을 깨달을 수 있다.

둘째는 즐거움이다. 즐거움에는 크게 두 가지가 있다. 세상을 겨룸의 대상으로 삼고 끊임없이 내 것으로 만드는 데서 얻는 것과 세상을 있는 그대로 두면서 음미하는 것이다. 앞의 것은 중생의 즐거움이요 뒤의 것은 열반의 즐거움이다. 중생이 얻는 즐거움에는 비교하고 싸우고 빼앗는 일 등이 개입된다.

재물을 좋아한다는 것은 황금을 그대로 본다는 뜻이 아니다. 세상의 발전을 감상하기만 한다는 말이 아니다. 내 것이기를 바라거나 내 것으로 만들고자 한다는 것을 의미한다. 그리하려면 꽃도 꺾고 사람도 쓰러뜨린다. 이 즐거움은 반드시 벽을 만나게 된다. 우선 계속 이길 수 없다. 계속 이기더라도 욕망이 끝없이 올라간다.

설사 모든 욕망을 다 채울 수 있다고 하더라도, 필경에는 늙음과 죽음이 찾아와서 즐거움을 지운다. 진정한 열반의 즐거움은 소유의 사슬로부터 벗어나서 세상을 있는 그대로 음미하는 것이다. 물질적인 번영을 꾀하거나 내 것을 만들려고 하더라도 그것에 매이지 않으면서 감상하는 것이다.

셋째는 나를 누림이다. 참다운 항상함과 즐거움을 얻는 것은 참다운 나가 있어야만 가능하다. 우리의 눈은 사진기의 렌즈보다도 더 자유자재로 넓게 보기도 하고 좁게 볼 수도 있지만, 그 관찰은 나를 벗어나지 못한다. 나와 남, 내 것과 남의 것을 나누어 보는 이 나는 무너질 수밖에 없다. 이 나는 진짜가 아니다. 가짜이다.

참다운 나는 이 거짓 나의 옷을 벗어버릴 때 얻어진다. 거짓 나는 개체적인 몸과 혼을 목숨으로 삼지만, 참다운 나는 끊임없이 변하고 흐르는 세상 전체를 자신의 수명으로 삼는다. 죽음과 삶, 이쪽과 저쪽을 같이 자기 자신으로 생각하면 잃어야 할 나가 없어진다. 이래도 저래도 항상 나가 있게 된다.

넷째는 깨끗함이다. 중생도 깨끗하게 살고 싶어 한다. 돈을 벌고 돈을 지키려는 것은 나와 내 가족을 깨끗하게 재우고 입히기 위해서이다. 그러나 그 재물 자체에 추함이 있다. 무엇보다도 앞의 열반사덕 세 가지 즉 진정한 항상함, 즐거움, 나가 없으면 참다운 깨끗함은 있을 수 없다. 무상한 것을 항상한 것으로, 괴로운 것을 즐거움으로, 나가 아닌 것을 나라고 생각한다면, 그곳에 무슨 깨끗함이 있을 것인가.

026 의지할 것과 말 것

대승 『열반경』에서는 부처님이 없을 때 의지해야 할 것과 의지해서는 안 될 것이 네 가지로 발전된다. 첫째는 진리에 의지하고 타인에게 의지하지 말라는 것. 둘째는 이치에 의지하고 말에 의지하지 말라는 것. 셋째는 지혜에 의지하고 지식에 의지하지 말라는 것. 넷째는 불법의 핵심을 다 드러내는 불경에 의지하고 지엽적인 가르침을 설한 경전에 전적으로 의지하지 말라는 것이다. 한문으로는 '의법불의인依法不依人', '의의불의어依義不依語', '의지불의식依智不依識' 그리고 '의요의경불의불요의경依了義經不依不了義經'으로 번역되어 있다.

첫째 '의법불의인' 즉 진리에 의지하고 타인에게 의지하지 말라는 말은 절집에서 자주 인용된다. 예전에 불교 집안에서도 많은 분규가 있었다. 불자들은 세속적인 욕심을 버리라고 가르치는 불교 종단 내에서의 싸움을 이해하지 못했다. 이때 가장 먼저 튀어나오는 말이 바로 "남 보지 말고 부처님의 가르침만을 보라."는 것이다.

신문이나 방송에서 스님네의 허물이 보도되면 많은 신도들이 불교에 등을 돌린다. 절집에서 큰 분규가 있을 때마다 수십 또는 수백만의 신도들이 떨어져 나간다고 걱정하곤 했다. 그러나 불교계의 방송, 케이블 텔레비전, 신문, 잡지 등을 접하면서 신도들의 의식이 많이 바뀌었다. 요즘에는 아무리 큰 사건에도 끄떡하지 않는다. 불자들이 진리에만 의지하라는 부처님의 가르침을 은연중에 터득해 가는 것 같다. 완벽한 선생님이 아니면 공부하지 않겠다고 우기는 학생이 있다면, 그는 영원히 선생을 만나지 못할 것이다. 설사 완전한 선생을 만나더라도 그 학생은 비뚤어진 시각으로 어떤 허물을 지어내서 볼 것이기 때문이다.

둘째 '의의불의어' 즉 이치에 의지하고 말에 의지하지 말라는 가르침은 너무도 당연해서 알아듣기 어렵지 않다. 여기서 이치란 부분이 아닌 전체를 보는 깨달음이요, 말이란 나를 유혹하는 번드르르한 세상의 갖가지 교태이다. 사람은 일생 내내 판단하고 결정하며 살아간다. 공부하거나 일할 것이냐 아니면 놀 것이냐, 어떤 일을 택하고 누구와 손잡을 것이냐, 살 것이냐, 팔 것이냐. 이렇게 판단하고 결정해야 할 일이 있을 때마다 눈을 가리는 것이 있다. 바로 작은 이익이다. 누구나 부지런히 일하거나 공부할 수 있다. 게으름을 피우는 것은 작은 편안함의 유혹에 넘어가기 때문이다. 말이 아니라 이치에만 의지해 살라는 가르침은 속가의 생활이나 불가의 수행에 있어서 똑같이 적용된다. 도를 닦는데 있어서도 작은 가지에 빠지면 큰 뿌리를 잃기 십상이기 때문이다.

셋째 '의지불의식' 즉 지혜에 의지하고 지식에 의지하지 말라는 가르침은 지혜와 지식의 차이를 전하려고 한다. 모든 지혜는 한 국면이 아닌 전체 국면, 한 사람이 아닌 여럿의 시각에서 사물을 보는 것이다. 불교의 지혜는 여기서 더 나아간다. 모든 사물이 상호 의존해 공하고 성구의 상태에 있다거나 세상의 이름과 개념은 사람의 마음이 일방적으로 규정한 것임을 체달하고 그 바탕에서 존재의 실상을 있는 그대로 읽는 것이다.

물론 공사상이나 일체유심조에 관한 지식도 있을 수 있다. 그러나 지식은 공식을 암기한 것과 같고, 지혜는 그 공식의 원리를 체달한 것과 같다. 지식은 남에게서 빌린 것이요 지혜는 내부에 있는 마음의 눈으로 터득한 것이다.

넷째 '의요의경불의불요의경' 즉 불법의 요점을 전하는 골격의 경전에 의지하고 지엽적인 내용을 담은 경전에 의지하지 말라는 것도 한국 불교 불자들에게 꼭 필요한 가르침이다. 골격이 되는 불경은 『아함경』, 『반야경』, 『법화경』, 『열반경』, 『화엄경』 계통의 불경이다. 모든 불경들은 이 다섯 종류에 속해 있다. 정토나 밀교의 경전이 여기에 뿌리를 두고 있다. 우리가 흔히 접하는 『관음경』은 『법화경』의 일부이고 『지장경』, 『천지팔양경』도 좋은 가르침을 담고 있다. 어느 불경을 독송해도 좋다. 단지 근간과 지엽을 구분해서 부처님의 가르침을 읽어야 한다는 것이다.

『열반경』
왕사성을 출발해 석 달 후 부처님이 쿠시나가르에서 열반에 들 때까지 부처님과 제자의 문답 그리고 당시의 상황 등이 기술된 경전이다.
소위 '소승' 열반경에는 부처님의 열반 당시의 구체적인 정황, 열반 후의 사리 분배 등이 비교적 사실적으로 묘사되어 있고 반면 '대승' 열반경에는 부처님 열반이 갖는 의미가 비교적 상세히 강조되어 있다.
두 경전 모두 공히 『대반열반경大般涅槃經』이라는 경명을 갖고 있다.

027 인생난득人生難得 불법난봉佛法難逢

불교를 모르는 일반인들은 스님네를 보면 이런 질문을 하는 경우가 많다. "스님은 죽어서 극락세계의 부처님 나라에 가기 위해서 독신으로 고행을 하는 것이지요." 세상 사람들은 종교란 대부분 유사한 교리를 갖고 있을 것이라고 짐작하고, 서양종교에서 가르치는 바와 같이 불교에서도 죽어서 부처님 나라를 지향하리라고 생각하는 것이다.

이 물음은 우리에게 다른 질문을 떠올린다. 불교는 성불과 중생구제를 목표로 삼는데, 수행 장소로서 극락세계가 좋을까 아니면 인간세계가 좋을까 하는 것이다. 『열반경』에 보면 여덟 가지 만나기 어려운 것을 들고 있다. 첫째 부처님이 세상에 출현하는 것, 둘째 우리가 사람 몸을 받는 것, 셋째 사람 몸을 받더라도 불법을 만나는 것, 넷째 사람 몸을 받고 불법을 만나더라도 정법을 만나는 것, 다섯째 이 세 가지를 다 갖추더라도 불법을 진실로 믿는 것, 여섯째 불법을 믿더라도 행하기 어려운 가르침을 능히 행하는 것, 일곱째 불도를 행하더라도 우리가 현재 처한 상황에 맞게 부처님의 계율을 빠짐없이 지키는 것, 여덟째 앞의 것을 다 갖추더라도 불도를 이루는 것은 참으로 어렵다고 한다. 만나기 어려운 이 여덟 가지는 절집에서 흔히 들을 수 있는 두 구절로 더 요약될 수 있다. '인생난득 불법난봉人生難得 佛法難逢' 즉 "사람 몸 받기 어렵고 불법 만나기 어렵다."
는 것이다. 불법 가운데서도 정법을 만나는 것이라든지 불법의 가르침을
믿고 행하고 성취하는 것도 있지만 이것들은 '불법'이라는 넓은 의미에
포함시킬 수 있을 것이다.

　만나기 어려운 것에는 극락이나 천상에 태어나는 것은 포함되어 있지
않다. 왜 그럴까. 그 이유에 대해서 '팔난八難' 즉 '여덟 가지 어려움'이 간
접적으로 설명해 준다. 우리는 법당에서 축원할 때마다 삼재팔난이 소멸
되게 해 주십사고 사뢰는데, 소멸시키고자 하는 것 가운데는 고통이 너무
많은 지옥과 함께 수명이 긴 천상과 즐거움만 누리는 곳이 들어 있다.

　지옥은 괴로움으로만 가득 차서 불도를 닦을 수가 없고, 장수를 누리
는 천상이나 즐거움만 있는 곳에서는 그것들을 누리느라고 태만해서 불
법을 멀리하게 되기 때문이다. 그래서 불도를 만나서 행하기에 가장 좋은
조건은 고락이 반반으로 겸해 있는 인간계가 된다.

　우리는 지금 사람이다. 적어도 형태는 그렇다. 그러나 불법을 만나려
면, 고통과 즐거움을 알아야 한다. 말이나 머리로가 아니라 직접 몸과 마
음으로 경험해야 한다. 만약 어느 한 쪽만 안다면 그는 아직 완전한 사람
이 아니다. 사성제에서 보듯이 불교의 핵심은 고통을 파악하는 데서부터
출발한다. 즐거움에 대해서는 걱정할 것 없다. 맛보기 위해서 너도나도
기를 쓸 것이니까 말이다.

　문제는 고통이다. 고통을 모르는 이는 불교를 접하더라도 겉만 볼 뿐
이다. 애정이나 자식새끼에 묶여야 그 때부터 고통을 알게 된다. 청소년
들이 불법의 핵심을 만나기 어렵고, 불법을 받아들일 준비가 되었다는 의
미에서의 사람이 되기 어려운 것은, 이미 누리는 즐거움과 함께 고통을

체득하는 것이 대단히 힘들기 때문이다. 고통과 즐거움을 모두 아는 독자는 이미 사람 몸을 얻은 셈이다. 얻기 어려운 한 단계는 통과되었다. 이제는 불법을 만나야 한다.

불법 가운데서도 정법을 찾고, 그것을 믿고 행해야 한다. 정법은 무어라고 가르치던가. 만물이 공한 상태에 있고 단지 마음이 지어내서 갖가지 이름과 개념이 생겨날 뿐이라고 하지 않던가. 이 가르침을 가슴에 두고 수행해 나간다면 필경에 불도의 궁극점에 이르게 된다. 동쪽으로 기운 나무는 언젠가 동쪽으로 넘어질 수밖에 없듯이 말이다.

삼재

화재火災, 수재水災, 풍재風災

팔난
- 재지옥난在地獄難

큰 죄를 지어서 지옥에 떨어져 고통이 극심하여 수행하지 못하는 어려움.
- 재축생난在畜生難

전생에 죄를 많이 지어 축생으로 태어나서 고통스럽게 살아가기에 불법을 들을 수가 없는 것.
- 재아귀난在餓鬼難

전생의 죄로 아귀에 태어나 부처님을 보거나 불법을 들을 수 없는 것.
- 재장수천난在長壽天難

하늘나라에는 장수에는 즐거움이 너무 많아 그것을 즐기느라 불법을 듣지 못하는 것.
- 재울단월난在鬱單越難

수미산의 북쪽에 있는 최상最上의 세계로 이곳 사람들의 수명은 일천세다. 이곳 역시 즐거움이 너무 많아 그것을 즐기느라 불법을 듣지 못한다.
- 농맹음아난聾盲瘖瘂難

신체적 결함으로 인하여 수행하기가 어렵다는 말.
- 세지변총난世智辯聰難

세상일에는 너무 똑똑하고 총명하지만 세상의 지혜를 초월한 부처님의 불법은 알아듣지 못하는 어려움.
- 불전불후난佛前佛後難

부처님이 계시지 않으므로 불법을 직접 들을 수 없는 어려움.

028 사유물이 아닌 본각

불자들은 석존의 깨달음을 중요하게 여긴다. 가비라성 싯달태자의 삶에 대한 회의, 출가, 고행, 성도가 없었다면 지금의 불교도 없을 것이기 때문이다. 그러나 다른 한편으로는 석존은 끝없는 무량겁 전에 이미 부처님이 되었다고 한다. 이 사바세계에 몸을 나투었다가 감춘 것은 중생을 구제하기 위해서일 뿐, 부처님이 태어나거나 죽는 일은 없다고 한다. 그렇다면 어찌되는가? 싯달태자의 애욕, 번민, 발심, 결단, 고행, 마왕 항복, 성도 등은 모두 쇼였단 말인가? 어떻게 석존의 역사적인 행적과 본래 부처로서의 초역사적인 자재自在를 양립시키면서도 그 둘을 한줄기로 엮을 수 있는가. 석존이 무량겁 전에 성불한 본래 부처님이라는 것과 금생에 무척 노력해서 새로 성불했다는 것이 상충된다는 생각의 바닥에는, 어떤 이의 성불을 그 사람 개인의 것으로 간주하는 전제가 깔려 있다.

불경의 표현들도 이런 생각을 부추기기 십상이다. 가령 석존의 경우 성불하기 이전에 무량겁에 걸친 수행이 있었다고 한다. 석존이라는 한 주체에 과거의 수행이 축적되고 계승되지 않았다면 석존은 성불할 수 없었을 것이라고 한다. 또 미래에 성불할 것이라는 수기에도 반드시 무량억만 생의 수행이 전제되어 있다.

그렇다 보니 어떤 이가 정각을 이루었다고 하면, 그 큰 깨달음을 그 사람 개인의 것으로 생각하기가 쉽다. 그러나 아직 '나'를 가지고 있는 중생의 작은 깨달음과, '나'로부터 완전히 해탈한 부처님의 큰 깨달음은 하늘과 땅처럼 다르다. 중생에게는 개인적인 나가 있지만 부처님에게는 없다. 본각本覺 그 자체로서의 부처님 또는 법신불에게 있어서의 나는 전체 우주이다.

불교에도 법신法身이 중생을 구제하기 위해서 인간 세계에 내려오는 화신化身사상이 있다. 그러나 이 경우에도 기독교의 인격신사상 체계와는 완전히 다르다. 기독교의 궁극점 또는 신은 어떤 개인적인 의도를 가지고 변덕을 부릴 수 있다. 그러나 불교에서의 법신에는 인격신적인 요소가 없다. 그래서 기독교와 대비해서 표현한 불교의 신관을 무신론적 범신론이라고 한다.

인격신을 부정하기로 하면 하나도 없고, 있기로 말하면 처처의 삼라만물이 모두 신이라는 것이다. 기독교에서는 어느 누구도 'God'이라고 하는 최고신의 자리를 넘볼 수 없다. 아무도 최고의 신이 될 수 없다. 그러나 불교에서는 누구나 부처님이 될 수 있다. 석존과 우리 사이에 부처님이 될 수 있다는 점에는 아무런 차별이 있을 수 없다.

이 말은 석존이 무량겁 전에 이룬 본각을 개인적으로 소유하는 것이 아니라, 모든 중생과 함께 똑같이 공유한다는 것을 뜻한다. 따라서 부처를 이루기 위한 노력이나 과정도 공평하다. 성불이 100미터 달리기라고 할 때, 석존은 구경만 하고 우리만 숨을 몰아쉬며 뛰어야 하는 것은 아니다. 싯달태자의 발심, 고행, 성불이 위대하다고 하는 것은 이 때문이다.

그는 모든 쾌락의 유혹과 고독의 공포를 굴복시키고 부처님이 된 것이다. 보통 사람이 하기 어려운 일을 해 낸 것이다. 그래서 그를 세상에서 가장 높고 귀한 어른, 즉 세존이라고 부른다. 무량겁 전에 이룬 본각이 특정한 이의 고정적인 사유물이 될 수 없는 이유가 또 있다. 미혹을 깨달음으로 전환시키려면 업을 녹이고 욕망을 가라앉히는 수행이 있어야 한다.

그런데 이 미혹과 번뇌가 한 번 물러가면 다시 오지 않는 그런 것이 아니다. 아무리 쫓아내도 끊임없이 따라 온다. 존재는 바로 번뇌 그 자체이기 때문이다. 깨달음을 얻는 것은 팽이를 돌리거나 자전거를 타는 것과 같다. 수행이 멈추는 순간 깨달음은 미혹으로 바뀐다. 그러므로 찰나찰나 세세생생 새로운 수행과 깨달음이 이어져야 한다.

더이상 미혹이 발붙이지 못하게 할 경지에 이르렀다는 것은 불퇴전의 마음으로 수행 정진한다는 뜻이다. 할 일 없이 놀아도 잘 먹고 잘 살게 되었다는 의미가 아니다.

삼신불三身佛

• 법신法身
진리 그 자체, 우주 그 자체를 부처님의 몸으로 의인화한 것이다. 비로자나불, 대일여래 등이 법신불이다.

• 화신化身
중생과 같은 몸으로 이 세상에 나타난 부처님이다. 석가모니불이 화신불이다.

• 보신報身
서원을 세우고 수행을 거듭한 결과 그 공덕으로 깨달음을 얻은 부처님이다. 노사나불, 아미타불, 약사여래불 등이 바로 보신이다.

029   면죄의 참의미

부처님 재세시에 극악죄를 범한 대표적인 인물을 꼽으라고 한다면 제바달다와 아사세 왕이 먼저 떠오를 것이다. 제바달다는 아난의 형이면서 부처님의 속가 종제從弟인 출가 제자이다. 그는 교단주의 자리를 넘보고 아사세 왕과 결탁하여 부처님을 해치려 한 악행을 저질렀다. 아사세 왕은 마갈타 국왕이던 자기 아버지 빈비사라 왕을 가두어 굶겨 죽이고 왕위를 찬탈했다.

그런데 『법화경』「제바달다품」과 『열반경』「범행품」에서 부처님은 이 두 죄인을 용서하고 있다. 『법화경』은 제바달다가 과거생에 석존을 불도로 이끌어 준 스승이었다고 밝히면서 미래세에 성불할 것이라고 예언한다. 『열반경』도 과거생의 원결 인연과 죄의 자성이 공하다는 것을 들어 몸의 종기와 죄책감에 시달리는 아세세 왕을 구제해 준다.

전생의 인연사가 단순히 인과응보의 스토리로 끝나서는 안 된다. 공, 성구, 법신사상과 일치되어야 한다. 죄를 용서해 주어야 하지만 아울러 죄를 짓지 않도록 해야 한다. 『열반경』의 법신상주사상과 죄인의 용기가 맥이 통하도록 해야 한다. 어떻게 다생의 인연사를 성구사상으로 풀이할 수 있을까?

내가 꿈속에서 욕망의 조정을 받아 나쁜 일을 저질렀다고 가정하자. 범죄 후 괴로워하던 중에 꿈에서 깨어났다고 치자. 그러면 죄를 저지른 사람, 사건, 죄 등이 없다. 죄를 묻거나 그에 상응하는 벌은 생각할 필요도 없다. 모든 사물은 상호 의존하는 공의 상태에 있다. 실체가 없다. 변하지 않고 지속하는 주체가 없다는 점에서 세상사는 꿈과 같기도 하다. 고정체가 없는 물이 이리 파도친다고 해서 선행이 되고 저리 파도친다고 해서 악행이 되는 것은 아니다. 물에 파도치는 성품이 있듯이 세상사에도 바람처럼 흔들리는 성품이 있다. 실체가 없는 꿈, 파도, 바람에 선악과 상벌을 물을 수 없다. 모든 사물이 상호의존의 상태에 있다는 것을 무자성 공으로 생각할 수도 있지만, 동시에 끝없이 연결된 한 뭉치의 인연으로 생각할 수도 있다. 세상에서 우연히 일어나는 일은 없다. 반드시 원인이 있다. 백년을 사는 사람이 무량 억겁의 원인을 다 볼 수는 없다. 하지만 보지 않는다고 해서 원인이 없는 것은 아니다. 저 바닷물의 온도가 보통보다 상승하는 데도 대기오염 등의 원인이 있을 것이다. 이렇게 원인을 찾아 나가면 끝이 없다. 작은 뭉치의 구름이나 얼굴을 스치는 미풍도 반드시 온 우주의 과거, 현재, 미래의 움직임과 관련이 있다.

그렇다면, 사람들의 욕망, 성냄, 어리석음에도 보이지 않는 다겁다생의 원인들이 있을 것이다. 내가 꿈속에서 저지른 갖가지의 죄도 보이지 않는 어떤 인연에서 기인했을 것이다. 그러니 사물의 공과 인연의 성구에서 보면 파도의 흔들림이나 인연의 흐름이 있을 뿐이지. 어떤 이가 혼자서만 책임져야 할 죄는 없게 된다.

그러나 이처럼 죄를 지우는 데는 반드시 전제 조건이 있다. 세상의 무상, 무아, 공, 성구, 그리고 우주 법신의 생명 고리를 알아야 한다는 것이다. 인연의 생명을 알면 아무것도 함부로 죽이거나 다치게 할 수 없다. 길가의 풀 한 포기 곤충 한 마리도 조심스럽게 대하게 된다. 죄가 있다면 뼈저리게 뉘우치고 다시는 범하지 않겠다고 다짐하게 된다.

그러나 공이나 인연법을 모르고 세상사에 집착하는 사람에게는 모든 일이 실제와 같다. 꿈이 아니다. 그래서 그에게는 선악이 있다. 죄와 벌도 있다. 대승불교의 약점 가운데 하나는 그 교리가 악용될 경우 사람을 망치게 할 수도 있다는 것이다. 성구의 인연법에 의해서 죄를 용서하는 것은, 그 도리를 알고 참회하는 사람에게 해당될 뿐인데, 죄를 짓는 사람이 자기를 합리화하는 데도 악용될 수 있다는 말이다.

공과 성구의 무한 인연을 아는 이는 죄를 짓지도 않을뿐더러, 짓더라도 즉시 참회한다. 미혹한 이는 죄를 짓고, 감추고, 참회하지 않고, 스스로 죄의 사슬에 묶여 벌을 받게 된다.

제바달다의 오사

제바달다는 부처님 대신 교단을 공식적으로 장악하기 위해 애쓰다 거절당하자 반역을 일으킨다. 하지만 그가 표면에 내세운 이유는 아래의 다섯 가지다.

첫째, 수행자는 목숨이 다할 때까지 산속에 머물러야 하고 마을에 들어오면 벌한다.
둘째, 수행자는 목숨이 다할 때까지 걸식을 해야 하며, 초대를 받는 자는 벌한다.
셋째, 수행자는 목숨이 다할 때까지 누더기 옷을 입어야지, 거사의㸅土衣를 입으면 벌한다.
넷째, 수행자는 나무 아래에 앉아야지, 실내에 있으면 벌한다.
다섯째, 수행자가 생선과 고기를 먹으면 벌한다.

하지만 부처님은 엄격한 생활양식을 실천하고 싶은 수행자는 그렇게 해도 되지만 그렇지 않은 수행자는 완화된 규율을 따라도 된다는 입장을 취하며 제바달다의 제안을 거절한다. 이후 제바달다는 500명의 비구를 데리고 부처님을 떠난다. 하지만 사리불과 목건련의 설득으로 이들은 다시 부처님께 돌아오게 되고 제바달다는 이에 격분해 병을 얻어 9개월 만에 죽게 된다.

030 불교에서 말하는 평등과 정의

앞에서 우리는 다겁생래의 끝없는 인연과 공에 근거해서 아버지를 죽인 아사세 왕과 세존을 해한 제바달다의 중죄가 용서되는 것을 보았다. 이에 대해 몇몇 독자는 이런 의문을 제기해 왔다. 만약 죄와 불의를 전생 인과응보의 얽힘과 공에 의해서 처리한다면, 현실 세계에서 평등과 정의를 구현하는데 인간의 의지는 무슨 소용이 있느냐는 것이다.

불교가 종교라는 것과 용서 외에 다른 방법이 없다는 것을 잘 알고 있기는 하지만, 그런 식으로 나간다면 현실을 개선하려는 우리의 노력이 무의미한 것 아니냐는 질문이었다. 인연, 공, 성구, 법신사상에 의해서 온 우주의 시간 공간을 한 뭉치의 연결고리로 보는 불교의 입장에서 볼 때, 죄를 들먹거리기로 말하면 세상에 죄 아닌 것이 없고, 죄가 없기로 말하면 그 어디에서도 죄를 찾을 수 없다.

아무런 물질적 욕망이 없이 삶 그 자체를 즐기는 사람이 있을 수 있다. 남의 것 탐내거나 빼앗지도 않고 버려지는 것만 먹고 입고 쓰면서 사는 사람이 있을 수 있다. 그러나 이 사람도 무엇인가 먹고 배설해야 한다. 주먹 한번 쥐었다 펴는데도 헤아릴 수 없이 많은 세균 목숨의 생사가 교차된다고 한다. 몸이 움직이며 사는 데는 얼마나 많은 생명들이

지장시왕도

둔황에서 발견. 현재
파리 기메박물관 소장.

다칠 것인가.

불교는 세상 사람들에게 죄를 뒤집어씌우려고 하지 않는다. 인간의 모든 소유를 죄로 몰아붙이려고 하지도 않는다. 단지 죄를 말하기로 하면 모든 사람은 죄인일 수 있다는 것이다. 우리가 세상에서 법을 정하고 어디까지는 허용하고 그 이상을 금하는 것은 우리의 자의적 규정일 뿐이라는 것이다.

공사상에 의하면 세상에 똑같은 물건이 있을 수 없다. 설사 같은 것이라고 하더라도 놓이는 공간과 시간에 의해서 다를 수밖에 없다. 실제로 세상에는 100퍼센트 같은 지문이나 유전자를 가진 사람은 없다고 한다. 같은 것이 있을 수 없는 세상에서 동일한 것을 전제로 평등과 정의를 말하는 것은 무의미한 일이다. 우리의 업력, 복력, 수행력 등은 무량 백천만 억 년의 다겁생에 걸쳐서 이루어졌다.

눈에 보이는 것은 빙산의 일각과 같다. 그런데도 금생 100년 미만을 기준으로 삼아서 억겁의 평등과 정의를 논한다면 부당하지 않은가. 죄를 지우고 보면 사랑과 미움이 모두 무량겁에 걸친 인연의 숨바꼭질일 뿐이다. 성구의 입장에서 끝없는 인연의 줄기를 생각하면 세상사는 모두 한

몸뚱이의 뒤척거림과 같다. 입은 먹는 일을 하고 발은 몸을 지탱하는 힘든 일을 해야 한다. 그렇다고 해서 발과 입 사이에 불공평과 불의를 논할 수는 없지 않은가.

올림픽에서 금메달과 탈락을 가른 속도 가운데는 10분의 1초 또는 100분의 1초가 자주 있다. 이 시간은 눈 깜짝 하는 사이보다도 짧다. 그러나 1등은 영웅으로 대접받고 다른 이들의 꿈과 노력은 어둠에 묻혀야 한다. 김동성과 전이경은 골인 지점에서 한 쪽 발의 스케이트 날을 번쩍 앞으로 내밀어서 금메달을 땄다. 그리고 우리의 영웅이 되었다. 한 표라도 앞서서 대통령에 당선되며 위대한 사람이 되고 낙선하면 별 볼일 없는 사람이 된다. 인간이 정하는 영광이라는 것이 이렇게 해서 생긴다. 죄도 역시 마찬가지이다. 물론 죄의 경중과 과거 미래를 구별해야 한다. 과거의 죄에서는 전생을 생각하고, 미래의 죄에서는 인간의 의지를 묻게 된다. 과거와 미래의 것을 구별해서 하나는 용서하고 다른 하나는 금하며, 남과 나를 구별해서 남의 죄는 용서하고 나의 죄는 엄하게 따지는 것 그 자체가 바로 인간 의지의 위대한 활용이 아니겠는가.

끝없이 연결된 무시겁래의 인연 실타래를 여실히 보아야 그것에 묶이면서도 자재를 얻을 수가 있고, 자재를 얻을 때에 진정한 평등과 정의가 드러난다. 인간의 의지도 오직 성구의 인연을 여실지견하는 데서만 제대로 펼쳐질 수 있다. 거리에서의 외침이나 법정이 추구하는 평등과 정의는 오직 상대적이고 외형적인 것일 뿐이다.

3장

유식
唯識

(031) 여섯 가지 마음 도둑

지금부터 수차에 걸쳐 불교의 심리학인 유식唯識을 살피려고 한다. 세상의 모든 것을 마음 또는 인식이 멋대로 지어내거나 규정한다고 보고, 그 인식연기認識緣起와 관련된 불교의 체계적 정리를 유식학이라고 한다. 스님들도 완전히 마스터하려면 10년 이상을 잡아야 할 정도로 심오하고 어려운 분야이다. 이 책은 초심자를 위한 것이다. 그래서 아주 기초적인 아이디어만 짚으면서 가능한 깊은 핵심에 접근하려고 한다.

장님에게 그림이나 색깔을 설명하는 것은 무의미한 일이다. 그에게 그런 것은 없다. 마찬가지로 귀머거리에게 음악을 비롯한 모든 소리는 없다. 우리에게는 눈, 귀, 코, 혀, 몸, 뜻, 즉 안이비설신의眼耳鼻舌身意의 여섯 가지 감각 기관이 있는데, 이것들 가운데 어느 하나라도 없거나 제 기능을 못하면 그 감각 기관의 대상은 없는 것과 같다. 그 반대도 똑같다.

감각 기관의 대상인 형색, 소리, 냄새, 맛, 감촉, 정신적 반응체, 즉 색성향미촉법色聲香味觸法 가운데 어느 하나 또는 전부가 없으면 그에 해당하는 감각 기관은 없는 것과 같다. 감각 기관과 그 대상 경계는 상호의존의 관계에서만 존재한다는 말이다.

내가 눈을 감았다고 해서 세상의 모든 형색이 없어지고, 내가 귀를 막았다고 해서 세상의 모든 소리가 없어지는가? 그렇지 않다. 자연과학적인 의미에서는 내가 눈을 감고 뜸에 상관없이 세상은 그대로 있다. 그러나 종교로서의 불교는 인간 존재와 관련이 있는 것에 대해서만 관심을 가진다.

우리는 독화살 비유의 이야기를 알고 있다. 독화살을 맞은 사냥꾼이 그것을 즉시 뽑아 낼 생각은 않고, 독화살이나 그것을 쏜 사람에 대해서 조사하려고 한다면, 그 조사가 끝나기 전에 그 사냥꾼은 죽고 말 것이라는 이야기 말이다. 불교는 인간이 살고 느끼는 세상을 관찰하려 할 뿐이라는 뜻이다. 이런 의미에서 감각 기관과 그 대상이 상관 관계에서만 존재한다는 것이다.

우리가 추구하는 쾌락, 안락, 행복이라는 것이 무엇인가. 기껏해야 저 여섯 가지 감각 기관의 비위를 맞추어 주는 것이 아닌가. 눈에는 아름다운 광경을, 귀에는 듣기 좋은 말을, 코에는 좋은 향을, 혀에는 좋은 맛을, 몸에는 좋은 육체를 제공하는 것이 아닌가. 외부로부터 저 감각 기관을 유혹해서 우리의 마음을 빼앗는 것이 없다면, 우리는 너무도 편안할 것이다. 감각 기관이 흥분해서 날뛰지 않을 것이고, 우리가 감각 기관의 시중을 들기 위해서 오욕락에 매달릴 필요도 없을 것이다.

색성향미촉법의 여섯 가지 경계 즉 육경六境은 가만히 있는 감각 기관을 충동질해서 우리의 마음을 빼앗아 가기 때문에 여섯 도둑 즉 육적六賊이라고 한다. 또 맑은 우리의 마음을 뒤죽박죽으로 흔들어서 더럽혀 놓기 때문에 여섯 가지 먼지 즉 육진六塵이라고도 한다.

눈, 귀, 코, 혀 등의 여섯 가지 감각 기관은 우리 몸에 있으면서도 우리 편을 들지 않고 마음을 훔치고 난장판으로 만드는 여섯 도둑의 편이 되는 수가 많다. 은행에서 수천만 원 도난 사건이 발생했는데, 은행의 경비원이 은행 경보 장치 회사의 직원인 도둑을 도왔다는 보도가 있었다. 감각 기관의 소행도 그와 같아서 마음을 지켜야 할 경비원이 오히려 마음을 빼앗아 가는 도둑을 돕는 격이다.

여섯 가지 감각 기관은 감각의 뿌리라는 의미에서 육근六根이라고 하는데, 여섯 도둑의 근거지, 즉 전진 기지가 된다. 육경이라는 마음 도둑을 잡아 꼼짝 못하게 하려면 어떻게 해야 하나 경찰이 저 은행 도둑을 잡은 방법을 활용하면 된다. 방범 장치를 뚫고 감쪽같이 도둑질이 행해진 현장 상황을 보고, 경찰은 범인을 내부인으로 판단했다고 한다. 그리고 직원들의 행적을 추적한 것이다. 우리의 마음 도둑도 내부 사정을 잘 아는 놈이다. 저 육적의 모든 행적을 관찰하면 도둑이 어디를 드나드는지 무엇을 훔쳐 가는지를 훤히 볼 수 있을 것이다. 도둑과 내통하는 감각 기관도 같이 관찰해야 함은 물론이다.

육근六根
여섯 가지 감각 기관안이비설신의

육경六境
여섯 가지 감각 기관이 감지하는 대상색성향미촉법

육식六識
여섯 가지 감각 기관이 작용 감지하는 인식

12처十二處
육근과 육경을 총칭하는 말.

18계十八界
12처에 육식을 더해 18계라 부른다.

032　전5식, 6식, 7식

앞에서 여섯 가지 감각 기관과 각각의 대상을 살펴 본 바 있다. 그러나 여섯 가지 감각 기관의 인식을 동격 또는 동급으로 취급하기는 곤란하다. 불교는 안이비설신의眼耳鼻舌身意 가운데 앞 5관의 인식을 전5식前五識이라고 부르고, 마지막 의意가 갖는 보다 더 정신적인 인식을 제6식第六識이라고 부른다. 엄격하게 말하면 유식에서 물질과 정신을 분리할 수 없지만, 편의상 상식에 의지해서 나누면 그렇다는 말이다.

　먼저 전5식과 제6식 사이의 두드러진 차이점을 생각해 보자. 전5식은 현재 보이는 것만을 인식한다. 과거나 미래의 것을 볼 수 없다. 그러나 제6식은 기억, 비교, 추리, 상상으로 과거의 것이나 미래의 것, 그리고 다른 공간의 것을 알 수 있다. 눈은 아침에 해가 뜰 때에만 그 해를 볼 수가 있다. 그러나 제6식은 구름이 덮이고 비가 와서 해가 보이지 않더라도, 해가 하늘에 있음을 안다. 앞산에 연기가 있을 때, 눈은 오직 그 연기만을 본다. 그러나 제6식은 연기로 미루어서 그 산에 불이 있음을 안다. 전5식과 제6식이 각기 별체로 있는 것은 아니지만 구별하면 그렇다는 것이다.

　제6식은 전5식을 동반해서 사물을 명료하게 인식하기도 하고, 또는 독자적으로 활동하기도 한다. 아무 대상이 없이 홀로 고요히 있을 때, 주위가 너무 산만해서 감관으로는 어느 것도 판단할 수 없을 때, 또는 꿈 꿀 때에 전5식의 도움을 받지 않고 제6식이 홀로 작용할 수가 있다. 제6식에는 많은 이름이 있다. 육식六識, 의식意識, 분별사식分別事識, 인아식人我識, 분단사식分段死識 등이다. 이 별명에서 보듯이 제6식은 자르고, 가르고, 나누는 특징이 있다. 이것과 저것, 앞과 뒤, 너와 나, 네 편과 내 편을 가른다. 내가 자주 드는 비유로, 구름과 비의 구별을 생각해 보자. 습기를 많이 담은 기포들이 뭉쳐서 높은 하늘에 떠 있는 것을 보고 그것에 이름을 붙일 때, 구름이 태어난다. 그 구름이 비로 바뀔 때 우리는 그 구름을 비라고 부르는데, 여기에서 구름이 죽고 비가 생겨난다. 구름과 비는 하나인데 구별하는데서 생사가 벌어진 것이다.

　　제6식은 또 남과 나를 가른다. 같은 사람이 보행자와 운전자의 두 입장에서 느끼는 차이를 생각해 보자. 내가 걸을 때는 보행자를 중심으로 생각한다. 그러나 차를 운전할 때는 다르다. 보행자로서의 나와 운전자로서의 나를 갈라 버리는 것이다. 남과 나를 가르는 일은 여기서 끝나지 않는다. 다른 것도 같은 식이다. 세상의 모든 불화, 분쟁, 고통은 남과 나, 환경과 사람, 전체와 개인을 갈라 보는데 그 뿌리를 두고 있다.

　　전5식과 달리 제6식에는 분별하고 분단하는 특징이 있지만, 이것이 전부가 아니다. 나를 내세우고 나 중심으로 세상을 보는 특성도 있다. 또 이런 본능 이 왜 사람의 마음에서 일어나며, 그 종자가 어디에 있는가 하는 문제도 있다. 그래서 사람의 인식을 더 구분하게 된다.

　　육식에 이어서 제7식第七識과 제8식第八識, 또는 제9식第九識까지도 가정하는 것이다. 제7식은 자아에 대한 집착을, 제8식은 인식의 종자를, 제9식은 여실한 인식을 나타낸다. 우리는 앞으로 이것들을 차례로 살필 것이다.

　제7식의 본명은 마나식未那識이다. 이명으로 7식七識, 전식轉識, 망상식忘想識, 무명식無明識 등이 있다. 제7식은 자아를 그리고 그것에 집착하는 우리의 마음을 드러내기 위해서 별도로 이름을 붙인 것이다. 우리는 세상을 있는 그대로 보지 못한다. 반드시 자기를 세우고 자기의 관점에서 본다. 텔레비전에서 어떤 스포츠 중계가 있다고 치자. 이때 나는 어느 한 편을 응원하려고 한다. 그러고는 그 편을 정하기 위해서 자신과 그 팀과의 고리를 탐색한다. 지연이나 학연은 기본이거니와 취향이나 기분까지 뒤적이면서 지푸라기 하나라도 자신과 관련된 것을 찾으려고 한다. 자기중심으로 사물을 지어서 보는 것이다.

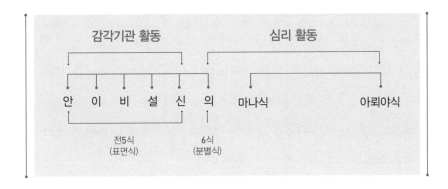

033 아뢰야식

앞에서 우리는 분별하는 제6식과 자아에 집착하는 제7식을 살펴보았다. 감각 기관의 인식으로 이루어진 전5식을 기본적인 표면식이라고 한다면, 제6식은 좀 더 깊이 자리한 분별식, 그리고 제7식은 표면식과 잠재식의 중간에 위치한 자아 사량식이라고 할 것이다. 그렇다면, 저 식들의 활동을 뒷받침하고 거두어들이는 심층식, 무의식, 또는 잠재식이 있어야한다.

이것을 유식에서는 제8아뢰야식(alaya-vijnana, 阿賴耶識)이라고 부른다. 물론 전5식으로부터 제8식까지의 모든 식이 떨어져서 활동하는 것은 아니다. 마음의 실상을 세밀하게 살피기 위해서 편의상 인식의 특징에 따라 일련 번호와 이름을 붙였을 뿐이다.

범어 '아뢰야'는 결합, 주거지, 장소, 기저 등의 의미가 있다. 그래서 아뢰야식을 보통 '장식藏識'이나 '택식宅識'으로 번역한다. 모든 인식 활동의 창고나 집처럼 기본이 되는 식이라는 뜻이다. 이 아뢰야식은 크게 세가지 면에서 중요한 역할을 한다. 첫째는 능동적으로 모든 식들의 활동을 뒷바라지 해 주면서, 사물을 종자의 형태로 자신 속에 내장하는 것이다. 둘째는 수동적으로 사물에 끌려 다닌다.

아뢰야식은 사물의 움직임에 의해서 영향을 받아 유지되기 때문에 사물에 매여 있다고 할 수 있다. 셋째는 이 아뢰야식이 제7마나식에 의해서 자아로 오인되고 집착되는 것이다. 유식 용어로는 첫째를 능장能藏, 둘째를 소장所藏, 셋째를 집장執藏이라고 한다.

이 삼장三藏은 아뢰야식의 종자가 어떻게 활동하느냐를 나타내기도 하고, 아뢰야식과 사물의 움직임이 어떻게 영향을 주고받느냐를 보여 주기도 한다. 첫째, 식종자로서의 아뢰야식은 눈앞에 벌어지는 일체 제법을 낳는다. 식이 분열해서 주관과 객관의 세계를 만드는 것이다. 유식에 있어서는 주관과 객관이 다같이 식의 발현이다.

둘째, 주관 객관으로 벌어진 눈앞의 세계에는 움직임의 업이 있게 되고, 그 업은 다시 종자식種子識에 영향을 준다. 이것을 훈습熏習이라고 한다. 셋째, 현행의 제법으로부터 훈습을 받는 종자는 한시라도 고정된 상태로 있을 수 없다. 찰나찰나 연속되는 식종자를 발생한다. 그런데 이와 같이 종자식이 현실 세계를 낳고, 현실 세계가 종자를 훈습하고, 훈습받은 종자가 다시 종자를 낳은 순환 관계는 논리적인 면에서만 앞뒤가 있을 뿐이다.

시간적으로는 동시에 이루어진다. 여기서 눈앞에 펼쳐지는 일체법이라고 했지만, 이것은 별것이 아니다. 전5식, 제6식, 제7식이 합동으로 인식하는 것일 뿐이다. 이때 아뢰야식과 앞의 일곱 가지 식 즉 7전식이 동시적인 인과 관계를 가지게 되는데, 이것은 서 있는 갈대와 타고 있는 불로 비유된다. 갈대 묶음이 갈대들의 상호의 기댐에 의지해서 서 있을 수 있는 것과 같고, 연료와 불이 상호 의지 관계 속에 존재하는 것과 같다.

삼장 가운데 능장은 식종자가 현실 세계를 낳거나 다시 식종자를 발생하는 것이고, 소장은 현실 세계에 의해서 식종자가 훈습 또는 영향을 받는 것이다. 그리고 집장은 이와 같은 식종자와 현행 제법간의 동시적인 순환 관계가 끊어짐이 없이 계속되기 때문에, 그 연속성이 자아로서 오인 받는 것이다.

이 아뢰야식에 현실의 제법이나 또 다른 식종자를 발생하는 자주적인 면과 식종자와 현행 제법 사이에 끊임없이 영향을 주고받는 연속적인 면이 있기는 하지만, 결코 고정체는 아니다. 연이어서 동시적으로 소진되고 탄생하는 변화적 연속체일 뿐이다. 마치 전등의 불빛이 전류를 공급받아 고정체가 아니면서도 연속성을 유지하는 것과 같다.

전5식이나 제6식이 단절적인데 반해서 아뢰야식에 연속성이 있기는 하지만, 그것도 공이나 무상의 법칙 내에 있다는 말이다. 아뢰야식의 다른 이름들도 각기 이 식의 특징을 나타낸다. 일체종자식一切種子識, 근본식根本識, 집지식執持識, 이숙식異熟識 등이다. 이 가운데 이숙식은 다겁생래업의 과보체임을 뜻한다.

034 식의 주객 분열

앞에서 아뢰야식과 업이 영향을 주고받는 것을 살펴보았다. 식의 종자가 현실을 낳고, 현실의 업이 다시 식종자를 훈습한다. 업으로부터 영향을 받은 식종자는 또 다른 식종자를 탄생시키는데, 이 순환은 동시적으로 무한히 계속된다. 그렇다면 여기서 아뢰야식의 종자가 현실의 업을 낳는다는 것이 구체적으로 무엇을 의미하는가.

유식에 있어서 세상의 모든 것은 아뢰야식이 가설假設한 것에 지나지 않는다. 언뜻 생각하면 안에 식이 있고 바깥에 그 대상이 있는 것 같지만 그렇지 않다. 주체와 객체는 모두 식의 변화일 뿐이다. 식의 전변轉變으로 주객이 벌어진 것이다. 아뢰야식의 종자가 현실의 업을 낳는다는 것은 바로 이를 뜻한다.

주체가 제멋대로 객체를 분별하기 시작한다는 것이다. 우리는 밖에 실재하는 대상을 보는 것이 아니라, 식이 지어낸 것을 볼 뿐이란 말이다. 여중생 네 명이 동반해서 자살했다. 어려운 가정 형편, 어머니의 입원, 이성 문제 등으로 괴로워하던 중에 집단으로 죽음을 택했다는 소식이다. 그후 한 남중생도 스스로 목숨을 끊었다. 이유는 가난이다. 우리가 보면 참으로 어처구니없는 자살 사유이다.

그 아이들은 자기들 멋대로 실재하지도 않은 고통을 지어 내어서 느 낀 것이다. 가난은 언제나 있게 마련이다. 그것은 상대적이기 때문이다. 죽은 아이들의 집보다도 더 경제적인 면에서 고통을 받는 사람들은 헤아 릴 수 없이 많다. 아픈 사람도 많다. 그런데도 저 아이들은 죽음을 택해야 할 정도로 괴로워했다. 저들의 고통이 별것이 아니라고 생각하는 우리의 마음을 저들이 안다면, 저들은 이렇게 말할 것이다. 우리가 일방적인 관 점에서 남을 평가하고 있다고 말이다. 어른들도 자살할 정도의 고통을 지 어 낸 사건이 있었다. 아들의 사업 실패를 비관하고 한 노인이 자살했다. 그의 아들은 죽은 아버지와 피해를 입은 채권자들에 대한 죄책과 고통으 로 또 자살했다. 혼자만 죽은 것이 아니다. 철부지 두 어린아이에게 농약 을 먹여서 죽게 한 다음에, 아내와 함께 목을 매달았다. 3대에 걸친 다섯 명이 죽은 것이다.

다른 이라면 살면서 받아 넘겼을 고통을, 저들은 죽음보다도 더 괴로 운 것으로 생각했던 것이다. 어머니와 딸의 다른 시각도 있다. 아버지가 술을 마시기만 하면 어머니를 괴롭히고 폭행까지 가한다. 무슨 이유에선 지 어머니는 그것을 받아들이며 살아간다. 그러나 딸의 관점은 다르다. 아버지는 악마와 같다. 착한 어머니를 상습적으로 폭행하는 아버지를 죽 이고 싶다. 어느 날 아버지가 술에 취해 잠들어 있는 사이에, 19세의 딸은 넥타이로 아버지의 목을 조여서 죽게 만들었다. 어머니가 본 아버지는 살 아야 할 남편이었고, 딸이 본 아버지는 죽어 마땅한 극악인이었다. 한 사 람을 두고 두 모녀가 달리 생각한 것이다.

최근에 일어난 충격적인 사건들만 들추었지만, 자기 생각에만 잠겨 서 세상을 보기는 우리도 마찬가지다. 저 사건들의 주인공처럼 매스컴을

탈 만한 큰일을 저지르지는 않더라도, 언제나 내 중심으로 마음을 조이고 있다.

나의 사랑, 영광, 미움, 병, 늙음, 죽음 등이 눈앞에 펼쳐졌다고 치자. 이때 나는 있는 그대로 세상을 볼 수 없고, 설사 본다고 하더라도 내 식으로 풀이한다. 아뢰야식에서 분열된 한 쪽인 주체가 다른 한 쪽인 객체를 볼 수밖에 없기 때문이다. 식으로부터 주객이 분열되었다고 해서, 식이 자연과학적인 의미에서의 객관적인 물질 대상을 만들어 냈다는 뜻은 아니다.

주객을 떠난 의미에서의 삼라만물은 어떤 것으로도 정해진 바가 없다. 이름도 없고 용도도 없다. 사람이 그것들을 보고 이름, 용도, 좋음, 나쁨, 아름다움, 추함 등의 분별을 붙이면서 무 상태의 자연계가 사람의 기분대로 어떤 개념으로 고착되고 왜곡된다는 말이다.

만동자가 형이상학적인 질문을 던졌을 때 석존은 침묵했다. 불교는 형이상학을 연구하는 철학이 아니다. 마음을 살피고 깨우치게 하려는 종교일 뿐이다. 이런 의미에서 아뢰야식이 주객으로 나누어진다고 하는 것이다.

035　식 속의 무한 순환

앞에서 아뢰야식이 종자가 분열해서 주관과 객관, 사람과 환경을 만든다는 유식의 주장에 대해서 몇몇 독자가 이의를 제기해 왔다. 사람이 보거나 말거나 알아주거나 말거나 자체적으로 실재하는 것이 있고, 한 가지 실재하는 사물에 대해서 여러 사람들이 공통된 의식을 가지게 되는데, 사람의 인식과 관계없이 자체적으로 존재하는 저 실재를 어떻게 식의 분열로 설명하느냐는 질문이었다.

이에 대해서 전에 살짝 언급한 것을 다시 한 번 생각해 보자. 우선 불교는 인간 존재와 관련이 없는 형이상학적인 문제에 대해서 관심이 없다는 것이다. 만동자가 석존에게 세상의 시간적 공간적 끝, 정신과 육체의 동일 여부, 사후의 존재에 대해서 물었을 때 석존은 직접적으로 대답하지 않았다. 대신 독화살을 맞은 사냥꾼과 불의 비유를 들었다.

사냥꾼이 독화살에 맞았을 때 그 화살을 쏜 사람, 화살의 재질, 독의 종류, 날아온 방향 등을 철저히 조사한 다음에야 화살을 뽑으려고 한다면 그 조사가 끝나기 전에 사람은 죽고 말 것이다. 또 켜져 있던 촛불을 끄게 했을 경우, 그 불이 있느냐 없느냐고 묻는 것은 어리석은 일이다. 연료가 있으면 언제라도 불은 살릴 수 있고, 또 연료를 제거하면 불은 다시 숨기 때문이다.

독자의 질문은 어떤 사람이 '있다'는 것을 전제로 하고 있다. 그러나 '있다'는 것은 사람의 가정일 뿐이다. 세상은 끊임없이 변하는 상태에 있고 아뢰야식 속에 저장돼 있던 '업' 종자가 현실의 행위를 낳고 현실에서 짓는 업이 다시 '식' 종자를 낳는다.

봄과 가을이 다르고 10년 전과 100년 후가 다르다. 한순간도 동일하게 존재하는 것은 없다. 변하는 상태에 있는 것은 있는 것도 아니고 없는 것도 아니다. 이것은 될 수 있고 저것도 될 수 있는 무한한 가능성의 상태일 뿐이다. 그럼에도 불구하고 사람이 '있다'고 말하는 것은, 그가 자기의 시점에서 어느 한 때를 중심으로 어떤 것이 존재한다고 규정한 것이다.

서울 방향 경부고속도로가 끝나는 지점인 양재동 오른편에 윤봉길 의사 기념관이 있고, 그 옆에 수십 그루 집단으로 흐드러지게 핀 목련꽃이 보인다. 며칠 전에 온 비를 맞아 꽃잎이 많이 떨어졌다. 저 꽃은 피고 있는가 지고 있는가. 사람은 저것들을 있는 그대로 보지 않는다. 핌과 짐, 있음과 없음, 아름다움과 추함, 좋아함과 싫어함, 살아있음과 죽음, 선과 악 등으로 의미와 가치를 붙여서 본다. 사람의 마음을 제거한다면 저 꽃들은 자연의 흐름 즉 끊임없는 변화일 뿐이다. '있다'와 '없다'가 없는 상태에 있다. 사람이 자기가 정한 이름과 개념을 붙여놓고는 실재의 객관세계인 것처럼 착각하는 것이다.

꽃에 대해서도 다겁생래로 축적해 온 자기의 업을 따라 이름과 개념을 붙이는데 사랑, 미움, 만남, 이별, 젊음, 늙음, 건강, 병, 태어남, 죽음, 행복, 불행 등과 같은 것에 대해서는 우리의 분별이 얼마나 대단하겠는가. 유식은 바로 이 점을 드러내기 위해서 식이 주객으로 분열해서 자기가 지어낸 것을 자기가 본다고 강조하는 것이다.

인식과 관련 없는 객체가 있느냐 없느냐의 문제는 현실의 행위가 식종자에게 영향을 미치는 훈습에도 연결된다. 아뢰야식 속에 저장되어 있던 업종자의 습관이 현실의 행위를 낳게 되는데, 현실에서 짓는 업은 다시 아뢰야식을 훈습하게 된다. 그렇다면 우리의 모든 행위는 아뢰야식을 벗어나지 못하고 결국 그 속에서 벌어지는 것이 아니냐는 물음이 나온다.

그렇다. 아뢰야식이라는 식종자가 고정체로 있지 않으면서도, 끊임없이 연속성을 갖는다는 것을 설명하기 위해서 편의상 식종자가 현실의 업을 낳고, 현실의 업이 식종자를 훈습하고, 다시 훈습을 받는 식종자가 새로운 식종자를 낳는다고 구별한 것이다. 그러나 이 과정은 동시에 일어나기 때문에, 우리는 아뢰야식의 속에서 맴도는 셈이다. 한 발자국도 아뢰야식 밖으로 나올 수가 없는 것이다.

그래도 어떤 이는 마음 밖의 존재에 대해서 미련을 버리지 못할지 모른다. 최근에 탐사한 화성이나 수많은 별들을 떠올릴 지도 모른다. 그러나 그 역시 우리가 정한 이름일 뿐이다.

036 훈습薰習

우리가 세상을 볼 때 고정적으로 실재하는 밖의 것을 보는 것이 아니라 아뢰야식이 분별한 것만을 보고, 현실의 습관이 다시 아뢰야식을 훈습한다는 점에 대해 살핀 바 있다. 그렇다면 현실의 행동이 아뢰야식에 영향을 미친다는 것은 보다 구체적으로 무엇을 의미할까?

과학자들은 모든 물질과 에너지는 변화와 이동만 있을 뿐 없어지지 않는다고 한다. 가령 장작을 태우면 재만 남는다. 장작의 모양으로 되어 있던 구성물은 보이지 않는다. 없어졌다고 생각된다. 그러나 그렇지 않다고 한다. 다른 물질이나 에너지로 변해서 이 우주의 어디엔가 있다는 것이다. 에너지도 마찬가지이다. 자동차가 움직인다고 하는 것은 타이어가 지면과의 마찰력을 이용해서 굴러가는 것을 뜻한다. 여기에 에너지가 소모되는데, 사용해서 흩어진 에너지를 우리가 다시 실용적으로 쓸 수는 없다. 그러나 없어진 것은 아니다. 이동되고 변화되어서 이 우주 안의 어디엔가 반드시 존재한다는 것이다.

우리의 행동은 어떨까? 몸으로 움직이고, 입으로 말하고, 마음으로 생각을 낸 것들은 없어질까? 유식은 없어지지 않는다고 가르친다. 반드시 남아서 축적된다고 한다. 행동은 사진으로 찍을 수 있고, 말은 녹음기에 담을 수 있다. 물론 마음의 움직임을 촬영하거나 녹음할 방법은 없다. 그러나 몸, 입, 뜻의 움직임을 물질적인 기록기기에 담아 두고 말고에 상관없이 그것들은 어디엔가 존재한다.

　유식에서는 그것이 아뢰야식에 종자로 축적된다고 설명한다. 생선가게에 오래 서 있으면 자연히 비린내가 몸에 젖어든다. 원두커피나 빵을 제조하는 데 있으면 그 냄새가 젖어 든다. 안개가 자욱하게 낀 새벽을 걷다 보면 자신도 모르는 사이에 습기가 젖어 든다. 행동도 반복되면 습관이 생긴다. 경상도에 살다 보면 경상도 사투리와 억양을 쓰게 되고, 전라도 사람도 자기에게 익숙해진 말투를 쓰게 된다.

　어느 아나운서가 손님으로 출연한 대담을 라디오에서 들은 적이 있다. 경상도 출신인 그는 자기 지역 사람은 아나운서 되기가 대단히 어렵다고 했다. 사투리는 교정할 수 있다고 하더라도 습관화된 억양을 표준의 것으로 바로잡기가 힘들다는 것이다. 그래서 경상도 지역 출신의 아나운서의 숫자가 적을 수밖에 없다는 것이다.

　운동을 테니스에서 골프로 바꾼 사람에게 들은 이야기도 있다. 테니스를 칠 때 오른손잡이는 오른손에 힘을 주게 된다. 그런데 골프를 칠 때는 오른손에 힘이 들어가면 안 된다고 한다. 테니스를 치던 이는 오른손에 힘 주는 것이 습관화되어서 그것이 골프에도 나타나기 때문이다. 그 습관을 바로 잡기 위해서 무척 노력해야 한다는 것이다. 말과 행동에 습관이 붙는다면 당연히 생각에도 습관이 붙을 것이다. 그 모든 습관이 바로 업이다.

　우리가 몸, 입, 뜻으로 반복해서 행하게 되면 냄새나 습기가 몸에 배이듯이 습성이 생긴다. 몸, 입, 뜻의 세 가지 행동이 아뢰야식을 훈습

한다는 것은 바로 습관이 생기고, 그 습관이 다음의 행동을 싹트게 할 종자로 축적된다는 것을 뜻한다. 습관 즉 업의 축적은 우선 바둑에서 두드러지게 나타난다.

　내가 30년 전에 바둑을 두어서 어느 수준의 급수에 이르렀고, 지금까지 한 번도 바둑을 둔 적이 없다고 치자. 오늘 바둑을 다시 둔다면 옛날의 실력이 나올까. 물론 처음 몇 판에서는 옛 실력이 나오지 않을 수 있다. 그러나 얼마지 않아 옛날의 실력이 나타난다. 바둑전문가에 의하면 한번 쌓아 둔 바둑 실력은 시간이 경과한다고 해서 없어지지 않는다고 한다.

　다른 방면의 것도 바둑과 마찬가지이다. 우리는 아뢰야식 즉 마음 바닥의 심층의식을 좋은 쪽으로 훈습시킬 수도 있고 그 반대로 할 수도 있다. 나쁜 친구들 만나서 같이 행동하다 보면 악업에 물들게 된다. 반대로 좋은 친구나 환경을 만나서 수행을 하게 되면 좋은 식종자를 만들게 된다. 불공, 천도, 기도, 염불, 주력, 참선 등은 바로 주변에게 이익을 주는 좋은 식종자를 만들기 위해서 우리의 업을 훈습하는 것이다.

세 가지 형태의 존재 –
변계소집성, 의타기성, 원성실성

삼라만물이 식識이 지어낸 것임을 알리기 위해서 유식에서는 존재의 형태를 세 가지로 분류한다. 유식의 입장에서 존재라고 하는 것이 아뢰야식의 장난질에 불과하므로 존재란 바로 인식을 의미한다. 사물을 보는데 있어서 세 가지 형태가 있는데, 유식의 전문 용어로 삼성三成이라고 한다. 즉 변계소집성遍計所執性, 의타기성依他起性, 원성실성圓成實性이다.

변계소집성이란 실재하지도 않는 것을 사람이 공연히 분별해서 개념과 이름을 붙이고는 실재하는 것처럼 착각해서 본다는 뜻이다. 의타기성이란 세상의 모든 것이 자체적으로 존재하는 것이 아니라 여러 가지 인연이 모여서 임시적으로 존재한다는 뜻이다. 식 외에 별도로 실재하는 것이 없거니와, 설사 어떤 것이 있다고 가정하더라도 그 구성체를 하나하나 자세히 뜯어 놓고 보면 작대기와 지게가 의지해 서 있는 것과 같다는 것이다. 원성실성이란 식이 지어내서 보지 않고 세상을 있는 그대로 보는 것을 뜻한다.

먼저 변계소집성의 예를 생각해 보자. 바닷물은 짜다. 배가 풍랑을 만나서 표류할 때 담수가 한 방울도 없다고 치자, 목마른 우리는 짠 바닷물을 마실 수 없다. 그러나 물고기는 어떤가. 그에게는 바닷물이 공기와 같다. 바닷물을 들이마셔서 산소를 섭취한다. 다른 한편으로 사람은 바다를 낭만적으로 음미한다. 수평선, 파도, 무인도, 바람, 해변 등을 아름답게 생각한다. 물고기는 바다를 어떻게 생각할까, 물고기에게도 낭만이 있을까, 물고기와 직접 대화할 수 없으므로 알 수가 없다. 그러나 분명한 것이 있다. 같은 바닷물에 대해서 사람과 물고기가 각기 달리 생각한다는 것이다. 그렇다면 저 바다는 결코 고정된 것이 아니다. 본래 바다라는 것이 존재하지 않는다. 우리 멋대로 바다라는 이름과 개념을 붙였을 뿐이다. 상상으로 바다를 만들어 냈을 뿐이다.

또 다른 예로 죽음을 미추美醜와 관련지어서 생각해 보자. 해의 죽음, 즉 해가 서산에 질 때는 해와 그 주변의 붉은 구름들이 그지없이 아름답게 보인다. 이에 비해서 사람이 늙고 병들어 죽는 모습은 어떤가. 추하다 못해 무섭기까지 하다. 해, 나무, 사람의 죽음이 똑같은데도, 왜 우리는 단풍과 저녁노을을 아름답게 보면서 사람의 죽음은 추하게 보는가. 우리가 임시적인 자신을 고정적인 개념과 이름으로 고착시키기 때문에 사람의 죽음이 특별히 추하고 슬프게 보이는 것이 아닌가. 또 석양의 해와 단풍이 든 나무는 죽는 것인가 휴식의 수면에 드는 것인가. 죽음, 아름다움, 추함도 사람이 지어 낸 개념이 아닌가.

다음으로 의타기성이 뜻하는 여러 가지 인연의 조합에 의해서 존재하는 것들의 예를 보자. 인연이 모이는 것을 다시 두 방면으로 나눌 수 있다. 하나는 꿈에 의해서 꿈속의 내용이 존재하거나 마술에 의해서 그것을 보고 느낀 사실이 존재하는 것처럼 미혹의 인식에 의해서 모든 사물이 존재한다는 것이다. 다른 하나는 상대적인 것이 서로 의지해서 존재하는 것이다. 행복과 불행, 사랑과 미움, 선과 악, 옳음과 그름, 위와 아래, 승리와 패배, 과거와 미래, 동쪽과 서쪽, 큰 것과 작은 것 등 모든 상대적인 개념들의 어느 한 쪽은 그 자체적으로 있을 수 없다. 반드시 상대적인 개념을 전제로 해서만 의미를 가질 수 있다.

그렇다면 변계소집성이 뜻하는 이름과 개념의 상상이나 규정에 의해서 존재하는 것과 의타기성이 뜻하는 인연의 집합에 의해서 존재하는 것들이 따로 있는가? 그렇지 않다. 같은 사물도 임시적으로 세운 이름과 개념이라고 할 수도 있고 미혹한 인연 집합의 소산이라고 할 수도 있다. 앞의 두 가지 존재 인식이 미혹에서 나온 것이라고 한다면, 마지막의 원성실성은 마음과 세상을 여실히 본 데서 나온 것이다.

아뢰야식이 제멋대로 꾸며서 보면 온 세상이 삶과 죽음, 나와 남, 사랑과 미움 등의 대립적인 것으로 갈라진다. 그러나 식이 미혹의 분별을 여의고, 존재의 실상을 여실히 보면 온 세상은 한 생명의 줄기이다.

038   이제二諦 삼성三性 삼무성三無性

교리를 공부하는데 있어서 가장 핵심이 되는 부분은 공사상과 유식사상을 제대로 이해하는 것이다. 그런데 공사상에는 오해받기 쉬운 요소가 있다. 바로 허무주의이다. 공으로 부정하다 보면 마침내 수행, 성불, 자비, 중생 구제 등도 공하다는 무한부정의 공허주의에 빠질 수가 있다.

공사상의 전문가인 용수 보살은 이제二諦 즉 두 가지 진리를 쓴다. 외도들의 실체론을 쳐부수기 위해서는 속세적인 진리를 임시로 세워 두고 있다거나 없다고 하는 주장 그 자체에 모순이 있음을 지적한다. 속세적인 진리 즉 속제俗諦를 쓰는 것이다. 그러나 궁극적인 진리 즉 진제眞諦는 언어로 접근할 수가 없다.

언어는 개념을 전제하는데, 개념은 사람의 분별을 실체적인 사실로 고정하는 데서 나온다. 따라서 언어를 이용해서는 존재의 실상을 볼 수 없는 것이다. 공사상을 전하기 위해서 이제二諦를 썼지만, 공사상의 진의를 모르는 사람은 허무주의로 흐를 수도 있다. 속세적인 진리는 모든 것을 부정하고 궁극적인 진리는 표현할 수 없기 때문에 형상과 이름에 의지하는 중생은 어찌할 바를 모를 수가 있다.

여기에서 속세적인 진리와 궁극적인 진리가 무엇인가를 좀 더 밝히고, 그 둘이 어떻게 연결되는가를 설명할 필요가 생겼다. 존재 형태를 셋으로 나눈 삼성三性의 첫 번째 변계소집성遍計所執性은 속세적인 진리가 인간의 분별 개념에 의존해 있다는 것을 밝히고, 세 번째 원성실성圓成實性은 언어의 분별을 떠난 실상의 경지를 나타낸다.

그리고 두 번째 의타기성依他起性은 변계소집성과 원성실성 또는 속제와 진제의 부분적인 요소를 다 가지고 있음으로서, 속세적인 진리와 궁극적인 진리가 갈라지는 점을 밝힌다. 의타기성에서 개념과 이름으로 분별하는 변계소집성의 요소를 빼면, 의타기성은 그대로 원성실성이 되고, 더하면 변계소집성이 된다.

속제와 진제는 하나인데 아뢰야식이 주객으로 나뉘어서 분별로 세상을 제멋대로 지어 보는 데서 둘로 갈라진다는 것이다. 삼성은 아뢰야식을 의타기성으로 나타냄으로써, 진제와 속제의 분리점과 연결점을 보여 주고, 중도의 길을 암시하고 있는 것이다. 이제와 삼성이 존재의 실상을 여실히 보려고 하는 점에서는 일치하지만, 이제는 공을 강조하고 삼성은 공한 가운데서 꿈틀거리는 아뢰야식의 기능을 강조하고 있다.

세상에 고정적인 실체는 존재하지 않고, 만법은 아뢰야식의 창작품일 뿐이다. 그렇다고 하더라도 아뢰야식의 움직임은 있다. 아뢰야식의 실체는 공하다고 하더라도 그 기능은 엄연히 있다. 고정적인 실체는 없지만 움직이는 기능이 있다는 점을 드러냄으로써 유식의 삼성설은 허무주의의 위험을 차단하려 한 것이다.

만약 의타기성이라는 아뢰야식의 기능마저도 부정하게 되면, 부처를 이루고 중생을 구제하는 수행과 전법 체계 전체가 무너져 버린다. 미혹의 인식이 현실의 업을 낳고, 현실의 업이 다시 미혹의 식종자를 낳는 그 동작이 부정되면, 미혹과 깨달음 악업과 수행, 윤회와 해탈을 말할 근거가 없어진다. 번뇌도 없고 청정도 없다. 수행할 것도 없다. 바로 허무주의로 떨어지는 것이다.

　현실의 고통만 없다면 아무래도 좋다. 그러나 허무주의로는 현실의 고통을 건질 수가 없다. 이 고통을 없앨 방도를 찾기 위해서 현실의 번뇌를 역추적해 나가다 보면 미혹과 업에 의한 식의 움직임이 나타나는 것이다. 삼성으로 아뢰야식의 기능적인 존재를 인정하기는 했지만 여기에는 또 다른 위험이 있다. 무엇인가 있다는 쪽으로 빠질 수가 있는 것이다. 그래서 유식은 다시 삼무성三無性을 세운다.

　바로 상무성相無性, 생무성生無性, 승의무성勝義無性이다. 모양으로 보거나, 생겨나는 과정으로 보거나, 또는 궁극적인 진리로 보았을 때에도 모든 사물에는 고정적인 자성이 없다는 것이다. 삼성의 변계소집성 즉 사량분별에 의해 나타는 만물의 상은 실체적인 자성이 없다는 것, 의타기성 즉 아뢰야식의 주객 분리에 의해서 생성되는 것은 실체적인 자성이 없다는 것, 그리고 원성실성 즉 존재의 실상에는 실체적인 자성이 없다는 것이다.

039   전식득지轉識得智

유식에서 인식을 세밀하게 분류하고 살피는 이유는 무엇일까? 즉 유식의 목적이랄까, 유식의 입장에서 보는 불교의 목적은 무엇일까? 유식이라고 해서 불교 전반의 입장과 다를 바는 없다. 부처를 이루어서 자신과 남의 고통을 지우고 즐거움을 얻게 한다는 기본은 바뀔 수가 없기 때문이다. 그렇다고 하더라도 유식만의 독특한 표현이 있다. 바로 전식득지轉識得智이다. 각자의 업에 따라 이루어지는 중생의 분별인식을 굴려서 존재의 실상을 여실히 보는 깨달음의 지혜로 돌리는 것이다.

우리는 앞에서 인식을 네 가지로 분류한 바 있다. 다섯 가지 감각 기관의 기본적인 식인 전5식前五識으로부터 시작해서 제6식, 제7식, 제8식이다. 제8식을 뒤집으면 대원경지大圓鏡智가 된다. 맑은 거울에 물건이 비쳐진 것처럼 사물의 실체를 있는 그대로 보는 지혜이다.

이 지혜가 좋은 것이라고 짐작하기는 하지만, 그 명칭만으로는 어떻게 좋은 것인지 분명하게 드러나지 않는다. 그 속뜻을 알기 위해서는 제8식의 문제점으로 거슬러 올라가야 한다. 제8식은 과거의 업으로 세상을 인식하고, 다시 현재에 짓는 업을 인식의 창고에 축적해 두었다가 장래에 그 업에 의해서 사물을 본다. 즉 사물을 있는 그대로 보지 않고 자신의 업에 의해서 지어 보는 것이다.

업식의 종자에 의해 일체 영향을 받지 않고 사물을 투명하게 보는 지혜가 바로 대원경지이다. 제7식을 뒤집으면 평등성지平等性智가 된다. 나와 남을 평등하게 보는 지혜이다. 제7식의 특징은 자기를 내세우는 것이다. 사람이 자기를 내세우면 사물의 실상을 제대로 볼 수가 없다. 남의 잘못은 크게 보이고 자기의 허물은 작게 보인다.

그나마 자신의 허물이 있게 된 데는 불가피한 이유가 있다고 생각한다. 허물뿐만이 아니다. 세상사 모두가 그렇다. 풀과 나무의 죽음은 아무렇지 않게 받아들이면서 짐승의 죽음은 무섭게 생각한다. 또 짐승의 죽음과 사람의 죽음은 구별되고, 그것도 남과 나의 죽음이 구별된다. 남이 겪는 갖가지 고통은 당연한 것으로 받아들이면서 나의 고통은 억울하게 생각한다. 나를 지우면 세상이 바로 보이고, 남에 대한 자비가 생각난다.

생각해 보라. 남을 나와 똑같이 생각해 주는 것 이상의 자비가 어디에 있겠는가. 그래서 이 지혜는 중생을 평등하게 위해 주는 자비가 되기도 한다. 제6식을 뒤집으면 묘관찰지妙觀察智가 된다. 불가사의하게 연결된 존재의 실상을 있는 그대로 관찰하는 지혜이다. 제6식의 문제는 연결된 사물을 토막토막 잘라서 보는 것이다. 선과 악, 아름다움과 추함, 행복과 불행, 삶과 죽음 등의 상대 개념을 만들고 사물을 그 개념에 배치한다.

꽃의 한계는 어디까지인가. 꽃에는 아름답고, 활짝 피고, 전성기라는 분별의 딱지를 붙여 놓는다. 시들고 말라빠지면 이미 꽃이 아닌 것으로 생각한다. 한데 잘 관찰해 보면 세상에 꽃 아닌 것은 하나도 없다. 움직이는 것은 시드는 동시에 피어나는 것이다. 시들고 피어나는 것은 우리가 정한 개념이다. 산과 나무는 시듦과 피어남을 구별해서 고통을 겪지 않는다. 사람이 스스로 개념을 정하고 그것에 얽매일 뿐이다.

전5식을 뒤집으면 성소작지^{成所作智}가 된다. 중생에게 이익 되도록 중생의 근기에 맞는 변화를 지어내는 변화이다. 업으로 사물을 보면 감각 기관이 그 업식의 도구가 되고, 지혜로 사물을 보면 같은 감각 기관이 중생을 위하는 도구가 된다.

이와 같이 제8 아뢰야식, 제7 마나식, 제6 의식, 전5식을 뒤집으면 대원경지, 평등성지, 묘관찰지, 성소작지의 4지^{四智}가 된다. 물론 네 가지 의식이 떨어져 있는 것이 아니듯이, 네 가지 지혜도 분리된 것은 아니다. 업식을 굴려서 지혜로 만드는 것이 불교의 목적인만큼, 구태여 지혜의 특징을 구분하자면 저와 같다는 것이다.

밀교에서는 제9식을 뒤집은 법계체성지^{法界體性智}를 4지에 더해서 5지^{五智}를 가르친다. 그리고는 이 5지를 근거로 해서 다섯의 부처님, 다섯의 원소, 다섯의 부류 등을 설정하기도 한다.

오지, 오불, 오방, 오색(밀교의 해석)

식識	5지五智	오여래五如來	오방五方	오색五色
전5식	성소작지成所作智	불공성취불不空成就佛 또는 석가모니불釋迦牟尼佛	북	흑색
6식	묘관찰지妙觀察智	아미타불阿彌陀佛	서	적색
7식	평등성지平等性智	보생불寶生佛	남	황색
8식	대원경지大圓鏡智	아촉불阿閦佛	동	청색
9식	법계체성지法界體性智	대일여래大日如來	중앙	흰색

(040) 아뢰야식과 여래장

유식에서 아뢰야식에 의해서 온 세상이 이루어진다고 설명하는 것은, 우리가 마음의 움직임을 잘 살펴서 깨달음의 길로 향하도록 인도하기 위해서이다. 그런데 아뢰야식 연기론 즉 아뢰야식의 인식이 존재를 일으키는 연기의 주체가 된다는 설명은 깨달음의 가능성을 전하는데 좀 어렵게 느껴질 수가 있다.

아뢰야식 연기론은 어떻게 미혹을 벗어나서 깨달음을 향할 수 있는가를 설명하기보다는, 미혹의 세계가 어떻게 벌어지는가를 설명하는데 우선순위를 두기 때문이다. 모든 불교가 그러하듯이 아뢰야식 연기론도 해탈을 중요하게 여기지만, 사람들에게 부처가 마음속에 있는 것으로 보다 쉽게 설명하지 못한다는 것이다.

이 약점을 보완하기 위해서 아뢰야식 뒤에 진여眞如 즉 존재의 실상을 여실히 보는 참다운 인식을 내세우는 연기론이 있으니 그 대표적인 논서가 『기신론起信論』이다. 아뢰야식 연기론이 진여를 말하지 않는다고 해서 진여가 없다고 생각하는 것은 아니다. 단지 설명 체제에서 진여를 빠뜨렸을 뿐이다. 이에 비해 기신론은 진여를 강조하고, 그 진여로부터 아뢰야식과 세상이 벌어진다고 설명한다.

앞으로 수회에 걸쳐서 우리는 이 기신론을 중심으로 진여의 연기를 살필 것이다. 같은 말이라도 사람에 따라 달리 해석하듯이, 유식에 있어서 아뢰야식을 이해하는데도 각 논서, 종파, 사람마다 미묘한 차이가 있다. 아뢰야식을 거짓된 인식 즉 망식妄識, 참된 인식 즉 진식眞識, 혹은 참과 거짓이 합한 인식 즉 진망화합식眞妄和合識이라고 보기도 한다.

또 아뢰야식을 한자로 음사하는데 있어서도 아뢰야식阿頼耶識 외에 아리야식阿梨耶識이나 아려야식阿黎耶識이 있다. 『기신론』은 후자 두 가지를 쓰고, 진망화합식을 의미한다. 아뢰야식 연기론과 구별하기 위해서 아리야식을 쓰기로 한다. 『기신론』은 마음의 흐름을 크게 두 가지 방향으로 나눈다. 진여와 생멸이다. 진여의 세계, 즉 사물의 실상을 있는 그대로 파악하고 우주의 흐름에 맞추어 사는 세계에서는 일체의 상대와 차별이 없다.

반면에 생멸의 세계 즉 나의 삶과 내 것을 전제로 사는 세계에서는 상대 개념이 있고 필연적으로 죽음과 고통이 뒤따른다. 그런데 진여와 생멸은 떨어져 있는 것이 아니다. 한 마음의 양면이다. 진여의 마음이 무명에 의해 흔들리면 망념이 일어나고 여기서부터 생사가 벌어진다.

진여와 무명은 각기 단독으로 활동하지 못한다. 상대의 동요에 의해서 움직이게 된다. 진여와 무명이 동조해서 기동할 때, 이 두 가지가 합해 있는 것을 아리야식 또는 여래장如來藏이라고 한다. 여래장은 말 그대로 여래를 자체에 품고 있다는 뜻이다. 여래가 중생의 복장을 하고 움직인다거나 중생은 여래의 임신부나 태아라는 뜻에서 사용된다.

아리야식도 그 자체에 진여심과 생멸심을 동시에 갖고 있으므로 여래장과 같지만, 연기하는 측면을 드러내기 위해서 사용된다. 아리야식의 연기는 나쁜 쪽에서 좋은 쪽으로 갈 수도 있고 그 반대일 수도 있다. 아리야식이 진여에 의해서 움직이면 열반의 길로 가고 무명에 의해서 움직이면 윤회의 길로 간다. 『기신론』은 아리야식이 윤회의 길로 가는 과정을 삼세육추三細六麤로 열거한다. 먼저 근본 무명의 업식이 일어나고 주관과 객관이 벌어진다.

　이 주관은 눈앞에 벌어지는 경계가 내부의 투영인 것을 알지 못하고 밖에 실재하는 것으로 착각한다. 선악, 시비, 애증, 고락을 일으키고, 이에 집착해서 아집을 만든다. 그 아집에 찬 분별은 더욱 심해지면서 다시 갖가지 업을 일으키고, 그 업에 따라 고통을 받는다.

　『기신론』에서는 여래장과 아리야식을 조화 융합시키려고 한다. 이러한 시도는 『기신론』 선구 경전 가운데 하나인 『능가경楞伽經』에 나타난다. 그런데 『기신론』의 아리야식에는 아뢰야식 연기론에 나타나는 현실의 업과 그 종자와의 관계, 종자식種子識의 개념, 그리고 잠재 심리의 성격이 없다. 아리야식은 바로 여래장이다. 『기신론』에서의 존재인식 연기에 아리야식이라는 말이 있기는 하지만 실제로는 여래장 연기인 것이다.

041 무명無明의 시작과 끝

불교는 모든 문제를 근본 미혹인 무명에 돌린다. 12인연설의 체계를 시작으로 모든 생멸의 현상 세계 설명에서 무명 때문에 일체의 업과 생사윤회의 고통이 벌어진다고 한다. 여래장 연기를 설하는 『기신론』에서도 마찬가지이다. 고요한 진여의 마음이 무명에 의해 훈습을 받고 흔들려 버리면 나고 죽는 세계가 일어난다고 한다. 여기서 의문이 생긴다. 저 무명의 시작과 끝은 어디일까?

만약 본래 없던 무명이 외부로부터 갑자기 날아 들어온 헛된 것이라면 그 근본이 가짜이기 때문에 세상이 아무리 잘못되더라도 걱정할 필요가 없게 된다. 그 무명이 진여에서 나왔다면 진여가 본래부터 무명을 갖추고 있는 것이 된다. 진여와 무명이 한몸이라면 궁극적인 깨달음을 얻은 후에도 무명이 다시 일어날 것이다. 또 진여가 무명을 일으킬 수는 있으되 무명이 진여를 일으킬 수 없다면 처음에 진여가 있고 그 다음에 무명이 있는 것이 되어서, 무명이 처음부터 진여와 함께 있었다고 할 수가 없다.

『기신론』은 '무시무명無始無明'과 '홀연념기忽然念起'로 무명의 시초를 간략하게 설명한다. 우리가 시초를 알 수 없는 때부터 중생이 번뇌를 일으키고, 그것이 계속되기 때문에 무시무명이라고 하고, 또 중생이 존재의 실상을 있는 그대로 보지 못하고 자기 멋대로 사물을 규정하기 때문에 무명이라고 한다는 것이다.

무명의 시초를 알려면 먼저 번뇌를 일으키기 이전의 상태가 있어야 한다. 그러나 생멸심의 시간 세계에 살고 있는 우리가 진여의 무시간적^{無時間的} 또는 초시간적^{超時間的} 세계를 파악할 수가 없다. 진여에서 무명으로 이동하는 경계는 중생의 경험으로 알 수 없다. 그래서 그 시초를 시간적으로 정할 수 없기 때문에 무시무명이라고 한다는 것이다. 또 논리적인 면에서도 마찬가지이다. 번뇌가 있다는 것을 경험할 수는 있지만, 최초에 어디서부터 번뇌가 일어났는가 하는 것은 논리적으로 설명할 수가 없다는 것이다.

그러면 무명의 시작과 끝을 시간적인 의미에서 파악하려는 시도는 무의미할까? 그렇지 않다. 말을 떠난 진여의 입장에서 본다면 입을 여는 것 자체가 허물이지만, 우리는 지금 중생의 말로 해탈로 가는 길을 그리려고 한다. 꿈속의 무서운 호랑이가 가짜이지만 그에 의해서 잠을 깰 수가 있으므로 호랑이를 만들어 보려고 한다. 무명의 시작과 끝을 찾아본들 그것은 중생의 분별일 뿐이지만 그에 의해서 무명, 진여, 수행, 깨달음의 보다 진실한 모습을 가늠해 볼 수 있는 것이다.

보통 불교를 공부하는 사람이면 진여는 무시무종^{無始無終}, 무명은 무시유종^{無始有終}이라고 알고 있을 것이다. 진여는 영원하므로 시작과 끝이 없고, 부처를 이룬 다음에는 다시 윤회의 세계로 떨어지지 않기 때문에 무명은 끝이 있다고 생각하는 것이다. 그런데 여기에서 조심해서 이해해야 할 부분이 있다. 해탈하면 다시 윤회하지 않는다는 것을, 부처를 이루면 중생이 사는 태양계가 아니라 다른 세계에 가는 것으로 오해하는 것이다. 이는 성불을 고정적인 것으로 착각하는 것이 된다.

해탈한 이 앞에 윤회가 나타나지 않는 것이 아니다. 단지 그것에 빠지지 않을 뿐이다. 부처의 몸에도 생로병사가 찾아오기는 하지만 부처의 마음을 흔들지 못할 뿐이다. 그렇다면 진여, 무명, 수행, 깨달음의 시작과 끝을 한꺼번에 정리할 수 있다. 이 네 가지는 별도로 떨어져 있는 것이 아니라 있기로 말하면 다 같이 언제나 있고 없기로 말하면 다 같이 언제나 없다. 똑같이 무시무종이라는 말이다.

진여라는 물에 무명이라는 바람이 불어 와서 번뇌라는 파도가 일어난다면, 분명히 그 바람은 외부의 것이다. 그러나 진여 그 자체에 무명에 의해 흔들릴 성품이 없다면 무슨 재주로 무명이 진여를 흔들겠는가. 진여의 물은 본래부터 그리고 영원히 그 자체 번뇌의 바람에 의해 흔들릴 가능성을 갖고 있는 것이다. 그러므로 부처가 다시 생사에 떨어지지 않는다는 것은 끝없는 해탈의 수행을 한다는 뜻이지, 어떤 고정적인 형태로 자신을 굳혀 버린다는 뜻은 아닌 것이다.

042　체상용體相用의 3대

『기신론』은 기발하고 멋있는 착상으로 우리가 해탈로 갈 수 있는 근거와 길을 제시한다. 해탈을 향해서 가려면 그쪽 방향의 차량이 있어야 하는데, 그것이 바로 중생심衆生心 즉 보통 사람인 우리의 마음이다. 큰 차량이란 대승大乘이고 이것은 바로 내 마음이라는 것이다.

마음에는 양면이 있다. 우주 진리와 합일된 상태에 있는 고요한 진여眞如의 면과 번뇌의 바람과 파도에 의해 흔들리는 생멸生滅의 면이다. 우리의 마음을 진여의 면에서 바라보면 그 본체만 있고 형상이나 작용이 없다. 진여는 모든 형상, 이름, 오고 감을 떠난다. 마음의 본체, 형상, 작용의 세 가지를 다 보려면 생멸 쪽에서야 한다.

마음의 본체, 형상, 작용에 각기 큰 대자를 붙여서 체대體大, 상대相大, 용대用大라고 하는 것은, 우리의 마음이 광대무한하다는 것을 강조하기 위해서이다. 『기신론』에서의 진여는 멍하니 부동자세로 있는 응연진여凝然眞如가 아니다. 끊임없이 움직인다. 이 움직임을 수연隨緣 즉 인연을 따라 움직인다고 한다. 불변不變의 측면도 있지만, 이것은 움직이면서도 마음의 진여 본성을 잃지 않는다는 것을 뜻한다.

우리의 마음이 이처럼 위대하기 때문에 큰 대자를 붙이고, 체상용體相

用 세 측면으로 구분해 본 것이다. 텔레비전 수상기를 체상용을 적용해서 나누어 보자. 텔레비전의 몸체는 체, 겉모양과 성능은 상, 그리고 방송국으로부터 전파를 받아 영상으로 전환해서 보여 주는 기능은 용이 될 것이다.

『기신론』을 의식하지 않고 우리 식으로 마음을 체상용으로 나누어 본다면 어떻게 될까? 마음의 본체는 볼 수가 없으니 표현할 길도 없다. 체가 있다고 짐작할 뿐이다. 마음의 상은 성질이나 성능이 된다. 마음의 성능이라면 우리가 품는 어떤 의지나 원력을 비롯해서 갖가지 잠재력이 될 것이다. 마음의 용은 그 마음이 움직여서 자아내는 정신적 육체적 성능이나 작용이 될 것이다.

『기신론』에서는 마음의 체상용을 어떻게 구별하는가? 먼저 진여의 마음을 체로 잡는다. 그런데 진여의 체에도 두 가지가 있다. 마음을 진여문과 생멸문으로 나눌 때, 진여문에서의 체는 달랑 그 자체뿐이다. 여기에는 모든 형상과 작용이 끊어지기 때문이다. 반면에 생멸문에 있어서의 체는 무상한 가운데 영원으로 흐르는 진여이다. 진여문의 체는 부처의 것이고 생멸문의 체는 중생의 것이지만, 진여라는 점에서 부처의 진여와 중생의 진여가 아무런 차이가 없다. 그래서 이 진여의 경지는 부처와 중생, 진여문과 생멸문에 평등하다고 한다.

마음의 상은 여래장如來藏이 된다. 중생의 마음은 본래 부처와 같이 청정하지만 번뇌의 먼지가 덮였거나 제 기능이 발휘되지 않은 상태에 있다. 그러나 장차 부처로 회복될 백퍼센트 확률의 잠재력을 가지고 있다. 여래장은 바로 여래를 밴 임신부를 뜻한다. 마음의 용은 세상에서 좋은 일을 하고 좋은 과보를 받는 행동 기능이다.

마음의 체상용을 좋은 쪽으로만 풀이해야 하는가? 그렇지만은 않다. 12연기가 생사윤회 쪽으로 갈 수도 있고 반대로 윤회를 벗어나는 해탈 쪽으로 갈 수도 있듯이, 체상용도 생사와 윤회 양쪽에 똑같이 쓰일 수 있을 것이다. 그러나 『기신론』은 해탈로 가는 차편을 제공하려고 한다. 이 마당에 잘못된 쪽을 들추어서 일부러 크다는 말까지 붙여 줄 필요는 없다. 마음의 체는 선과 악을 다 포함하지만, 마음의 용은 오직 좋은 쪽으로 기능하는 선만 포함한다.

체상용을 부처님의 세 가지 몸에 배대할 수도 있다. 마음의 체인 진여와 상인 여래장은 똑같이 법신이 되고, 진여의 용은 보신과 화신이 된다. 여기서 진여의 체와 여래장의 상이 법신에 속한다는데 큰 의미가 있다. 중생의 마음을 그대로 법신으로 보는 것이다.

체상용 삼대는 『기신론』의 독특한 착상이다. 진제眞諦가 번역한 『십팔공론十八空論』에도 체상용의 삼대가 나오지만 『기신론』에서처럼 아이디어가 선명하게 드러나 있지는 않다. 다른 경론에서의 유사한 용어나 개념도 『기신론』의 것과 동일하지는 않다.

043 진여에 대한 믿음

『기신론』은 세상만사가 허망해서 오직 미혹한 마음이 지어내서 보는 것일 뿐이라고 한다. 실체가 없기는 마치 거울 속의 물체가 거짓인 것과 같다고 한다. 마음이 일어나면 세상의 모든 사물이 생겨나고, 마음이 가라앉으면 세상의 모든 법도 따라서 없어진다고 한다. 그렇다면 진실로 존재하는 것은 무엇인가? 세상사가 거울 속의 것과 같다면, 저 거울에 나타나는 것의 본체는 무엇인가?

사람은 누구나 여유를 가지고 즐기면서 행복하게 살고 싶어 한다. 내세나 먼 장래를 생각하지 않는 사람이 있다고 하더라도 그 역시 자신이 하는 현재의 일이 잘 되기를 바란다. 허무주의자라고 해서 당장 자신이 죽어 없어지기를 바라지는 않는다. 적어도 사는 동안은 잘 먹고 쓰고 놀고 싶어 한다.

여기서 생각해 보자. 자신의 마음속에 거짓으로만 꽉 차 있다고 생각하는 사람이 있을까? 그런 말을 하는 사람이 있을 수는 있다. 그러나 실제로 그렇게 믿지는 않는다. 아무리 악한 사람에게도 선한 마음이 있다. 도둑은 물건을 훔칠 상대에 대해서는 악하지만, 그 훔친 것을 가져다 줄 사람에 대해서는 좋은 마음을 먹는다.

중죄를 저지르고 벌을 받으면서 깊이 뉘우치는 사람이 있다고 해도, 그의 마음 한구석에는 자신 나름대로 품었던 높은 이상과 아름다운 사랑이 있다. 남 앞에 나서는 사람이나, 남의 행동이나 말을 보고 들으면서 잘잘못을 판단하는 이는 누구나 자신에게 바르게 판단할 수 있는 어떤 성품이 있다고 생각한다.

사람은 누구나 나름대로의 살아야 할 의미와 가치가 있다고 할 때, 그것을 가능하게 하는 것을 『기신론』에서는 무엇이라고 부르는가? 진여眞如라고 한다. 무명에 의해서 흔들리거나 오염되지 않고, 존재의 실상을 있는 그대로 파악하는 진실한 마음이라는 뜻이다. 진여는 유의어를 여럿 가지고 있다. 자성청정심自性淸淨心, 여래장如來藏, 여래종如來種, 각覺 등이다. 이 용어들은 거의 같은 것을 나타내려고 하지만, 그 사용 입장이 약간씩 다르다.

진여는 기본적으로 마음과 관련한 표현이기는 하지만 이치를 표현하려는 성격이 강하다. 온 우주 전체에 두루 있는 보편적 진리를 유심사상의 입장에서 이름 붙인 것이다. 이 진여를 보다 구체적으로 사람에게 적용시켜서 표현하면 자성청정심이 된다. 사람의 본성은 그 자체가 청정하게 될 지혜를 갖고 있다는 것이다. 진여가 보편적인 존재의 법칙을 표현하려고 한다면 자성청정심은 개인의 마음속에 있는 지혜의 측면을 드러내려고 한다.

그러나 본래 청정한 마음은 처음에는 깨끗했는데 지금 더러워졌다는 뜻이 아니다. 사람의 마음에는 깨끗한 마음으로 복귀할 잠재력이 항상 갖추어져 있다는 의미이다. 진여 또는 자성청정심이 무명에 덮인 상태에 있는 것을 여래장이라고 한다. 거울에 아무리 먼지가 덮여도 아무 때나 먼지를 닦아 내면 사물을 제대로 반사하듯이, 우리가 아무리 번뇌에 뒤덮여 있다고 하더라도 언젠가 번뇌를 씻어 내면 저 자성청정심이 그대로 드러난다는 것이다.

여래종은 여래가 될 종자라는 뜻으로 여래장을 달리 표현한 말이다. 각覺 즉 깨달음은 우리가 수행을 통해서 업을 녹이고 미혹을 지운 후에 마침내 마땅히 누려야 할 본래 청정한 진여의 나를 회복하는 것을 뜻한다. 이 깨달음은 없던 것을 새로 만들어 내는 것이 아니라 본래 갖추고 있던 것을 되찾는 것이다. 그래서 진여, 자성청정심, 여래장, 여래종이 전제되어야만 깨달음이 가능한 것이다.

불교를 믿는다고 할 때 보통 부처님, 그 가르침, 스님네를 드는데 『기신론』에서는 이 삼보 앞에 진여를 더 두었다. 부처님의 가르침에도 진여가 나오기는 하지만, 우리의 마음 가운데는 진여나 자성청정심이 있다는 것을 강조하기 위해서이다.

믿음은 진여와 삼보라는 귀의처와 동화되어서 자기의 마음을 맑히고 지혜, 복덕, 자비 등을 닦는 것이다. 맹목적으로 복을 빌기만 하는 것이 아니라, 탁한 자기 속에 있는 진여의 마음을 믿고 그것을 찾아 쓰는 것이 바른 믿음이다.

044 신해행증信解行證

앞에서 우리는 진여와 삼보에 대한 믿음을 살펴 본 바 있다. 이를 읽은 몇몇 독자가 문의를 해 왔다. 불교의 믿음은 서양 종교의 무조건적 믿음과는 다르다고 알고 있는데, 진여와 삼보를 믿는 방식이 절대자를 맹신하는 것과 어떻게 다르냐는 질문이었다.

불교에서 믿음은 대단히 중요하다. 『화엄경』에서는 믿음을 도의 근원이요 공덕의 어머니라고 가르친다. 『법화경』에서는 보통 사람의 분별심으로는 불법에 들어갈 수 없고 믿음에 의해서만 가능하다고 한다. 그러나 불교에서의 믿음은 서양 종교의 그것과는 크게 다르다. 그저 믿기만 하는 것이 아니다. 반드시 앎, 실천, 체득이 겸해야 한다. 그래서 신해행증信解行證 즉 믿음, 이해, 실천, 체득이 한 단어가 되다시피 서로 붙어 있다. 또 신해信解 즉 믿음과 이해라든지 해행解行 즉 앎과 실천도 한 용어가 되었다.

믿음과 앎, 앎과 실천은 떨어질 수 없다는 것이다. 믿되 알아야 한다. 삼보 가운데서 법보는 부처님의 가르침으로 그 기본은 연기緣起와 유심唯心이다. 삼라만법은 상호 의존의 상태에 있고, 마음의 분별에 의해서 개념적으로 규정된 것에 불과하다는 것이다. 모든 것이 서로 의존하는 상태에 있다면, 홀로 존재할 수 있는 것은 아무것도 없다.

공간적으로 의지해야 할 뿐만 아니라 시간에도 의지해야 한다. 정신적인 면에서도 상대의 변화에 의해서 이쪽도 변해야 한다. 시간도 찰라찰라 변하기 때문에 그것에 의지해서 임시로 존재하는 이쪽도 끊임없이 변해야 한다. 영원히 홀로 존재하는 실체가 없는 상태를 공이라고 한다. 모든 것은 임시로 존재하는 텅 빈 상태에 있다는 것이다.

인연법은 만법이 공한 상태에 있음을 나타내지만, 이 공한 상태는 다시 세상의 모든 것이 서로 상대를 자신 속에 포함하고 있음을 나타내기도 한다. 세상의 한 존재는 억만 가지 다른 존재에 의지해서 있을 수밖에 없는데, 상대에 내가 의존해 있다는 것은 상대 속에 내가 포함되어 있고, 내 속에 상대가 포함되어 있음을 나타낸다. 지옥에 부처가 포함되어 있고 부처에 지옥이 포함되어 있는 것이다. 이것을 성구性具라고 한다.

유식설이 연기법에 기반을 두고 있다는 것은 지금까지 설명해 왔으므로 여기서 다시 반복할 필요가 없을 것 같다. 그러고 보니 연기법의 아이디어는 공, 유식, 진여, 성구, 여래장 등으로 발전된다. 불교를 믿는다는 것은 부처님을 믿을 뿐만 아니라 그 가르침 전체를 파악하는 것을 뜻한다. 가르침의 내용이 무엇인지도 모르면서 믿기만 하는 것은 아직 완전한 믿음이 아니다.

어떤 이는 인연법이나 유심법을 믿는 것과 타종교에서 절대자만을 믿는 것과 무엇이 다르냐고 말할지 모른다. 그러나 둘 사이에는 큰 차이가 있다. 인연법은 부처님이 조작해 낸 것이 아니다. 사람이라면 누구나 경험할 수 있는 세상의 존재 법칙이다. 누구나 경험할 수 있는 것을 알고 믿는 것과, 경험할 수 없는 것을 무조건 믿는 것은 완전히 다르다.

알고 믿는다면 실천이 뒤따라야 한다. 세상이 무상하다는 것을 안다고 하면서 무상한 오욕락만 더 얻으려고 하는 이가 있다면, 그는 무상법을 제대로 아는 사람이 아니다. 유식에 의하면 시간은 고정된 것이 아니다. 사람이 지어낸 개념일 뿐이다. 그래서 일념과 무량겁은 둘이 아니다. 하나이다. 일념 속에 무량겁이 있을 수 있다.

　　그런데 무량겁이 일념이라고 말하면서, 기도하고 정진할 때 한 시간도 제대로 참아내지 못하는 사람이 있다면, 그의 앎과 행동 사이에는 큰 괴리가 있는 셈이다. 신해행증의 마지막은 불법을 증득證得하는 것인데, 여기에 와서도 의문이 생긴다. 해解의 앎과 증證의 체득이 어떻게 다르냐는 것이다. 이렇게 구별하면 쉽다. 해득解得은 남의 것을 빌어서 내 머리에 담은 것이고 증득證得은 스스로 깨달아서 심신으로 아는 것이라고 말이다.

　　신해행증이 떨어져 있으면 가짜이다. 믿음 속에는 나머지 셋이 들어 있어야 하고, 나머지 셋의 하나하나도 마찬가지이다.

4장

화엄

華嚴

045   연기와 성기

마음의 분별에 의해서 세상이 벌어진다는 유식 계통의 연기론은 크게 세 가지로 나눌 수 있다. 아뢰야연기론阿賴耶緣起論, 진여연기론眞如緣起論, 그리고 법계연기론法界緣起論 즉 성기론性起論이다. 미혹해서 업을 짓고 고통을 받는다는 업감연기론에 유식은 그 연기의 주체로 아뢰야식을 추가시켜서 아뢰야연기론을 만든다. 그런데 이것은 개개인의 마음 상태는 잘 설명하지만, 세상 전체를 한 뭉치로 엮기에는 미흡한 점이 있다.

이를 보완하기 위해 아뢰야식 뒤에 있는 진여를 도입한다. 진여가 무명의 영향을 받아서 세상이 벌어진다는 진여연기론을 세우는 것이다. 그러나 이것에도 약점이 있다. 진여라는 본체가 무명이라는 매개체를 통해서 현실을 낳는다는 것인데, 이렇게 되면 본체와 현실은 하나가 아닌 별개의 것이 된다. 다시 이를 해결하기 위해서 여래성如來性의 본체가 그대로 현실로 나타난다는 법계연기론을 만든다.

법계연기론은 바로 여래의 본성 자체가 삼라만물로 변환해 나타난다는 성기론인 것이다. 마음에도 겉과 속이 있다. 겉은 상相이고 속은 성性이다. 겉은 현실이고 속은 본체이다. 세상은 마음의 장난에 의해서 생겨난 것이니, 겉마음의 움직임은 바로 현실이 되고 속마음의 상태는 바로

본체가 된다. 불교에서는 모든 사물을 법法이라고 부르는데, 유식에 있어
서 그 사물 또는 법은 바로 마음이다.

　그래서 법상法相에 관심이 많은 이는 마음의 겉 즉 현실이 어떻게 벌어
지는가를 설명하려고 하고, 법성法性에 관심이 많은 이는 마음의 속 즉 본
체가 어떤 상태에 있는가를 설명하려고 한다. 종파로 따져서 구별한다면
전자는 법상종法相宗에 속하고 후자는 법성종法性宗에 속한다. 유식 계통에서
의 법성종은 바로 『화엄경』을 전문적으로 연구하는 화엄종이 될 것이다.

　법상종은 아뢰야연기론을 화엄종은 성기론을 각기 편다. 예를 들어
연기와 성기의 시각 차이를 구별해 보자. 지금 우리 국민 전체는 경제적
으로 아주 어려운 처지에 있다. 내 주변에 부도를 맞은 사람과 실직자들
이 늘어간다. 신도 집에 전화를 걸면 남편이 받는 경우가 많다. 나갈 직장
이 없기 때문에 집을 지키고 있는 것이다. 나는 부인에게 일하지 않고도
먹고사는데 문제가 없느냐고 묻는다. 부인은 꼭 돈만을 위해서 직장에 나
가는 것이냐고 반문한다. 남편이 집에서 한숨만 쉬고 있으니 속상하고 답
답하기 이를 데 없다는 것이다. 그러면 여기서 유식을 적용해서 저 실직
자의 고통을 생각해 보자. 실직의 현실은 가상적인 마음의 문제가 아니기
때문에 그 처지의 어려움을 일단 인정해야 한다. 그렇다고 하더라도 저
실직자 가족이 겪는 고통이 실재하는 것이냐고 물어 보자.

　아뢰야연기론의 입장에서는 미혹한 마음이 '나' '내 것' '즐거움'에
집착해서 고통을 지어서 느낀다는 쪽으로 몰고 갈 것이다. 실재하지도 않
는 나를 내세우고 그것의 즐거움까지 책임지려고 하는 것은 어리석은 일
이다. 성기론은 고통을 부정하려 하기 보다는 그것을 당당하게 받아들여
야 한다고 말할 것이다. 저 실직자의 현실은 고통이 아니라 바로 여래의

성품이 다양한 모습으로 나타난 것이라고 생각하는 입장이기 때문이다.

나라의 경제를 회복하고 직장을 다시 찾도록 노력하지 않아도 된다는 뜻은 아니다. 오늘을 이겨야 내일도 이길 수 있다. 지금 당장 현실을 있는 그대로 당당하게 받아들이는 데서부터 시작하자는 것이다. 고통을 착각이나 여래의 화현으로 받아들이는 것도 마음을 추스르는데 큰 도움이 된다는 말이다.

화엄종이 성기론을 편다고 해서, 『화엄경』 특히 「십지품」에 나오는 '모든 세계는 허망하니 다 마음을 지어낸 것이니라.'고 하는 구절의 저 마음이 진심眞心 즉 여래의 마음으로 볼 수 있는 것만은 아니다. 범어 원문을 보면 거짓의 마음 즉 망심妄心에 가깝다. 그러나 그 마음이 망심이라는 확정도 없고, 많은 이들이 진심으로 풀이하기도 했다. 불교는 참으로 오묘하다. 같은 불경에 의지하더라도 법상의 연기론과 법성의 연기론이 공존할 수 있는 것이다.

046 법계의 상즉상입

우리는 수회에 걸쳐 유식의 아뢰야연기阿賴耶緣起와 진여연기眞如緣起를 둘러보고, 또 앞에서는 화엄사상에 들어가기 위해 연기緣起와 성기性起를 비교해서 살펴보았다. 무명에 의해서 마음이 주객으로 분열되고 현상세계가 벌어지는 것을 연기라고 한다면, 눈앞의 모든 현상을 참 마음 즉 여래성이 직접 출현한 것으로 보고 현상과 본체를 하나로 엮는 것을 성기라고 정리했었다.

　연기는 파도라는 현상이 어떻게 벌어지느냐에 주된 관심을 갖는 관찰이고, 성기는 그 파도가 바로 여래의 마음이라는 본체의 물이 직접 거동한 것이어서 파도와 물은 둘이 아니라는 점에 주된 관심을 갖는 관찰이다. 유식학 방면에서 법상이나 화엄이 똑같이 연기라는 용어를 쓰기는 하지만, 화엄에서는 그 말이 성기를 뜻하고 이 성기가 화엄사상의 발판을 이룬다.

　화엄에서는 법계法界(dharma-dhatu)라는 말이 많이 쓰인다. 기본적으로 특성을 가지고 있는 세상의 모든 종류의 사물을 의미한다. 법法은 독자적인 성격이나 모형을 가지고 우리가 사물에 대해서 알 수 있는 근거가 되는 것을, 계界는 요소, 기초, 바탕, 층, 종류, 분야 등을 뜻한다. 법계는 화엄에서 성기사상과 연관된 의미에서 쓰인다.

성기의 입장에서 보면 삼라만물은 모두 진여의 마음 즉 여래성이 일어나 출현한 것이다. 그렇다면 법계라는 세상의 모든 사물은 바로 우리가 가지고 있는 청정한 마음이기도 하다. 마음이 하늘의 달이라면 현상의 만물은 많은 호수에 반사된 달과 같다. 하나의 호수에도 백억 명이 몰리면 백억 개의 달이 생긴다. 하늘의 달이 청정 진여의 마음이라면 호수의 달은 현상의 세계와 같다.

하늘의 달과 호수의 달이 다 같이 법계가 되듯이 진여의 마음과 현상세계가 다 같이 법계가 되는 것이다. 화엄에서는 성기사상에 입각해서 모든 법계가 상즉상입相卽相入의 상태에 있다고 한다. 삼라만물은 우리가 가지고 있는 청정심의 무한반사에 의해서 생긴 현상이다. 내적 법계 즉 마음속에서 일어나는 것들이 서로 일체화하고 서로 포용하듯이 외적 법계 즉 현상세계의 모든 것들도 마찬가지이다.

요즘에는 작은 공간을 넓게 보이게 하기 위해서 거울을 사용한다. 작은 상점 실내의 두 벽 전체에 거울을 붙이고 그 사이에 상품을 진열했다고 치자. 내가 두 거울의 중간에 서면 나는 무한대로 양쪽 거울에 비쳐진다. 물론 반사되는 것의 크기가 아주 작아지면 더 이상 알아볼 수 없게 되기는 하지만, 논리적으로는 반사는 어떤 크기에서 끝나지 않게 되어 있다.

사람의 마음을 보라. 자기 멋대로 본다. 우선 나와 다른 한 사람을 거울의 예로 풀이해 보자. 상대는 내 마음이라는 거울에 비친다. 나도 상대의 마음이라는 거울에 비칠 것이다. 이쪽이 나를 비치고 있는 상대를 보면, 저쪽도 자기를 비치고 있는 나를 볼 것이다. 상대를 각기 자신의 마음

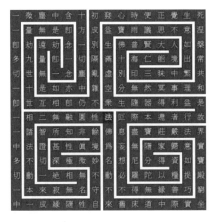

화엄일승법계도
210자를 54각角이 있는
도인圖印에 합쳐서 만든
것이다.

거울에 반사하는 것이 무한히 반복되지만 우리가 실제로 그 전체의 연속적인 반사작용을 느끼지는 못한다.

그러나 논리적으로는 그 반사가 어느 한 점에서 중단되지 않는다. 모든 반사에는 반드시 상대가 있어야 한다. 반사의 주체나 대상 가운데 어느 한쪽이 없으면 그 반사는 불가능하다. 흰색이 없으면 검정색을 알아 볼 수 없다. 온 세상이 어느 한 색깔이나 한 모양으로 되어 있다면 아무것도 구별할 수 없다. 곡선이 없으면 직선도 있을 수 없다. 악이 없으면 당연히 선도 없다.

모든 사물은 묘하게도 상대와의 반사 관계에서만 존재할 수 있고, 그 반사는 무한히 계속되어서 나 속에 상대가 있고 상대 속에 내가 있게 된다. 1 속에 10이 있고, 10 속에 1이 있으며 이 관계는 모든 숫자에 무한히 계속된다. 그러고 보니 흑백이라는 상대가 서로의 존재를 가능하게 해서 상즉相卽의 하나를 이루고, 흑 속에는 백이 백 속에는 흑이 포함되는 상입相入의 포용 관계를 이룬다.

절집에서 자주 외우는 의상 대사의 법성게法性偈에 상즉과 상입의 문구가 잘 표현되어 있다. 진여의 마음은 그 본래의 청정성을 잃지 않으면서도 인연따라 다양하게 반사되는데, 그 일심의 하나가 곧 일체이고, 일념 가운데 무량겁이 포함되어 있다고 한다

무한반사를 보는 의미

앞에서 우리는 법계의 상즉과 상입, 즉 상대적인 것 사이의 일체화와 포용에 대해서 살펴보았다. 청정 진여의 마음으로부터 나온 법계는 상대적 의존 관계 속에서 무한히 발전되어 나가는데, 그것은 마치 두 개의 거울이 무한히 반사하면서 상대를 자신 속에 포함하고 자신이 상대 속에 포함되는 것과 같다.

여기서 모든 상대적인 것은 하나이면서도 둘이 되고 둘이면서도 하나인 연기 관계에 있다는 것이다. 이를 보고 몇몇 독자는 이런 질문을 던졌다. 우리의 마음이 무한히 삼라만물을 만들어 낸다는 화엄의 아이디어가 화려하고 멋있게 들리기는 하지만, 그 무한연기 또는 무한반사에 무슨 현실적인 의미가 있느냐는 것이다.

앞에서 우리는 두 개의 거울이 무한히 반사하는 것을 예로 들었다. 그러나 세상은 그리 간단치가 않다. 길이, 넓이, 부피, 무게가 있는가 하면 색깔, 향기, 소리 등도 있다. 헤아릴 수 없이 많은 종류의 거울이 있다는 말이다.

요즘 노래방에 들어가 보면 공처럼 둥근 것에 여러 색깔의 많은 거울 조각들을 붙여놓고, 돌아가면서 빛을 반사케 하는 것을 볼 수 있다. 그런데 이 공에 붙여진 거울 조각들은 각기 다른 조각들을 반사할 수 없게 되어 있다. 조각들이 서로 반사하게 하려면 공을 덮어 싸는 것과 같은 모양으로 방을 만들어야 한다. 동서남북과 상하가 둥글게 되어 있는 올림픽 종합운동장과 같은 크기의 방이 있다고 가정해 보자. 이 방에 형형색색의 작은 유리 조각들을 붙이고 그 중앙에 한 개의 촛불을 켜면 어떻게 될까? 모든 유리 조각들은 각기 자기 모양과 색깔에 따라 그 촛불을 반사할 것이고, 다시 각각의 유리 조각들은 다른 유리 조각들이 반사하는 전체 모양을 담을 것이다. 그런데 이 반사는 한 번의 왕복으로 끝나지 않는다. 무한히 계속된다.

저 거울 방에 하나의 촛불만을 켜도 그 반사가 엄청날 터인데, 하물며 무량 억천만 개의 갖가지 형상을 들여놓는다면, 각 거울에 비치는 반사의 내용은 거울의 수를 곱한 만큼 무한히 많아질 것이다. 만남, 사랑, 이별, 성공, 실패라는 몇 개의 단어만 형상화해서 반사해도 그 변화를 다 말하기 어려울 터인데, 우리가 가지는 미묘한 감정들을 빼놓지 않고 모조리 반사케 한다면, 그 천변만화는 어떤 헤아림이나 말로도 전할 수 없을 것이다.

나는 무엇인가. 아무것도 아니다. 세계 인구가 60억이라던가. 그렇다면 나는 60억 개의 거울이 둘러싸인 큰 방에 붙여져 있는 한 개의 작은 거울 조각에 불과하다. 그러나 이 작은 거울은 모든 것을 담을 수 있다. 세상은 이 거울 속에 있다. 사람은 누구나 남 못지않게 누릴 수 있는 것을 다 누리고 싶어 한다.

다른 이가 세계 일주 여행을 하는데, 내가 우리나라마저도 돌아보지 못했다면, 나의 시야는 좁으리라고 생각된다. 다른 이가 대학을 졸업했는데 나는 초등학교도 마치지 못했다면 나는 무식하리라고 생각된다. 다른 이가 높은 자리에 올라갔는데, 영향력 있는 권력을 잡았는데, 갖고 싶은 것은 다 가질 수 있을 만큼 돈이 많은데, 나는 그렇지 못하다면 나는 초라하리라고 생각된다.

그러나 이것은 잘못된 생각이다. 미국을 보기 위해서 미국에 있는 모든 도시, 거리, 건물 들을 낱낱이 직접 찾아가야 할 필요는 없다. 돈맛을 제대로 알기 위해서 이 세상에 있는 모든 종류의 돈을 다 만져보고 써 볼 필요는 없다. 권력의 맛을 알기 위해서 세상에 있는 모든 고위직을 다 맡으려고 할 필요는 없다.

나의 마음이라는 작은 거울은 세상에 있는 것들을 한 가지도 빼놓지 않고 무한히 반사되어 있다. 세상만 내 마음을 반사하는 것이 아니라, 내가 반사하는 것을 세상이 반사한다. 이렇게 나와 세상 사이의 반사는 끝이 없다. 한마디로 줄여서 말해 보자. 나의 마음, 나의 거울에는 온 우주를 정확하게 축소한 견본이 담겨 있다. 내 마음을 보는 것은 우주의 견본을 보는 것이요, 우주 전체를 빼놓지 않고 누리는 것이다.

한 티끌 속에 우주가 담겨 있다는 말은 부질없이 밖으로 방황할 필요가 없다는 것을 알리려고 한다. 돈, 권력, 미모, 인기가 없어도 나는 내 마음속에 있는 우주를 실컷 음미할 수가 있다. 내 우주 속에서 누구 못지않게 행복할 수가 있다.

048　마음의 무한반사와 인과

앞에서 우리는 자신의 작은 마음에서 온 우주의 견본을 볼 수 있다는 화엄사상의 한 면을 풀이했었다. 세상의 모든 마음과 사물이 무한 순환적으로 상호 반사하기 때문에 아무리 사소한 것에도 전 우주의 샘플이 담겨 있고, 따라서 작은 성취와 큰 성취의 차이는 촬영한 필름을 작은 사이즈의 사진으로 현상하느냐 큰 사이즈로 확대하느냐는 식의 규모 문제이지 사진 그 자체의 문제가 아니라는 것이다.

이를 읽은 몇몇 독자들은 마음의 무한반사를 인과와 관련시켜서 질문해 왔다. 세상의 모든 사물이 진여의 마음으로부터 나온 여래성의 표현이라면, 내가 악을 행하더라도 그것은 여래성의 한 표출이므로 문제삼을 수가 없지 않겠느냐는 것, 또 마음과 마음, 마음과 사물, 사물과 사물이 서로 무한히 반사하는 상태에 있다면, 내가 악을 범하더라도 혼자서만 책임져야 하는 직접적인 인과응보는 없지 않겠느냐는 것이다.

이 질문에 대해 간단히 대답하기는 어렵다. 범위가 너무 넓다. 또『화엄경』을 어떤 시각에서 풀이 할 것이며, 어떤 해석을 여기서 소개해야 할 것이냐를 결정하는 일이 간단치 않다. 그래서 초심자 위주로 많은 답 중의 하나를 제시한다.

만물을 여래성이 일어나거나 나타난 것이라고 할 때, 현실에서 어떤 예로 이를 설명할 수 있을까. 사물을 규정해 보는 우리의 마음에 진여성 또는 여래성이 포함되어 있다는 뜻이다. 그런데 이 여래성은 우리 마음이 가진 양면 가운데 하나에 속한다. 마음은 진여의 면과 함께 생멸의 면도 있다.

사물 존재의 실상을 있는 그대로 보는 부처의 입장에서는, 봄과 가을이 다르지 않다. 봄에 가을이 들어 있고 가을에 봄이 들어 있다. 사물이 생겨나는 것과 소멸되는 것이 한꺼번에 보인다. 그래서 봄의 새싹이 가을에 지더라도 아무런 문제가 일어나지 않는다.

그러나 중생의 입장에서는 그렇지 않다. 오는 것과 가는 것, 태어나는 것과 죽는 것은 분명히 다르다. 죽이는 것은 악이요 살리는 것은 선이다. 중생의 마음에 여래성이 들어 있다고 해서 중생이 바로 부처는 아니다. 중생의 마음을 쉬고 진여의 마음만을 쓸 때에 비로소 부처라는 본래의 자기를 회복할 수 있다.

선악인과는 중생의 경계에 속한 것이다. 중생의 세계에서는 분명히 선을 지으면 선과를 받고 악을 지으면 악과를 받는다. 사람들의 마음이 무한으로 반사할 경우의 선악과 그 과보를 생각해 보자. 박찬호가 미국의 대형 야구장에 투수로 등판했을 때, 우리는 뿌듯한 자부심을 느꼈다. 박찬호를 자랑스럽게 생각했다. 많은 어린이들이 야구를 배워서 박찬호처럼 되고 싶어 했다. 또 박세리가 뜨면서 사람들의 마음은 야구에서 골프로 옮겨갔다. 골프로 출세해서 영광을 누리고 나라를 세계에 빛내겠다고 생각하는 어린이들이 많아졌다. 이 현상을 보라. 한 사람의 성공은 많은 다른 사람에게 영향을 미친다 선악과 인과도 마찬가지이다.

한 사람이 선을 행하면 많은 이들이 그를 본받는다. 장사들은 첫 거래를 중히 여긴다. 첫 손님이 좋으면 하루가 좋다고 한다. 앞사람이 백 원을 보시하면 나도 그렇게 하고 십 원을 보시하면 많은 이들이 그 본을 따른다.

사람들의 마음이 무한히 반사하는 상태에서 한 사람만 떨어져서 악을 짓고 그 과보를 받지는 않는다. 내가 행하는 선악이 주변을 기쁘게 할 수도 있고 고통스럽게 할 수도 있다. 군대에서 한 사람이 잘못하면 여럿이 기합을 받는 것과 같다. 내가 잘못한 것에 대해서 다른 이까지 고통을 받는다는 생각을 하면, 그들을 위해서라도 실수를 하지 않으려고 할 것이다. 나로 인해 남들이 같이 겪는 고통을 즐기려고 하는 이는 없을 것이다.

또 무한반사란 만물이 무한대로 의지해 있는 상태를 뜻하기도 한다. 수만 개의 나무 조각을 줄을 지어 세워 놓고 하나를 밀어서 넘어뜨리면 차례로 넘어진다. 처음의 것과 마지막의 것은 바로 접해 있지 않아도 영향을 주고받는다. 세상의 선악인과도 이와 같이 전체적으로 영향을 주고받는다.

또 있다. 자기 마음 거울에 비친 우주 견본 세계에서의 인과이다. 누가 강요하지 않더라도 사람은 자기 마음의 거울에 반사되는 인과율을 보게 된다. 선을 행하면 스스로 즐겁게 되고 악을 지으면 스스로 괴롭게 된다. 중생으로서 인과를 벗어날 수는 없다.

049　이理법계와 사事법계

사람은 참 이상한 동물이다. 눈앞의 일에 만족하지 못한다. 눈앞에 벌어
지는 것이 전체적인 것과 어떻게 통하는지 알고 싶어 한다. 또 원리나 이
상에만 머물러서 만족하려 하지 않는다. 그것을 현실화해서 보고 싶어
한다. 현실의 사물 쪽에서는 원리 쪽으로 거슬러 올라가고 싶어 하고, 원
리 쪽에 있으면 현실의 사물로 내려오고 싶어 하는 것이다.

　가령 어떤 이가 나에게 이유 없이 호의를 베푼다고 치자. 내가 상대에
게 줄 수 있는 것이 아무것도 없는 처지인데도 불구하고, 상대가 끊임없
이 나에게 접근해 오고 나에게 무엇이든지 주고 싶어 하면 나는 상대가
왜 그러는지를 알고 싶어 할 것이다. 반대로 상대는 나에게 호의를 표시
한다. 권력과 재력을 갖고 있고 나는 그것이 필요하다. 상대가 마음으로
만 나를 위한다면 나에게는 아무런 혜택이 없다. 나를 위하는 마음과 함
께 현실적으로 나의 손에 확실하게 잡히는 것을 받고 싶어 한다. 이렇게
눈앞의 일에서는 마음의 근원으로 들어가고 싶어 하고, 이상이나 원리의
단계에서는 구체적인 현실로 나오고 싶어 하는 양면적인 성향을 사람은
갖고 있는 것이다.

　화엄사상에서 사事와 이理는 이 문제를 다루고 있다. 현상과 본체, 사

물과 원리, 현실과 이상의 어느 한쪽만 본다면 전체를 보지 못하는 것이요, 전체를 보지 못하는 것은 결국 아무것도 제대로 보지 못하는 것이다. 사물과 원리를 다 같이 보게 하고, 아울러 사물 속에서 본체를 본체에서 사물을 볼 수 있는 경계로 유도하려고 한다.

사事는 현상적, 현실적, 구체적, 개별적인 일, 사건, 물건, 실태, 조건, 처지, 상황 등을 뜻한다. 반면에 이理는 본체적, 궁극적, 보편적, 근원적, 총체적, 추상적, 이상적인 원리, 원칙, 법칙, 진리, 도리, 판단 근거 등을 의미한다.

우리가 몸을 받고 태어나서, 성장하고, 교육받고, 직장을 가지고, 남녀가 접촉하고, 가족을 가지고, 늙고, 병들고, 죽는 현상, 사건, 물건, 물체들은 모두 사에 속한다. 우리가 눈으로 보는 산, 강, 들, 하늘의 세계, 귀로 듣는 소리의 세계, 코로 맡는 냄새의 세계, 혀로 맛보는 맛의 세계, 육체로 느끼는 감촉의 세계 등도 역시 현실의 사물에 속한다. 이 사의 세계에서는 모든 현상들이 개별적이고 독립적인 것 같다.

그러나 현상 뒤에는 이 개별적인 것들을 연결시켜서 총체적으로 꾸미는 원리가 있다. 지구, 달, 태양이 회전하는 원리, 불은 위로 오르고 물은 아래로 흐르는 원리, 삼라만물이 변하는 원리, 천만 년이 지나도 변하지 않는 진리, 무엇보다도 우주 전체를 조화롭게 정리해서 읽는 마음이 있다. 불교에서는 이 궁극의 원리를 공空, 무無, 성구性具, 성기性起, 진여眞如, 일심一心등으로 표현한다.

화엄에서는 전통적으로 사와 이를 구분하여 연결 짓기 위해서 두 가지 비유를 즐겨 쓰고 있다. 하나는 금사자의 비유이고 다른 하나는 파도와 바닷물의 비유이다. 왕궁에 금으로 만든 사자가 있다고 할 때 사자라

　　는 형태를 갖춘 것을 위주로 본다면 그 금덩이는 사가 되고, 얼마든지
다른 것으로 변형될 수 있다는 것을 위주로 본다면 그 사자는 이가 된다.

　　같은 금사자를 사자라는 사의 측면과 금이라는 이의 측면에서 볼 수
있다는 것이다. 파도와 바닷물도 마찬가지이다. 바닷물이 없이 파도가 있
을 수 없고, 파도를 다 퍼내고 나서 바닷물을 찾을 수는 없다. 파도가 바
닷물이고 바닷물이 파도이다. 파도를 위주로 보면 사가 나타나고, 바닷물
을 위주로 보면 이가 나타난다는 것이다.

　　타종교 계통 대학에서 근무하는 이가 찾아 온 적이 있다. 그의 문제는
이러하다. 고교 시절에 여자를 사귀기 위해서 일요학교에 나갔고, 학업을
마친 후에는 같은 계통의 학교에서 행정학을 가르치게 되었다. 학교에서
는 강한 신앙심과 그 표현을 요구하지만 마음속에서는 불교적인 사고가
꿈틀거리고 있다. 뒤늦게 직장을 버릴 수도 없고, 그렇다고 신념과 이반
되는 생활을 계속하기도 괴로우니 어쩌면 좋으냐는 것이다.

　　이 경우 직장이라는 사를 바꿔서 문제가 풀릴까? 현실의 파도 속에서
바닷물을 보도록 노력해야 한다. 불교식으로 타종교를 풀이할 수도 있을
것이다. 내가 선 사의 그 자리에서 이를 볼 수도 있어야 한다는 말이다.

050 이사무애理事無碍법계

앞에서 사事와 이理 즉 현상의 사물과 본체적 원리를 설명하면서 두 가지의 예문을 들었다. 하나는 현상을 보면 원리를 알고 싶어 하고, 원리만을 설명해 주면 그것이 현실적인 사물로 작용되는 것을 보고 싶어 한다는 것이었고, 다른 하나는 직장에서 현실과 이상이 맞지 않다는 것이었다. 독자들이 전화를 걸어왔다. 그 예문들은 사와 이를 충분히 설명하지 못한 것이 아니냐는 것이었다.

그렇다. 나는 사와 이를 현실의 우리 문제로 끌어내리기 위해서 우선 집히는 예문을 들었을 뿐이다. 보통 화엄학 강의에서는 무애와 원융의 원리를 강조하느라고 높은 경지의 이야기만 하는 경우가 많다. 파도와 바닷물이 둘이 아니듯이 현상과 본체가 둘이 아니라는 이야기는 쉽다. 모든 것이 다 좋고 걸림 없고 통한다는 것은 참으로 화려하다. 그러나 현실의 우리 마음속에서 일어나는 문제를 응용해서 사와 이를 다루어야지, 원리만 반복하는 것은 아무런 의미가 없다.

사와 이의 문제는 세상사 모든 분야에 다 적용된다. 그렇다고 해서 그 모든 분야를 우리가 다 응용해서 풀이할 필요는 없다. 왜인가? 우리의 근본 목적은 생사를 벗어나는 것이요, 욕망으로부터 해탈하는 것이다. 우리의 허기지고 고통스러운 현실의 마음을 벗어나서 현상과 본체를 논하는 것은 먼 나라의 이야기만 하는 것과 같다. 사와 이를 지금 우리의 처지로 바싹 끌어내려 보기 위해서, 예문이 완전하게 전체를 설명하지 못하더라도 이것저것 들어보는 것이다.

구도심 많은 한 청년이 인생사를 한꺼번에 조망하는 묘안을 생각해 냈다. 비디오를 빌려서 많은 영화를 보고, 사람들의 출발점과 도착점을 보면 인생을 알 수 있을 것이라고 생각했다. 목표를 쉽게 성취하는 이, 어렵게 성취하는 이, 처음에는 성취하고 뒤에 실패하는 이, 처음에는 실패하고 뒤에 성취하는 이, 끝까지 성취하는 이, 끝까지 실패하는 이 등등 그야말로 천태만상이었다. 그런데 말이다. 성취자와 실패자가 공통적으로 만나는 것이 있었다. 마지막에는 누구나 죽음 앞에 빈손을 들고 떠나는 것이었다.

이 청년은 인생을 제대로 터득했는가? 아니다. 그는 오직 헤아릴 수 없이 많은 측면 가운데서 오직 하나를 보았을 뿐이다. 삶의 현상 속에 전체에 통하는 원리가 숨어 있고, 원리는 현상으로 나타난다. 삶을 제대로 파악하기 위해서는 현상에서 원리를 보고, 원리에서 현상을 보아야 한다.

단맛을 알기 위해서 세상의 모든 설탕을 다 먹을 필요는 없다. 행복을 알기 위해서 세상의 모든 행복의 원리를 다 외울 필요는 없다. 현상의 한 끝에서 무수히 많은 원리를 보고, 무수히 많은 원리도 한 현상으로 파악하면 족하다. 화엄종 두순은 『법계관문法界觀門』의 '이사무애관理事無碍觀'에서 사와 이의 연결과 무애를 열 가지로 나누어 보여 준다. 꼭 열 가지일 필요는 없다. 늘이자면 억만 가지가 될 것이고, 줄이자면 사와 이가 무애 융통된다는 단 몇 마디면 족할 것이다.

　첫째는 모든 현상 속에 원리가 들어 있는 경우, 둘째는 모든 원리 속에 현상이 두루한 경우, 셋째는 원리에 의해서 현상이 벌어지는 경우, 넷째는 현상이 원리를 드러내는 경우, 다섯째는 원리에 의해서 현상이 지워지는 경우, 여섯째는 현상이 원리를 감추는 경우, 일곱째는 원리가 현상과 하나가 되는 경우, 여덟째는 현상이 원리와 동일하게 되는 경우, 아홉째는 원리와 현상이 완전히 다르게 보이는 경우, 열째는 원리가 현상과 완전히 다르게 보이는 경우 등이다.

　원리와 현상이 같거나 다르게 보일 수는 있지만, 둘은 어떤 방식으로든지 연결되어 있다는 것이다. 원리와 현상의 무애관계를 강조하는 것은 시시처처의 어떤 현상에도 본체적인 원리가 스며 있고, 한 원리를 터득하면 구태여 모든 현상을 다 밟지 않아도 된다는 것이다.

　수백 개의 비디오를 빌려서 지금까지 제작된 영화를 다 보지 않더라도, 자신이 직접 체험한 짧은 삶 속에서 인생의 원리를 깨달을 수도 있고, 직접 결혼해서 원리를 실험해 보지 않고도 결혼이 어떤 삶의 코스를 가게 될 것인지 훤히 알 수도 있다는 것이다. 행복의 원리는 어디에 있나. 내 마음에 있다. 그 마음은 어디 있나. 주변의 모든 사물에 두루하다.

051 사사무애事事無碍 법계

화엄사상의 사법계四法界 즉 네 가지 법계 가운데서 우리는 앞장에서까지 사事법계 이理법계, 이사무애理事無碍법계의 대강을 추려 보았다. 이번에는 그 마지막으로 사사무애事事無碍법계를 살필 순서이다. 사람은 누구나 제 마음대로 쓸 수 있는 긴 시간과 넓은 공간을 원한다. 마음 내키는 대로 가고 오고 앉고 눕고 싶어한다.

육체적인 자유만이 아니라 정신적인 것도 원한다. 그러나 현실은 어떤가. 사회의 관습, 도덕, 법, 직장, 재물, 권력, 명예, 색심 등이 있다. 무엇보다도 나와 똑같이 자유를 구하는 무수한 타인들이 있다. 내가 그들을 경쟁 상대나 출세에 방해가 되는 것으로 생각한다면 상대도 나를 그리 생각할 것이다.

여기서 내가 무애의 자유를 얻으려면 어떻게 해야 하나. 세상의 모든 것들이 상호간에 걸림이 되기 위해서 있는 것이 아니라 서로 보완하기 위해 있다는 것을 터득해야 한다. 사사무애는 사물간의 보완, 내통, 무애 관계를 밝히려고 한다. 이사무애와 사사무애의 차이를 전쟁 중에 아군을 확인하는 예로 구분해 보자.

내가 한 무리의 군인들을 발견하고, 본부에 무선을 쳐서 그들이 아군임을 확인했다면 그것은 이사무애에 속한다. 현실의 사물에서 본부라는 마음자리로 올라가 세상사가 마음의 무한연기로 연결되어 있음을 확인하고 나서야 상대를 내 편으로 대하게 되었기 때문이다. 본부와의 연락이 없이 상대를 아군으로 알아보게 되었다면 이는 사사무애에 속한다. 본부라는 원리를 들추지 않고 사물의 현장에서 바로 상대가 내 편임을 알게 되었기 때문이다.

화엄종의 십현문十玄門은 이 사사무애를 설명하려고 한다. 넓음과 좁음, 하나와 여럿, 숨음과 나타남, 작음과 큼, 짧은 시간과 긴 시간, 주인과 종 등의 관계에 아무런 걸림이 없다는 것이다. 먼저 주인과 종 사이의 무애 관계를 생각해 보자. 내가 만두 가게를 열었는데 최고의 만두 기술자 주방장을 채용했다 치자. 만두 맛이 좋아서 고객들이 구름처럼 몰려든다. 이 경우 나는 사장이고 주방장은 나의 직원이다. 적어도 명의상으로는 그렇다. 그러나 안을 자세히 보면 다르다. 사장인 나는 항상 주방장의 눈치를 살펴야 한다. 주방장이 만두를 무성의하게 만든다거나 일을 그만 두게 되면 나의 만두 가게는 바로 문을 닫아야 한다. 내용적으로는 주방장이 주인이고 나는 그의 종인 것이다.

이 주종 관계는 모든 사람을 괴롭힌다. 드라마에서는 종종 "때려 치워야지 더러워서 못해 먹겠다."는 표현이 나온다. 누구나 한번쯤은 이런 생각을 해 본 적이 있을 것이다. 왜 그런가. 주된 이유는 주종 관계를 잘못 보는데 있다. 주종 관계를 고정적인 것으로 착각하기 때문이다. 그러나 실은 세상사 어느 곳에든 고정적인 주나 종은 없다. 어느 면에서는 상대가 주인이고 다른 면에서는 내가 주인이다.

이 "어느 면"이라고 하는 것이 바로 법계法界가 아닌가. 세상에는 남의 것과 비교될 수 없는 무수한 법계가 있다. 모든 사람은 각기 자기의 법계를 가지고 있다. 자기 법계에서는 자기가 주이고 남의 법계에서는 그가 주이다. 모든 면에서 주인 행세를 하려는 사람은 반드시 누군가에 의해서 무너지고 만다. 그렇지 않으면 소수의 윗사람에게는 혀로 땅을 핥을 듯이 아첨하고, 다수의 아랫사람에게는 독재자로 군림하는 비겁자가 될 것이다. 그렇게 하더라도 그는 어차피 한 면에서는 종이고 다른 면에서 주이다. 넓은 것과 좁은 것, 작은 것과 큰 것, 짧은 시간과 긴 시간의 관계는 앞에서 살펴본 바 있는 상즉相卽과 상입相入으로 풀어야 한다. 좁고 작고 짧은 것 속에 한없이 넓고 크고 긴 것의 견본이 들어 있다. 지구를 알기 위해서 세계의 도시를 다 방문해야 할 필요가 없듯이, 영원을 살기 위해서 시간의 끝까지 걸어가야 할 필요는 없다. 지금 여기에 시간 끝의 견본이 있으니까 말이다.

화엄 십현문華嚴 十玄文

1. 동시구족상응문同時具足相應門
2. 광협자재무애문廣狹自在無碍門
3. 일다상용부동문一多相容不同門
4. 제법상즉자재문諸法相卽自在門
5. 은밀현료구성문隱密顯了俱成門
6. 미세상용안립문微細相容安立門
7. 인다라망경계문因陀羅網境界門
8. 십세격법이성문十世隔法異成門
9. 탁사현법생해문託事顯法生解門
10. 주반원덕구성문主伴圓明具德門

052 무애의 갖가지 풀이

앞에서 우리는 사사무애事事無碍를 십현문十玄門에 의지해서 짚어 보았다. 십
현문 전체를 하나하나 풀이하기보다는 상대적인 것들이 상호 의지, 내통,
호환, 무애 관계에 있다는 점에 초점을 맞추었다. 이를 본 몇몇 독자들이
사사무애의 해석 방식이 너무 편향적인 듯하다고 지적해 왔다.

　예를 들면 주와 종, 넓음과 좁음, 큼과 작음, 나타남과 숨음 등의 상대
적인 개념들의 양편 역할이 고정되어 있는 것이 아니라 끊임없이 호환되
고 내통되는 무애 관계에 있음을 보는 것이 사사무애의 전체 의미를 모두
밝히지는 못하지 않느냐는 것이다. 상대적인 것뿐만 아니라, 세상에 있는
모든 사물들의 관계 속에 무애가 있어야 하지 않느냐는 반문이었다. 그
렇다. 삼라만상 사사건건에서 무애가 있을 수 있다.

　또 같은 일을 두고도 여러 측면에서 무애를 말할 수 있다. 무애의 분
야와 그것을 해석하는 방법이 얼마든지 많을 수 있다는 것이다. 이 질문
을 듣고 보니 탄허 스님의 사사무애 해석이 생각난다. 서울 안암동 개운
사 법당에서 법상에 오른 스님은 우리에게 잘 알려진 해몽 이야기로 예를
들었다.

　한 해몽가가 꿈의 상징을 현실의 일로 풀어서 설명하는 것으로 유명

했다. 어느 꿈이든지 대기만 하면 어떤 일이 벌어질 것이라고 예측했고, 언제나 그것은 적중했다. 그 해몽가의 일이 왕의 귀에까지 들어갔다. 나라에서는 그 해몽가가 혹세무민하는 것이 아닌가 하고 의심했다. 호기심 많은 왕은 그 해몽가를 불러서 직접 만났다.

그러고는 꾸지도 않은 꿈 이야기를 거짓으로 꾸며서 말 해 주고는, 그것을 풀이해 보라고 윽박질렀다. 여기에 덧붙여서 만약 제대로 풀이하면 상을 줄 것이거니와 그렇지 못하면 크게 벌할 것이라고 위협했다. 해몽가는 왕을 해치기 위해서 괴한이 왕궁에 침입해 들어오는 것을 예시하는 꿈이라고 대답했다. 왕은 속으로 잘 걸려들었다고 생각했다. 자기가 임의로 지어낸 이야기를 꿈으로 알고 그것을 풀이했으니 그 해몽은 엉터리일 수밖에 없다고 생각했다. 헌데 그 궁을 지키는 경비대장이 헐레벌떡 들어와서 왕에게 괴한이 왕궁에 침입한 사건이 있었다고 보고했다. 해몽가의 풀이대로 일이 벌어진 것이다. 왕은 해몽가에게 지어낸 꿈 이야기로 어떻게 일어날 일을 예측했느냐고 물었다. 그러자 해몽가는 꿈이나 현실의 생각이 모두 마음이 지어낸 것이라는 점에서 같다고 대답했다.

이 이야기를 끝낸 탄허 스님은 눈앞의 흙벽도 마음이 지어낸 것이니, 제대로 그 마음을 관하면 담 밖의 일도 앉아서 훤히 볼 수 있다고 말했다. 마음이 물질적인 장애물에 아무 구애를 받지 않고 세상을 있는 그대로 보는 것도 사사무애의 한 면이라는 설명이었다.

선禪하는 스님들의 식識이 맑아진 상태에서 산 너머에서 벌어지는 일을 알아보는 예는 많다. 정진 중일 때, 절에 불공을 드리러 오는 신도가 수십 리 밖에서 오고 있음을 아는 스님들이 있다. 이런 현상도 탄허 스님은 사사무애의 원리가 활용된 예로 치는 것이다.

사사무애를 한 물건과 다른 물건이 서로 부딪쳤을 때 양쪽 모두 다치지 않고 상대를 통과하는 것으로 풀이할 수도 있다. 텔레비전 화면에서 갖가지의 그래픽들이 만나고 겹치고 벌어질 때 아무런 장애나 상처를 입지 않듯이, 현실의 사물들도 그렇게 될 수 있다고 생각하는 것이다. 그러나 여기서 주의해야 할 점이 있다.

컴퓨터의 모니터에는 모든 것들이 변화되어 가는 미결정의 상태에 있다. 물론 컴퓨터의 디스크나 메모리는 앞뒤를 가려 기억하고 저축하겠지만, 우리의 눈에는 어떤 고정이 보류된 상태로 보이는 것이다. 적어도 프린터에 인쇄되기 전까지는 말이다. 현실의 일이 컴퓨터 모니터 속의 것처럼 걸림이 없으려면, 우리가 그 현실을 미결정 상태에 있는 것으로 볼 수 있어야 한다.

물과 얼음을 고정된 것으로 보지 않고 미결정 상태의 것으로 본다면, 물과 얼음이 아무리 부딪치고 이리저리 변화되더라도 그 둘 사이에는 아무런 걸림이 없을 것이다. 삶과 죽음을 미결정 상태의 것으로 본다면, 어느 쪽이 드러나 보이더라도 그 둘 사이에 아무런 걸림이 없을 것이다.

사사무애는 공空과 유심唯心을 기본으로 하고 있다. 어떻게 풀이해도 좋지만 저 기본을 벗어나면 그르친다.

053 육상원융六相圓融 Ⅰ

사사무애事事無碍를 설명하기 위해서 화엄학에서는 크게 두 방향으로 이끌어 나간다. 하나는 십현문十玄門 또는 십현연기十玄緣起이고 다른 하나는 육상원융六相圓融이다. 십현문은 넓은 것과 좁은 것, 여럿과 하나, 숨는 것과 나타나는 것 등과 같이 각 분야별로 무애를 설명하고, 육상원융은 전체와 개별, 같음과 다름, 이루어짐과 부서짐 등의 원융성을 들어서 총체적으로 무애를 설명한다.

십현문이 무애의 구체적인 예를 드는 것이라고 한다면, 육상원융은 그 예가 가능하게 되는 전반적 원리를 제시하는 것이라고 할 수 있다. 육상六相 즉 사물의 여섯 가지 존재 형태는 총상總想과 별상別相, 동상同相과 이상異相, 성상成相과 괴상壞相이다. 모든 사물에는 전체성과 개별성, 동일성과 차이성, 성취성과 파괴성이 한꺼번에 잘 어우러져 있다는 것이다.

먼저 총체성과 개별성을 보자. 기와집이 있다고 할 때 총체적으로 보면 주춧돌, 기둥, 벽, 지붕, 기와 등이 모두 집이다. 개별적으로 나누어 보면 그 집을 구성하는 것이 각기 다르다. 왜 무애를 말하는데 총체성과 개별성을 들먹이는가? 억지로 지어낸 것이 아니다. 우리의 본능을 있는 그대로 나타냈을 뿐이다.

　우리는 전체가 되고 싶으면서도 동시에 개별이 되고 싶어 하는 모순적인 본능을 가지고 있다. 중고등학생들에게서 가장 무서운 것은 동료들로부터 따돌림을 당하는 것이라고 한다. 학부모들의 가슴을 가장 아프게 하는 것이 무엇인가? 자식이 놀림과 따돌림을 받는 것이다. 사람들이 왜 죽자 살자 출세를 향해 매달리는가? 다른 이로부터 존경과 흠모를 받고 싶어서이다. 최소한 인정받고 싶어서이다. 자신이 전체에 합류하고 있다는 것을 확인하기 위해서이다. 그런데 전체가 되고 싶어 하는 인간은 동시에 독특한 자기가 되고 싶어 한다. 자기 나름대로 살고, 자기의 이름을 높이 올리고 싶어 한다. 아무리 좋은 노랫말들이 있다고 하더라도 그것을 뒷받침하는 곡이 모두 같다면 사람들은 지루해 할 것이다.

　텔레비전에 출연해서 인기를 누리는 가수나 연기자들은 모두 남달리 튀는 독창성을 보여 준다. 우리는 독특한 곡, 그림, 착상을 원한다. 나만의 내가 되고 싶어 한다. 화엄사상은 우리에게 특별한 무엇이 되기 위해서 숨넘어갈 정도로 헐떡거릴 필요가 없다고 한다. 우리가 원하든 말든, 우리의 뜻대로 되든 말든, 우리는 본래부터 온 우주법계의 전체이고 동시에 개별이라고 한다.

　아무리 잘나거나 못난 사람이 있어도 그는 시대라는 전체가 만든 작품이다. 내가 있고 없음에 관계없이 세상이 잘 굴러간다고 하더라도, 세상은 나 속에 있다. 내 마음이 없으면 아무것도 없다. 나는 우주 전체이고 동시에 나만의 나이다.

　다음은 같음과 다름의 동시성과 동체성同體性을 보자. 콘크리트 건물이 있을 때, 그 원자재가 콘크리트로 되어 있다는 점에 초점을 맞추어 보면, 그 건물은 모두 콘크리트이다. 그러나 각 부분이 어떤 형태로 되어 있느냐에 초점을 맞추어 보면, 그 건물에는 기둥, 보, 창문, 벽, 지붕 등이 있다. 콘크리트라는 점에서는 동일하지만, 건물을 이루는 각 부분의 형태와 기능면에서는 각기 다르다.

세상에 있는 모든 사물을, 독자적인 실체가 없다는 공空과 마음이 지어낸 것이라는 유심唯心으로 분해해 보면 동일하지 않은 것은 하나도 없다. 사물에 실체가 없으니 독자적으로 존재할 수가 없다. 별개의 것으로 존재할 수가 없으니 모든 것은 동일하다. 그러나 눈앞에 존재하는 사물의 현실을 인정하는 데서부터 본다면, 현상의 사물은 각기 다르다.

동일한 것은 아무것도 없다. 같은 공장에서 같은 재료를 써서 동일한 방법으로 만들어 낸 제품이라고 하더라도, 그것을 어느 곳에 놓을 때, 그것이 놓이는 시간이나 공간이 다를 수밖에 없다. 같은 것을 동시에 같은 공간에 놓을 수는 없기 때문이다.

모든 사물에 동일성과 차이성이 있다는 것이 왜 중요한가. 내가 아무리 못나고 뒤쳐지더라도 나는 세상에서 가장 잘났다고 하는 이들과 동일하다. 우주법계와 하나이다. 참다운 나는 저 동일성을 해치지 않으면서 나만의 차이성을 가질 수 있다.

054   육상원융六相圓融 II

앞에서 우리는 육상원융의 앞부분을 살펴보았다. 총상總相과 별상別相 즉 전체성과 개별성, 동상同相과 이상異相 즉 동일성과 차이성이 모든 사물의 존재 형태에서 동시적으로 잘 어우러져 있다는 것이다. 이번에는 성상成相과 괴상壞相 즉 성취성과 파괴성이라는 상반된 개념이 사물 하나하나에서 걸림 없이 내재되어 있음을 살필 차례이다.

화엄사상은 참으로 멋있는 아이디어를 제공한다. 삼라만물은 어느 것을 막론하고 순간순간 한편으로는 어떤 목표를 향해 성취되고 있는 중이고, 다른 한편으로는 그 목표의 반대 방향으로 파괴되고 있는 중이라는 것이다. 천진난만한 어린이가 있다고 치자. 이 어린이는 지금 성취되고 있는 중인가 아니면 파괴되고 있는 중인가? 그 어린이는 분명 성취를 향해 나아가고 있다. 육체적이나 정신적으로 커 가고 있다. 신체 면에서는 키도 자라고 힘도 세어지고 있다. 정신면에서는 살아가는데 필요한 지식을 습득하고 있다. 그 어린이는 자라서 결혼도 하고 자식도 가질 것이다. 그리고 출세할 것이다.

그러나 다른 면에서 보자. 지금 저 어린이에게는 아무런 탐욕, 질투, 야망, 꾀, 음모의 마음이 없다. 천진도인天眞道人과 같은 백지의 상태이다.

'백지' 보다는 '맑은 하늘' 이라는 표현이 좀 더 좋은 비유가 될 것 같다. 백지는 그곳에 무엇인가 쓰인다고 기대되지만 하늘은 맑은 그대로 좋기 때문이다. 여하튼 세월이 가면서 어린이의 마음에는 어두운 먹구름이 모여들기 시작한다. 남의 것을 내 것으로 만들고, 남의 것보다 더 큰 것을 갖고, 남을 이기고 부려먹고 싶어하게 된다. 시집 장가를 들고나면 자식이 생기고, 그들과 한통속이 되어서 부모형제와 점점 멀어질 것이다. 성장하고 출세할수록 경쟁 상대는 점점 더 많아지고, 백지나 하늘과 같은 맑은 마음은 산산이 부서질 것이다. 어린이의 성장은 바로 천진한 마음이 부서지는 것과 비례한다고 할 수 있다. 한편으로는 성취되고 다른 한편으로는 파괴되는 것이다.

　　부부 인연이 있는 사람들의 만남과 헤어짐, 사랑과 미움에 대해서 생각해 보자. 처음에는 사랑한다고 하면서 만난다. 만날 때의 정열과 그 표현 방법은 영화, 드라마, 소설 등이 잘 그리고 있으므로 여기서 구체적인 예를 열거할 필요는 없을 것 같다. 그러나 어느 날부터인가 그 정열은 싸늘하게 식고 상대에 대해서 시들해진다. 미움이라는 말이 없더라도 권태나 미움의 감정이 생긴다. 용기 있는 이는 그 미움을 갖가지 방법으로 표현하면서 헤어진다. 어떤 이는 헤어지면서 사랑하기 때문에 떠난다고 하거나, 성격 차이를 들먹이지만 적어도 계속 같이 있어야 할 만큼 사랑하지는 않는다. 헤어진 부부에게 있어서 어떤 단계 어떤 시점을 이루어짐이나 부서짐으로 잡을 것인가? 결혼하기 직전 후 또는 결혼 후 3개월이나 3년쯤까지를 성취의 단계로 보고, 헤어질 때를 파괴의 단계로 볼 수 있다. 그런데 말이다, 사랑과 미움의 마음은 같은 사람에게서 나왔다. 처음에는 사랑만 있고 뒤에는 미움만 있는 것이 아니다. 본래부터 두 사람에게는 사랑과 미움이 같이 있었다.

　사랑을 성취로 잡고 미움을 파괴로 잡는다면, 두 사람의 관계 속에는 처음부터 끝까지 한편으로는 이루어졌고 다른 한편으로는 부서졌던 것이다. 이혼한 부부의 이야기는 극단적인 예일 뿐이다. 모든 사람에게는 사랑과 미움이 같이 있으니 찰나찰나 성취와 파괴의 양방향을 가고 있는 것이다. 천 년 전에 많은 성취자들이 있었다. 그러나 우리는 성취만 기억할 뿐이다.

　그들은 다른 이들에게 밀렸고 마침내 죽었다. 성취와 파괴가 같이 있었지만 사람들이 성취만을 기록한 것이다. 천 년 후의 미래에도 천 년 전과 마찬가지로 많은 이들이 무엇인가를 이루고 부술 것이다. 앞뒤로 천만 년을 잡든 아니면 하루나 한 시간을 잡든, 우리는 지금 서 있는 이 자리에서 성취와 파괴를 행하거나 당하고 있다. 성공하거나 실패하거나, 언제든지 우리는 두 가지를 다 겪고 있다.

(055) 화엄의 성기^{性起}와 천태의 성구^{性具}에서
말하는 즉^卽

앞에서 십현문^{十玄門}과 육상원융^{六相圓融}으로 사사무애법계^{事事無礙法界}를 둘러보았다. 이 사사무애 또는 무애를 다른 말로 줄인다면 상즉상입^{相卽相入}이 될 것이고, 한 글자로 더 줄인다면 즉^卽이 될 것이다. 무애는 무한한 상호 동일성과 포용성을 뜻하고, 이것은 다시 '같다' 는 말로 압축될 수 있다는 것이다. 즉^卽을 '같다' 로 썼지만 이것은 상대적인 두 개념이 분리될 수 없다거나, 자신이 아닌 전체 또는 전체의 견본이 자신 속에 포함되어 있다는 불이^{不二} 즉 '둘이 아닌 하나' 를 뜻한다.

우리가 교리를 공부하고 수행하는 것은 무엇을 얻기 위해서인가? 저 즉^卽에 도달하기 위해서이다. 중생인 나, 지옥의 고통과 축생의 어리석음 속에 있는 나, 두레박이 오르내리듯이 생사에 윤회하는 나, 번뇌의 불길에 휩싸인 나가 깨달음, 해탈, 지혜, 열반을 이룬 부처와 둘이 아닌 하나라는 것을 확인하기 위해서이다. 흥미로운 것은 화엄의 성기^{性起}와 천태의 성구^{性具}가 각기의 사상 체계 가운데서 다 같이 저 즉의 원리를 제시하는데, 그 논리적 발상은 정반대라는 것이다.

성기설과 성구설은 다 같이 미혹과 깨달음, 중생과 부처, 윤회와 열반, 번뇌와 지혜의 짝 개념들이 각기 분리될 수 없는 하나라고 한다. 중생

의 본래면목이 부처이고 부처의 고향이 중생이라고 한다. 부처 속에 중생이 있고 중생 속에 부처가 있다고 한다. 그런데 즉을 이끌어 내는 방법은 크게 다르다. 성기에 있어서 성性은 여래 즉 부처의 성품을 뜻한다. 여래성이나 진여성이 일어나고 출현한다는 것은, 부처의 본성 또는 진여의 마음이 현상 세계로 나타난다는 것을 의미한다. 온 세계가 바로 여래의 본성이고 진여의 마음이므로 부처와 중생, 열반과 윤회, 지혜와 번뇌가 처음부터 끝까지 내통되어 있다는 것이다. 천지의 간격보다도 더 달라 보이는 두 개념이 둘이 아닌 하나로 연결되어 있다는 것이다.

성구에 있어서 성性은 부처의 성품이 아니다. 눈으로 보고 손으로 잡을 수 있는 현실 세계의 모든 사물이 본래부터 가지고 있는 성품을 뜻한다. 성구 즉 사물의 성품이 갖추어 있다고 하는 것은 세상의 모든 사물은 그 자신의 성품 속에 자기 이외의 모든 것을 포함하고 있다는 것을 의미한다. 특히 수행의 단계와 관련해서 지옥은 본래부터 부처를 포함하고 있고, 부처는 본래부터 지옥을 갖추고 있다는 것이다. 지옥, 아귀, 축생, 아수라, 인간, 부처 등이 서로 상대를 자신 속에 갖추고 있으므로 지옥과 부처는 둘이 아니다. 단지 지옥은 부처가 감추어지고 지옥만 드러났을 뿐이고, 부처는 지옥이 감추어지고 부처만 드러났을 뿐이다. 같은 의미에서 미혹과 깨달음 등의 상대 개념들은 각기 둘이 아니라는 것이다. 즉을 도출해 내는데 있어서 성기는 여래 또는 진여의 마음이라는 하나를 중시하고, 성구는 현상 세계에서 볼 수 있는 모든 마음 즉 지옥, 아귀, 축생, 아수라 등의 여럿을 중시한다.

성기는 미혹 세계의 모든 현상을 여래의 마음이라는 하나로 끌어들이고 다시 현상 세계의 여럿으로 풀어놓음으로써 즉을 찾고, 성구는 눈에 보이는 낱낱의 세계가 있는 그대로 부처와 지옥 등 모든 성품을 포함한 것으로 인정함으로써 즉을 찾는다. 지옥 아귀 축생 등의 10계를 두고 말한다면, 성기는 불계佛界를 기반으로 삼고, 성구는 나머지 구계九界의 당처를 기반으로 삼는다. 진여, 무명, 수행, 깨달음을 두고 성기와 성구가 어떻게 받아들이는가를 보면 둘의 차이가 극명하게 드러난다. 먼저 성기의 입장에서 보면 진여와 무명은 비롯함이 없는 처음부터 있다고 하더라도, 무명은 언젠가 없어지고 말게 되는 것이다.

그러나 성구의 입장에서 보면 앞의 네 가지는 본래부터 있었고 앞으로도 없어지지 않고 남아 있게 되는 것이다. 성기는 마음이 무명 미혹과 결합해서 만들어 내는 현상세계를 언젠가 지워져야 할 것으로 보는데 비해서, 성구는 현상세계의 모든 사물 하나하나가 그 자체 속에 부처를 포함하고 있다고 생각한다. 성기는 부처라는 위로부터, 성구는 현실이라는 아래로부터 출발하면서도 같은 즉을 이끌어 낸다.

056 심·불·중생은 하나

앞에서 우리는 화엄의 성기^{性起}와 천태의 성구^{性具}사상이 어떻게 완전 다른 시각에서 즉^卽, 무차별^{無差別}, 또는 불이^{不二}의 아이디어를 이끌어 내는지 비교해 보았다. 여기서는 『화엄경』의 유명한 유심게^{唯心偈}를 읽으면서 저 부처와 중생이라는 양극 개념의 무차별과 그 중간에 있는 마음을 살펴보려고 한다.

60권본 『화엄경』의 「야마천궁보살설게품」에는 이런 내용이 나온다. 마음은 그림을 아주 잘 그리는 화가와 같아서 세상에 있는 모든 것을 만들어 낸다. 화가는 눈에 보이는 그림만 그리지만 마음은 정신적인 것까지도 만들어 낸다. 마음은 혼자서 그림을 그리듯이 세상의 모든 것을 만들어 내지 않는다. 마음은 부처와 중생에 속해 있다. 마음과 부처와 중생은 아무런 차별이 없다. 이것을 아는 이가 바로 부처이다.

유심게 가운데서 '마음과 부처와 중생이 차별이 없다.'는 '심불급중생 시삼무차별^{心佛及衆生是三無差別}'의 구절은 스님네들의 법문 가운데서 너무도 흔히 인용되기 때문에 절집에 인연이 있는 이들은 적어도 한두 번 이상은 들은 적이 있을 것이다. 부처와 중생이라는 양극 사이에 마음이 끼어 있다.

마음이 세상의 일체 사물을 만들어 낸다는 것을 여실히 보고 알면 그는 부처요, 보지 못하고 모르면 중생이다. 세상이 아무리 넓고 복잡해도, 그것들은 모두 내 마음이 지어낸 것이다. 내가 넓고 복잡하게 본다, 세상을 본다는 것은 마음 밖의 것을 보는 것이 아니다. 마음을 보는 것이다. 세상 사람들의 마음과 내 마음을 보면 세상이 어떻게 돌아갈 것인가를 훤히 알게 된다.

마음이 지어내는 삼라만물을 있는 그대로 보면, 이는 바로 마음의 움직임을 있는 그대로 보는 것이다. 마음을 보는 이는 부처요, 그렇지 못한 이는 중생이다. 한마음이 부처가 되기도 하고 중생이 되기도 한다. 마음이 부처와 중생의 중간에 있다고 할 때, 그리고 마음과 부처와 중생이 셋이 아닌 하나라고 할 때, 우리는 본래의 마음이 어떤 것인가 하는 물음을 또 다시 만나게 된다.

먼저 이렇게 물을 수 있다. 마음의 본성은 선한가, 악한가, 선과 악이 겸해 있는가, 아니면 선도 악도 없는 백지 상태인가? 불교는 기본적으로 마음의 본성이 맑고 깨끗하다는 심성본정설心性本淨說의 입장에 선다. 그러나 본성이 깨끗하다고 하는 것이 사람의 마음 안에 악, 거짓, 추함은 없고 오직 선, 참다움, 아름다움만 있다는 뜻은 아니다. 사람의 마음속에는 중생이 경험하고 있는 모든 종류의 지옥, 아귀, 축생, 아수라, 천상, 부처 등이 있다.

중생에게는 선, 악, 선악, 백지의 상태가 다 있을 수 있다. 단지 어떤 이는 선만을, 다른 이는 악만을, 또 다른 이는 선악을 동시에 행할 뿐이다. 만약 우리의 마음에 모든 종류의 지옥과 부처가 있지 않다면 부처와 중생은 하나가 될 수 없다. 근본적으로 차별이 있을 수밖에 없다.

마음의 본성이 깨끗하다는 것은, 또는 마음의 본성이 그대로 진여요 여래법신이라고 하는 것은, 사람이 선악미추를 동시에 갖고 있을 뿐만 아니라 또한 자신의 마음을 있는 그대로 볼 수 있는 능력을 갖추고 있다는 것을 뜻한다. 자신의 마음을 살펴서 악은 가라앉히고 선만 활동하게 할 수 있는 능력이 있다는 것을 의미한다.

사람이 미혹 쪽으로 기울어져서 세간의 선악업에 매달리거나 악업만을 행한다면 그는 중생이요, 깨달음의 지혜 쪽으로 기울어서 선악업을 초월하고 중생을 위하고 살리는 보살원력을 실천하면 그는 부처이다. 밖에 있다고 생각되는 모든 사물이 실제로는 내 마음의 화가가 그려낸 것일 뿐이라고 깨치면 그는 부처요, 그렇지 못하면 중생이다.

밝음은 지혜요 어둠은 무명이다. 중생이 마음이 만들어 내는 세상을 있는 그대로 보지 못하는 것은 무명 때문이다. 무명을 지우고 지혜를 얻으면 마음과 세상을 볼 수 있다. 그렇다면 그 깨달음의 지혜는 밖에 있는가 안에 있는가? 『화엄경』은 이 마음 안에 있다고 한다. 마음이 등불일 수도 있고 암흑일 수도 있다고 한다. 등불과 암흑도 외부로부터 오는 것이 아니다. 내 마음에서 나오는 것이다. 부처와 중생은 둘이 아니지만 아무렇게나 하나가 되지는 않는다. 등불을 들었을 때만 하나이다. 미혹 속에서는 둘로 오인되기가 쉽다.

057   상즉相卽**과 보현행원**

우리는 지금까지 화엄사상을 상대적인 것들이 차별이 없이 서로를 포함하고 있다는 상즉상입相卽相入으로 압축해 왔다. 이의 예문을 『화엄경』의 '마음과 부처와 중생의 셋이 차별이 없다.'에서 찾아보기로 했다. 그런데 여기서 우리는 이런 질문을 만난다.

"주객主客, 일다一多, 광협廣狹, 대소大小 등이 각기 둘이 아니고 총별總別, 동이同異, 성괴成壞가 동시적으로 이루어진다는 것이 뭐 그리 대단한 일인가. 그것이 나에게 무슨 소용이 있는가. 그것을 알면 이 어려운 경제난을 헤쳐 나가게 해 줄 튼튼한 직장과 많은 돈이 생기는가?"

사람은 조금이라도 자신에게 이익되는 것이 아니라면 좋아하지 않는다. 나만 그런 것이 아니라 세상 사람 누구나 그렇다. 화엄의 상즉상입 사사무애事事無碍사상이라는 것이 무엇인가. 세상 사람 누구에게나 이익이 되는 원리를 제시하는 것이 아니던가. 주와 종, 전체와 개별, 성장하는 이와 노쇠하는 이가 다 같이 여래성이 출현한 상태와 같이 좋다고 하는 것이 아니던가.

그런데 입으로 원리만 말하는 것이 아니라, 행동으로 그것을 실천할 때 나와 남, 세상 사람 모두가 다 같이 좋도록 위하려는 대원大願의 행동이

나온다. 바로 『화엄경』의 보현행원이다.

　　40권본 『화엄경』의 마지막에는 「보현행원품普賢行願品」이 있다. 53명의 선지식을 찾아서 보살도를 배우는 선재동자는 마지막으로 보현보살을 만난다. 보살도를 완성하는 길로 보현보살은 선재동자에게 열 가지의 행원을 설한다. 부처님께 예경, 찬탄, 공양, 청법 등을 행하고, 부처님이 세상에 오래 머물기를 바라면서 부처님을 닮도록 닦아 나가야 한다. 자신의 업장을 참회하고, 남이 잘 되는 일을 같이 기뻐하며, 끝까지 중생의 뜻에 거스르지 않고 수순하고, 자신이 지은 공덕을 남김없이 모든 중생을 위해서 회향해야 한다.

　　부처님을 잘 모시고 따르는 일과 중생을 위해서 자신의 전부를 바치는 보현행원은 끝날 기약이 없다. 중생이 남아 있을 때까지 영원히 계속된다. 온 허공계, 중생계, 중생의 업, 중생의 번뇌가 다할 때까지 계속되어야 한다고 원을 세우기 때문이다. 마치 『지장경』에서 지장보살이 중생이 남아 있는 한 성불하지 않겠다고 다짐하는 것과 같다.

　　화엄의 성기사상에 있어서, 세상 모든 것은 여래성이 출현해서 나타내 보인 것이다. 산하대지가 그대로 부처님의 몸이다. 법신이라고 여겨지는 『화엄경』의 부처님은 직접 몸을 드러낼 필요가 없다. 직접 말할 필요도 없다. 그래서 항상 다른 입을 빌려서 법을 설한다. 이 법신 부처님에게는 과거와 미래의 모든 부처님이 포함되어 있다.

　　이미 불도를 이룬 부처와 아직 불도를 이루는 과정에 있는 부처가 모두 그 안에 들어 있는 것이다. 보현행원에서 부처님을 예경하고 찬탄하고 공양한다고 할 때, 그 부처님은 이미 이룬 부처님만을 의미하지 않는다. 앞으로 이루어질 부처님도 포함된다.

보현행원에는 중생의 뜻에 거스르지 않는다는 것이 포함되어 있는데, 보통의 결심으로는 이것이 불가능하다. 보험금을 타내기 위해서 아들의 손가락을 자르고, 아들에게 독극물이 든 요구르트를 먹인 아버지들을 어떻게 용서할 수 있겠는가. 세상에 상상하기조차 힘든 가증스러운 일을 행하는 사람들은 헤아릴 수 없이 많다. 어떻게 저들의 뜻을 남김없이 거스르지 않을 수 있겠는가.

모든 중생을 아직 미숙한 상태이지만 신분이 확실한 부처로 볼 수 있을 때에만 악인들에게도 수순할 수 있다. 그래서 부처님을 받든다는 것과 중생에게 수순한다는 것은 마침내 같은 말이 되어 버린다. 중생을 위하는 것이 바로 미래 부처를 모시는 것이다.

화엄사상의 극치는 중생의 업과 번뇌가 남아 있는 한 언제까지나 모든 부처님을 받들고 모든 중생의 뜻을 따르겠다는 보현행원에 있다. 생각해 보라. 내가 아무리 큰소리를 치고 변덕을 부리더라도, 속으로는 내 자신이 어리석다는 것을 어렴풋이나마 느낀다. 그런 나를 옆에서 부처로 받들고 내 뜻에 거스르지 않는다면 나는 얼마나 행복하겠는가. 여기서 마음과 부처와 중생이 다름없다는 즉卽사상이 찬란한 빛을 발하게 된다.

보현보살普賢菩薩의 열 가지 큰 서원

1. 예경제불원禮敬諸佛願 부처님께 예경하겠습니다.
2. 칭찬여래원稱讚如來願 모든 부처님을 찬양하겠습니다.
3. 광수공양원廣修供養願 널리 공양하겠습니다.
4. 참회업장원懺悔業障願 모든 업장을 참회하겠습니다.
5. 수희공덕원隨喜功德願 남이 짓는 공덕을 기뻐하겠습니다.
6. 청정법륜원請轉法輪願 설법하여 주시기를 청하겠습니다.
7. 청불주세원請佛住世願 모든 부처님께 이 세상에 오래 계시기를 청하겠습니다.
8. 상수불학원常修佛學願 항상 부처님을 따라 배우겠습니다.
9. 항순중생원恒順衆生願 항상 중생의 뜻에 따르겠습니다.
10. 보개회향원普皆廻向願 지은 바 모든 공덕을 널리 중생에게 회향하겠습니다.

058 보살도의 단계

화엄의 상즉相卽사상은 중생의 번뇌가 다 지워질 때까지 부처님을 받들고 모든 공덕을 중생에게 수순하고 회향하는데 바친다는 보현행원普賢行願으로 이어진다. 이 보현보살의 행원은 보살도의 견본이다. 부처의 길과 보살의 길이 중생을 위한다는 점에서는 같지만, 그래도 보살도를 닦는 궁극의 목표는 부처를 이루는데 있다. 그렇다면 부처를 이루기까지 보살도의 단계에는 어떤 것들이 있을까?

각 경전마다 보살도 단계의 숫자가 다르다. 『화엄경』에는 41, 『인왕경』에는 51, 『능엄경』에는 57, 그리고 『영락본업경』에는 52로 되어 있다. 이 가운데서 『영락본업경』의 52단계가 명칭이나 순서에 있어서 가장 잘 정돈되었다고 여겨져서 보살 수행단계의 기본으로 널리 인용되고 있다.

52단계는 열 가지 믿음의 단계인 십신十信, 열 가지 흔들림이 없는 앎의 단계인 십주十住, 열 가지 실천 수행의 단계인 십행十行, 열 가지 자기 수행의 공덕을 널리 회향하는 단계인 십회향十廻向, 열 가지 높은 경지의 단계인 십지十地, 부처를 이루기 직전 단계인 등각等覺, 그리고 최후 단계인 묘각妙覺이다. 즉 십신, 십주, 십행, 십회향, 십지의 50단계와 마지막 등각과 묘각을 합쳐서 52단계가 된다.

십신 즉 열 가지 믿음의 단계에서는 우선 믿음을 바탕으로 계율, 선정, 지혜를 닦는다. 어떤 것에 대해서 알고 행하려고 할 때, 믿음이 없으면 한 발자국도 앞으로 나아갈 수 없다. 믿음이 있어야 방향을 잡을 수 있고, 방향이 잡혀야 목표점으로 나아갈 수 있다. 이 십신의 단계에는 계정혜 삼학뿐만 아니라 끊임없이 노력하는 마음, 위기를 당해서 결단을 내리는 마음, 어떤 어려움을 당해서도 물러서지 않는 마음, 불법을 보호하는 마음, 그리고 보살도의 길을 끝까지 가겠다고 서원을 세우는 마음 등이 포함되어 있다.

십주 즉 열 가지 안착의 단계에서는 발심, 마음 다스리는 것, 평화의 세계에 드는 것, 자기와 남을 같이 위하는 방편을 구족하는 것, 본래의 참다움을 지키는 것, 부처님 집안의 가족이 되는 것 등이 포함되어 있다. 이 십주는 십해十解와 같다. 십신에서는 믿음으로 방향을 잡았지만 여기에서는 어느 정도 머리가 돌아가서 목표를 이해함으로써 보살도의 방향을 잡게 된다.

십행 즉 열 가지 실천 단계에서는 중생교화의 이타행을 실천한다. 중생을 기쁘게 하고, 유익하게 하고, 속상하지 않게 하고, 어리석음으로 방황하지 않게 한다. 또한 중생을 존중하고, 진실로 대하며, 그러면서도 중생을 위한다는 아무런 집착이나 상을 내지 않으면서 끊임없고 지침 없이 보살행을 짓는다.

십회향 즉 열 가지 회향하는 단계에서는 자기를 위해서 지혜를 닦고 중생을 위해서 자비를 닦은 모든 공덕을 중생에게 돌린다. 자기가 지은 공덕이 있다면 아무리 크거나 사소한 것이라도 한 가지도 남기지 않고 모조리 중생에게 회향한다.

십지 즉 열 가지 높은 경지의 단계에서는 환희 극치, 모든 더러움을 떠나는 것, 인격이 빛을 발하는 것, 지혜가 불꽃처럼 밝아지는 것, 누구도 덤비거나 넘볼 수 없는 것, 심오한 것, 어떤 것에도 흔들림이 없는 것, 중생을 위해서 진리의 비를 내릴 준비가 되어 있는 것 등이 성취된다.

52단계의 마지막 두 자리인 등각과 묘각은 보살도 구경의 자리라는 점에서 큰 차이가 없다. 단지 궁극의 경지라도 아직 미진한 단계와 완전한 단계 사이에 어떤 차이가 있을 것이라는 생각에서 둘을 구별하고 있을 뿐이다.

이 보살도의 단계는 신해행증信解行證 즉 믿음, 이해, 실천, 증득으로 이루어지는 수행 단계로도 분류할 수 있다. 십신은 믿음에, 십주는 이해에, 십행, 십회향, 십지는 실천 수행에, 그리고 등각과 묘각은 증득에 해당된다고 할 수 있다.

증득의 기준점을 어디로 잡느냐에 따라서 십지가 증득에 포함될 수도, 등각마저도 수행에 포함될 수 있다. 논리적으로는 보살도가 신해행증의 순차적 단계로 되어 있다. 그러나 성기性起 입장에서 보면 이것이 꼭 시간적인 차이를 의미하지는 않는다. 동시에 이뤄질 수 있다는 말이다.

보살 52계위

• 십신十信
신심信心
염심念心
정진심精進心
혜심慧心
정심定心
불퇴심不退心
호법심護法心
회향심回向心
계심戒心
원심願心

• 십주十住
발심주發心住
치지주治地住
수행주修行住
생귀주生貴住
구족방편주具足方便住
정심주正心住
불퇴주不退住
동진주童眞住
법왕자주法王子住
관정주灌頂住

• 십행十行
환희행歡喜行
요익행饒益行
무진한행無瞋恨行
무진행無盡行
이치난행離癡亂行
선현행善現行
무착행無着行
존중행尊重行
선법행善法行
진실행眞實行

• 십회향十廻向
구호일체중생회향救護一切衆生廻向
불괴회향不壞廻向
등일체불회향等一切佛廻向
지일체처회향至一切處廻向
무진공덕장회향無盡功德藏廻向
수순평등선근회향隨順平等善根廻向
수순등관일체중생회향隨順等觀一切衆生廻向
여상회향如相廻向
무박해탈회향無縛解脫廻向
법계무량회향法界無量廻向

• 십지十地
환희지歡喜等
이구지離垢地
발광지發光地
염혜지焰慧地
난승지難勝地
현전지現前地
원행지遠行地
부동지不動地
선혜지善慧地
법운지法雲地

등각等覺
묘각妙覺

059 우주에 충만한 불신

『화엄경』은 세존이 마갈타국에서 정각을 이루었다는 말로부터 시작된다. 이로 보아 경을 설하는 주체가 세존으로 짐작될 수 있다. 그러나 『화엄경』에서 세존은 직접 설명하는 일이 없다. 언제나 다른 이에 의지해서 가르침이 전해진다. 세존은 모든 것, 몸은 온 세계에 꽉 차 있는 것으로 된다.

그래서 사람들은 『화엄경』의 설주說主를 역사적 부처님인 세존을 넘어서, 우주에 충만한 비로자나 법신불로 이해한다. 『화엄경』의 대부분은 부처님에 관한 설명으로 채워져 있다. 세상 사사물물이 부처님 아닌 것이 없으므로, 말이 있으면 그것은 바로 부처님에 관한 이야기가 된다. 『화엄경』은 이런 비유를 들어 부처님이 시시처처에 있다고 풀이한다. 화재가 발생했을 때, 그것은 무엇이든 다 태운다. 산이고 들이고 가릴 것 없다. 그러나 태울 것이 더 이상 없으면 불은 숨는다. 그렇다고 해서 불이 없어지는 것은 아니다. 다시 일어나면 또 태울 수 있다. 마찬가지로 부처님은 중생이 있는 곳이면 어느 곳이나 있고, 방편을 베풀어 몸을 나타내기도 하고 숨기기도 한다는 것이다. 그런데 그 부처님의 몸은 세상에 있는 모든 것이 되어서, 무엇이 있다고 하면 바로 부처님이 있는 것이 된다.

물론 『화엄경』에는 보살도나 선재동자의 구도 이야기가 많은 부분을 차지한다. 하지만 중생이 눈을 달라고 하면 눈을 주고, 내장을 달라고 하면 내장을 내어 주고, 중생이 나의 코와 귀를 베어 내더라도 성내지 않으면서 중생을 제도하려는 보살도라는 것이 무엇인가. 바로 부처님의 길을 행하는 것이 아닌가. 선재동자의 구도행도 부처님을 닮으려고 하는 것이 아닌가. 모두 부처님에 관한 설명인 것이다.

삼라만물이 부처님의 몸이라고 하는 말은 바로 성기性起를 말한다. 여래 또는 여래성이 세상의 모든 것으로 출현했다는 것이다. 『화엄경』의 부처님과 다른 불경의 부처님을 비교해 보면 그 특색이 더욱 드러난다. 『법화경』의 부처님은 어떤가? 앞부분의 적문迹門에서는 역사적 부처님인 석가모니 부처님이 설법하고, 뒷부분의 본문에서는 같은 부처님이 자신은 초역사적 부처님이라고 신분을 밝힌다.

금생에 처음 정각을 이룬 것이 아니라, 무량겁 전에 이미 불도를 이루었지만 중생을 제도하기 위해서 다시 태어나고 성도하는 모습을 보였을 뿐이라는 것이다. 『법화경』에서는 석존이 무량겁 전에 성불한 본불本佛이라거나, 모든 중생과 산천초목이 모두 부처님의 권속이라고 하지만, 『화엄경』처럼 한 부처님이 저 모든 것들에게 편만해 있다고 하지는 않는다.

『법화경』을 이해하는데 있어서도 사사물물이 자신이 본래 부처인 줄을 알지 못하는 상태에 있기는 하지만 확실한 본래 부처라거나, 모든 것에 부처의 성품이 포함되어 있다고 풀이할 수 있다. 그러나 이 경우에도 『화엄경』처럼 하나와 여럿에 자재하는 한 부처님이 모든 것에 두루해 있다고 하는 것과는 다르다.

설사 『법화경』과 『화엄경』이 똑같이 만법을 부처로 본다고 하더라도,

『법화경』의 부처님은 시간적으로 무량겁 전에 성불한 것을 강조하고,『화엄경』의 부처님은 공간적으로 모든 것에 편만해 있음을 강조한다.『반야경』계통으로 가면 부처님이 깃들이는 강조점이 달라진다. 부처님의 지혜인 반야바라밀이 바로 여래의 법신이라고 한다.

　　우리가 자주 접하는『금강경』에도 이『반야경』계통에서 부처님을 생각하는 방식이 그대로 드러난다.『금강경』은 우리가 형상에 의지해서 부처님을 만날 수 없다고 한다.『금강경』이 있는 곳이 바로 부처님이나 사리탑이 있는 곳과 같다고 한다. 부처님의 가르침, 즉 진리가 바로 부처님이라는 것이다.

　　부처님의 가르침을 부처님으로 받드는 것은『아함경』에 두드러지게 나타난다. 석존은 입멸 직전 '자등명 법등명自燈明 法燈明' 즉 '참다운 자신과 진리를 의지하라.'는 가르침을 남겼다. 석존은 자신의 몸을 자신의 가르침에 담은 것이다. 자신이 가르친 진리가 바로 우주 법계의 존재 질서요, 그것이 바로 부처님의 법신이라는 것이다.

　　그러면『화엄경』,『법화경』,『반야경』,『아함경』의 부처님이 다른가? 아니다. 같다. 단지 역사적인 몸, 의인화된 진리의 몸, 본래성불, 우주 편만성 등 부처님의 다양함 가운데서 어떤 점을 강조했느냐가 다를 뿐이다.

060 우주적 의식과 연기

이제 화엄사상 더듬기를 마치고 다른 분야로 넘어 가려고 하니, 그냥 지나치기에는 너무도 아까운 것이 남는다. 바로 화엄 성기의 핵심을 설파한 의상대사의 법성게法性偈이다. 그 가운데서도 "아주 심오하고 미묘한 진성眞性은 자성自性을 지키지 않으면서 인연 따라 모든 것으로 나툰다."는 표현이 화엄의 전 우주적 지혜 법신法身이랄까, 진여 법성法性의 출현과 움직임을 한마디로 정리하고 있다.

먼저 자성을 지키지 않고 인연을 따라 이루는 예를 생각해 보자. 구름이 비와 눈이 되고, 연이어서 물, 얼음, 안개, 수증기 등이 된다. 편의상 구름으로부터 시작했지만, 최초에 구름이 있는 것은 아니다. 무한 순환의 상태에 있는 습기랄까, 물 기운의 다양한 변화체에 사람이 제멋대로 단계를 정해서 이름을 붙였고, 그 한 이름을 들었을 뿐이다. 수증기 없이 구름이 있을 수 없고 구름 없이 비가 있을 수 없다.

습기가 고정적인 자성체가 없이 인연을 따라 갖가지 형상과 이름을 취하는데, 저 습기의 진면목은 무엇인가? 이름을 붙이기로 하면 습기와 관계된 모든 이름을 남김없이 끌어 모아야 할 것이고, 지우기로 하면 어떤 것도 댈 수 없다. 어떤 이름을 들면 그것은 이미 습기 전체 모습이 아니다. 우리의 인생 행로의 변화와 다를 바 없다.

　물에는 수소와 산소라는 두 종류의 원소만 있고, 인생사에는 많은 종류의 원소체가 개입되어서 그 천변만화를 이룬다. 그러나 원소 종류의 차이가 그 무한 순환의 기본틀을 바꾸는 것은 아니다. 태어나고, 자라고, 청운의 꿈을 가지고, 성취하고, 그리고 미끄러져 내린다. 태어난 사람치고 죽지 않은 사람 없고, 성공한 사람 치고 다시 그것을 버리지 않은 사람 없다. 물이 인연을 따라 변화하는 것은 즉시 보고 짐작할 수 있지만, 인생사가 인연을 따라 변화하는 것을 다 보려면 몇십 년 몇백 년이 걸린다. 그러나 시간의 차이가 끝없는 변화를 지워버리는 것은 아니다.

　인생사의 어느 한 단계를 집어서 태어남이다 죽음이다, 성공이다, 실패다, 라고 말하면 그것은 전부를 말한 것이 아니다. 인생사의 진면목에 이름을 붙이기로 하면 사전에 나오는 말들을 전부 들어야 하고, 이름을 지우기로 하면 일체의 언어를 끊어야 한다. 그래서 의상 대사는 법계의 진성이 인연을 따라 무한히 변화하면서도 그 모든 변화의 단계를 통틀어서 몸으로 삼는다고 한다. 진성의 자성은 무자성의 성性인 것이다. 여기서 우리는 다시 이런 질문을 만난다. 나만 사물에 이름을 붙이는 것이 아니라 다른 이도 또한 그렇다. 한국 사람에게만 하늘이나 땅이라는 명칭과 개념이 있는 것이 아니라 언어가 다른 무수한 외국인들에게도 같은 명칭과 개념이 있다.

　세상 사람들 모두가 공통적으로 구름, 비, 행복, 불행, 성공, 실패 등의 이름을 지어낸다면, 모든 사람의 의식은 우주적 큰 의식에 소속된 일부분이 아닐까 하는 것이다. 지금까지 우리는 나의 의식을 내 것으로 생각해왔다. 내가 작정한 대로 생각할 수 있을 것이라고 여겨왔다. 그러나 실제로는 그렇지 않다. 고통을 쾌락으로 생각하거나 슬픔을 기쁨으로 생각하지는 않는다.

생명이 있는 것은 무엇이든지 간에 살려고 한다. 죽기를 싫어한다. 자기중심이다. 사람이 세상을 지어 내서 보는 것은 분명하지만, 여기에도 공통점이 있다. 만약 나의 의식이 다른 이의 것과 연결되어 있지 않다면, 어떻게 세상 사람들이 지역적 또는 시대적 공동체 문화를 가질 수 있을 것인가. 어떻게 나와 남이 서로의 마음을 알 것인가. 모든 생명체의 의식을 한줄기로 연결하는 그 무엇이 있어야 한다.

화엄사상은 우주적 큰 의식이 있다고 가르친다. 그것은 여래성, 법성, 진여성, 진성 등이라고 불린다. 여기에 사람의 방식대로 몸을 붙여서 호칭하면 법신이 된다. 손오공이 백천만 년을 뛰어도 부처님 손바닥 안에 있듯이, 우리가 아무리 아는 체를 해도 저 안에 있는 것과 같다. 세상 인연에 의해서 아무리 많은 형상과 이름을 갖춘 것들이 만들어져도, 그것들은 저 우주적 의식 내에서의 움직임에 불과하다는 것이다.

5장

밀교
密敎

061 밀교의 출현

인도에서 힌두교에 대한 반발과 구제력에 대한 회의로 불교가 생겨났다. 기본적으로 유아有我사상에 바탕을 둔 힌두교의 교리와 수행 방법으로는 궁극의 경지에 이를 수 없고, 연기법과 무아無我사상에 의지해서 닦아야 욕망의 감옥으로부터 해탈할 수 있다는 것이었다.

처음에 석존의 가르침은 단순했다. 현실의 고통과 그것의 뿌리인 욕망을 보고 팔정도를 닦아서 열반의 세계로 향해 나가면 된다는 것이었다. 그러나 석존이 열반에 든 후, 불교의 교리는 복잡해지게 되었다. 승려들은 교리 연구에만 몰두하고 대중의 구제는 소홀히 하게 되었다. 여기서 다시 불교가 출발했던 근본 정신, 즉 중생과 가까이 하고 그들을 구제하고자 했던 석존의 초심을 회복하자는 운동이 일어났다.

이것이 바로 대승불교운동이다. 과거의 불교는 자기 혼자만 열반의 세계로 실어 나르는 작은 수레라는 뜻으로 소승이라고 몰아 부치고, 새 불교는 자신보다 다수의 대중을 깨달음의 세계로 실어 나르는 수레라는 뜻으로 대승이라고 이름했다.

처음에 대승불교의 가르침은 간단명료했다. 그러나 세월이 지나면서 대승의 교리도 복잡해지게 되었다. 공, 유심, 불성 등과 관련된 사상이 발전하면서 소승불교의 교리 이상으로 난해해지게 되었다. 여기서 새로운 반전 운동이 나온다. 이해하기 어려운 교리를 알기 쉬운 상징으로 압축해서 다수의 대중에게 접근시키는 운동이다.

이것이 밀교이다. 힌두교의 반전으로 불교가, 아비달마 소승불교에 대한 반전으로 대승불교가, 복잡한 대승교리에 대한 반전으로 밀교가 생겨났으니 반전이 연속된 셈이다. 불교 교리의 발전 역사를 되돌아보면, 처음에 힌두교로부터 멀어졌던 불교가 대승불교에 들어서면서 힌두교와 근접하게 되고, 밀교에 이르러서는 더욱 가까워지게 되었다.

물론 아무리 불교가 힌두교와 가까워진다고 하더라도, 연기법과 공空 사상을 버리고 힌두교의 유有사상까지 받아들인 것은 아니다. 공사상을 그대로 지키면서 힌두교의 종교성만 빌려서 활용했을 뿐이다. 그러나 외형만 보면 밀교는 힌두교와 아주 유사하기 때문에 '외도화한 불교'라는 비판을 받기도 한다.

불교를 옹호하는 이들은 밀교의 힌두교 채용을 다른 측면에서 설명한다. 밀교는 인도의 문화, 종교, 관습을 적극적으로 받아들여서 대승불교의 교리를 보다 현실 긍정적이고 종교적이고 실천적인 것으로 만들었다는 것이다. 지금부터 우리는 밀교의 갖가지 상징들에 어떤 교리가 담겨 있느냐를 살펴보고자 한다.

왜 밀교를 알아야 되는가? 현재 이 땅에서 우리가 접하고 있는 불교는 이미 밀교적인 요소를 아주 많이 갖고 있기 때문이다. 절집은 밀교에서 나온 다라니, 진언, 불상의 결인結印, 만다라 등으로 채워져 있다는 말이다. 조성된 지 오랜 탑과 불상을 보수할 때마다 그 안의 내용물이 세상에 공개되곤 한다. 이 경우 대개 빠지지 않는 품목이 있다. 바로 다라니

밀교 의식구인 금강령
(좌)과 금강저(우)
ⓒ 국립중앙박물관

이다. 오랜 옛날에 이미 이 땅에 밀교
가 홍행했다는 것을 알 수 있다.

불상이나 탱화를 조성하면 그 복
장으로 다라니를 끼워 넣는 전통은
현재에도 계속 이어지고 있다. 『법화
경』을 비롯해서 많은 경전에 다라니들이 있다. 조석예불에 접하는 반야
심경에도 '아제 아제'로 시작되는 주문이 있다. 반야심경은 '대신주, 대
명주, 무상주, 무등주'라는 표현으로 진언 또는 다라니를 중요시하기도
한다.

한국불교의 기본 예식문인 천수경을 보라. 진언과 다라니로 이루어져
있다. 여타의 복잡한 예식문도 마찬가지이다. 불상이나 보살상이 어떤 분
이냐를 알려면 그 손 모양이나 그 손에 들고 있는 것을 보아야 한다. 모든
불상과 보살상은 밀교의 영향을 받아서 손으로 결인結印한 모습을 취하고
있는 것이다. 또 천도재를 모실 때 관욕을 하는데, 그 경우에도 법주는 여
러 가지의 수인手印을 짓는다.

물론 한국불교는 통불교이다. 천태, 화엄, 중관, 불성사상을 비롯해서
밀교, 정토, 선, 율의 사상이 함께 어우러져 있다. 앞으로 수회에 걸쳐서
밀교에 스며 있는 교리를 공부할 것이다.

062 육대기의 법신法身 연기

밀교는 성구性具와 성기性起를 생각나게 하는 착상을 활용해서 눈앞의 현실에서 궁극을 찾으려고 한다. 지옥에는 부처가 그리고 부처에는 지옥이 포함되어 있다는 성구사상을 끝까지 밀고 나가면, 눈앞의 모든 사물이 부처가 된다. 현상을 여래의 출현으로 보는 성기사상도 이 세계를 법신화法身化한다. 그러나 이 두 사상에는 아직 원리와 현상을 전제하고, 원리로부터 현상을 끌어내거나, 현상을 원리로 끌어 들여 풀이하는 성향이 남아 있다. 중생으로서의 우리에게는 이사불이理事不二가 이상일 뿐이다.

밀교는 처음부터 어떤 원리를 상정하지 않는다. 지옥에 부처가 포함되어 있고, 부처에 지옥이 포함되어 있기 때문에, 현실 세계가 부처라는 것이 아니라, 다짜고짜 현실을 법신불의 몸체로 본다. 현실의 사물은 있는 그대로 궁극점이다. 어떤 종류의 이理도 떠올리지 않고, 사事 그대로 법신인 것이다.

밀교에는 많은 부처들이 있다. 또 부처들에게는 신적神的인 요소가 있는 것처럼 보인다. 그러나 한 몸의 법신法身이 여러 부처로 나타나고, 한 부처에 귀속된 것들이 많은 신으로 나타날 뿐이다. 신이라고 해서 별것이 아니다. 눈앞에 있는 것이 모두 신이고 부처이고 또한 법신이다.

오륜탑
지수화풍공地水火風空을
상징하고 있는 오륜탑은
밀교 사찰에서 흔히 보
인다.

空
風
火
水
地

　　밀교에서 법신의 몸체는 땅, 물, 불, 바람, 허공, 인식, 즉 지수화풍공식地水火風空識의 육대六大로 이루어져 있다. 저것들이 법계에 꽉 차 있고, 우주와 인생을 구성하는 근본 요소가 된다는 뜻에서 큰 대자를 붙인다.

　　육대설은 밀교의 독창이 아니다. 이미 인도에서는 지수화풍의 4원소설, 5원소설, 6원소설 등이 있었다. 그 하나를 밀교에서 채용해서 썼을 뿐이다. 불교 일반에서도 육대설을 쓰기는 하지만 그것은 어디까지나 현상적인 것으로 생각된다. 생멸변화하는 현상이지 본체는 아니다. 그런데 밀교에서는 이것을 궁극의 본체 또는 실재로 받아들인다. 세상사 모든 것은 그대로 법신의 몸체이고, 그것은 육대로 이루어져 있다는 것이다.

　　현상에서 궁극을 보려고 하는 밀교는 육대를 상징화한다. 땅은 견고하고 응집력 있으며, 형태는 사각이고 색으로 표현하면 노랑이다. 물은 습하고 섭수하는 성질이 있는데, 원형이고 흰색이다. 불은 연기와 익히는 성질이 있고, 형태로 나타내면 삼각이고 색은 빨강이다. 바람은 이동하고 키우는 성질이 있으며, 모양은 반달이고 검정색으로 표시한다. 허공은 무애와 자재의 성질이 있고, 텅 빈 모양으로 푸른색으로 나타낸다. 인식은 무엇을 알고 결단을 내리는 성질이 있고, 무한의 많은 모양과 색으로 표시한다. 또 여섯 가지를 각기 다른 음성으로 상징화하기도 한다.

　육대에서 앞의 다섯은 물질적인 것이고 마지막 하나는 정신적인 것이다. 그런데 육대 연기에는 천태의 호구互具사상이 쓰여 있다. 여섯 가지의 하나하나는 각기 다른 다섯 가지를 자기 자신 속에 포함하고 있다는 것이다. 땅은 물로부터 시작해서 인식까지 포함하고, 인식은 앞의 물질적인 것 다섯 가지를 포함하고 있다. 그러고 보니 물질적인 것에는 그대로 정신적인 것이 포함되어 있고, 정신적인 것에는 그대로 물질적인 것이 포함되어 있다. 물질과 정신은 분리해서 생각할 수 없는 한 덩어리라는 것이다.

　또 육대 사이에만 상호 포함이 있는 것이 아니라, 육대로 이루어진 세상의 사사물물이 또한 다른 것을 포함하고 있다고 한다. 이렇게 기본 단위까지 포함하고 개체끼리 포함하는 식을 더 밀고 나가면, 가장 작은 단위에서 더 큰 단위로 상호 포함은 무한히 계속될 것이다.

　밀교가 단도직입적으로 사사물물에서 법신을 보려고 하지만, 태생적으로 중관·유식사상에서 발전해 나갔기 때문에 모태가 된 교리의 흔적을 완전히 지우지는 못하고 있다.

　육대의 각각은 나름대로의 성질, 모양, 색깔, 음성, 의미 등을 갖고 있고 단위가 높아지면서 무한히 상호 포함하게 되므로, 한 물건, 한 색깔, 한 소리에서 세상의 모든 것을 보고 듣고 느낄 수 있다. 한 상징에서 만법을 보고 우주 전체의 법신을 느끼는 것이다.

부처님과 대일여래

『대일경大日經』이나 『금강정경金剛頂經』을 주축으로 하는 밀교계 불경에서 경을 설하는 부처님은 석가세존으로 되어 있지 않다. 마하—비로자나—다타가타Maha-vairocana-tathagata이다. "큰 광명의 여래"를 뜻한다. 이것을 선무외善無畏와 일행一行은 대일경 즉 대비로자나성불신변가지경大毘盧遮那成佛神變加持經에서 "대일여래大日如來"로 번역했다. 『대일경』에서 설주設主는 "박가범薄伽梵(Bhagavan)", "세존여래", "대일여래", "대일세존", "비로자나세존", "박가범비로자나", "불佛", "대일정각세존大日正覺世尊", "비로자나불", "대일경왕大日經王" 등으로 나타난다. 선무외 이전에도 금강지金剛智는 마하—비로자나—다타가타를 "최고현광명안장여래最高顯光明眼將如來"로 번역했었지만, 후세에 이 번역어는 대중화되지 못하고 "대일여래"라는 번역어가 주로 쓰였다.

선무외는 마하—비로자나를 "대일大日" 즉 "위대한 태양"이라고 번역한 이유로 세 가지를 들고 있다. 첫째, 태양은 온 세계를 두루 밝혀서 어둠을 몰아낸다. 마찬가지로 법신 부처님의 지혜는 모든 사람들의 마음을 밝히고 미혹을 몰아낸다. 둘째, 태양은 세상의 모든 것을 한꺼번에 살리는 일을 한다. 태양에 의해서 모든 식물이 자라고, 그것을 먹는 동물과 사람이 살 수 있다. 태양의 도움을 받지 않고 이루어질 수 있는 일은 아무것도 없다. 마찬가지로 부처님의 지혜와 자비가 중생의 진정한 생명을 한꺼번에 살리는 일을 한다. 셋째, 태양의 빛은 영원해서 생멸이 없다. 중생이 자신들의 사정에 의해서 보지 못할 때가 있을 뿐 태양의 광명은 항상 그대로 비치고 있다. 마찬가지로 부처님의 교화 방편도 중생이 알아보지 못하거나 받아들이지 못하는 수가 있을 뿐 항상 중생 곁에 있다.

　사바세계의 교주는 석가세존이다. 그리고 석가는 역사적인 실존 인물이다. 밀교를 설한 부처님은 대일여래 법신불이다. 역사적인 실존 인물이 아니다. 그런데 밀교 경전에 석가세존이 등장하지 않는다고 해서 그것을 불경이 아니라고 할 수는 없다. 대승불교에서 밀교가 나왔다는 것은 불교 역사가 증명한다. 그렇다면 역사적 인물인 석존과 초역사적인 법신불인 대일여래를 어떻게 한 맥으로 연결시켜서 정리할 수 있을까? 석존과 대일여래의 관계에 대해서는 예로부터 많은 고민이 있었다. 간단히 말하면 둘은 같다거나 다르다고 할 수 있겠는데, 여기에는 각기 난점이 따른다.

　먼저 석존과 대일여래가 같은 내용의 다른 이름이라는 주장, 즉 둘은 같다고 하는 생각을 보자. 교리상 둘이 하나라는 데는 큰 문제가 없다. 석가는 화신불이고 대일여래는 법신불이라고 할 때, 대일여래가 법신의 자리에서 중생 세계의 형상과 이름을 걸치고 화신으로 나타난다고 보면 된다. 그러나 여기에는 "그렇다면 왜 법신불이 직접 나서서 경을 설해야 하는가?"라는 물음이 나온다. 법신이 입을 열고 교화로 나섰다면 그 법신은 더 이상 법신이 아니다. 이미 화신이다. 석존과 대일여래가 한몸이라는 주장 뒤에는 석존의 육신을 중요시하는 생각이 숨어 있다. 석존의 입을 통해서 나온 불경만을 중시한다면, 석존이 입멸한 뒤에 나온 대승불경

철조비로자나불(고려시대)
ⓒ 국립중앙박물관

에 대한 믿음도 흔들릴 수가 있다.

골수 밀교에서는 석존과 대일여래를 둘로 나누어서 본다. 석존은 현교顯敎의 교주이고 대일여래는 밀교의 교주로서 둘은 엄연히 다르다고 한다. 만약 석존과 대일여래를 하나로 본다면 그것은 밀교의 교주를 현교의 것으로 끌어내리는 격이라고 한다. 석존과 대일여래를 구분하는 주장 뒤에는 법신 중심으로 석존의 생신을 풀이하려는 생각이 깔려 있다. 그러나 여기에는 역사성의 문제가 있다. 법신의 가르침이 화신의 입을 빌려서 설해진 것이 아니고, 육신의 입으로 직접 설해졌다고 한다면 곤란하게 된다.

대일여래의 일신다불一身多佛

유식을 공부할 때 우리는 대원경지大圓鏡智, 평등성지平等性智, 묘관찰지妙觀察智, 성소작지成所作智로 이루어지는 사지四智를 살핀 바 있다. 밀교에서는 여기에 법계체성지法界體性智를 더해서 오지五智를 세우고, 각각의 깨달음에 불신佛身을 배당한다.

　옛사람이 저 다섯 지혜를 물에 빗대어서 알기 쉽게 정리한 것이 있다. 세상 어느 것 하나 물과 직간접적으로 관련되지 않은 것이 없듯이, 제9식을 맑게 한 깨달음의 지혜는 온 법계에 꽉 차 있다. 법계 자체의 성품이 그대로 깨달음의 지혜이다. 이를 법계체성지라고 한다. 이 지혜가 그대로 대일여래이다.

　물이 고요할 때, 큰 거울이 되어서 온 세상을 있는 그대로 낱낱이 반사한다. 이처럼 제8식을 뒤집은 깨달음의 지혜는 모든 존재의 실상을 있는 그대로 드러낸다. 이를 대원경지라고 한다. 이 지혜가 아촉여래阿閦如來이다.

　물에 삼라만법이 비칠 때, 어떤 의미에서든지 신분의 고하나 귀천이 없다. 평등하다. 마찬가지로 제7식을 뒤집은 깨달음의 지혜도 아무런 차별이 없이 세상사를 낱낱이 드러내 보인다. 이를 평등성지라고 한다. 바로 보생여래寶生如來의 지혜이다.

물에 세상의 모든 것이 반사될 때, 그 형태, 색상, 동작 등을 한 가지도 빠뜨리지 않는다. 마찬가지로 제6식을 뒤집은 깨달음의 지혜는 가장 높은 천상에서부터 가장 낮은 지옥까지 모든 것을 여실하게 관찰한다. 이를 묘관찰지라고 한다. 이 지혜가 그대로 아미타여래阿彌陀如來이다.

물은 모든 생명에게 반드시 필요하다. 물이 없이 살 수 있는 생명은 없다. 산하대지까지도 물이 있어야 생명력을 가진다. 물은 모든 것을 살린다. 이처럼 전5식을 뒤집은 깨달음의 지혜는 세상을 살리고 키우는 원동력이다. 이를 성소작지라고 한다. 이 지혜가 그대로 불공성취여래不空成就如來 즉 석가여래이다. 앞의 다섯 부처 모두는 전식득지轉識得智한 깨달음을 인격적으로 표현한 것이다.

오지가 각기 떨어져 있는 것은 아니다. 법계체성지에는 다른 네 가지 지혜가 포함되어 있고 대원경지, 평등성지, 묘관찰지, 성소작지에도 마찬가지로 각기 다른 네 가지의 지혜를 포함하고 있다.

그렇다면 각 지혜를 인격화한 여래에도 다른 여래가 포함되어 있는 셈이다. 그러나 편의상 밀교는 대일여래를 총체적 근본으로 보고 다른 여래들을 개별적 지말로 본다. 한몸의 대일여래가 여러 가지 이름을 가진 부처로 나툰다는 것이다.

우리는 밀교에 들어오기 이전에 이미 법신法身, 보신報身, 화신化身으로 이루어진 3신을 공부한 바 있다. 이를 밀교의 것과 대비시킨다면 현교顯教의 3신이라고 할 것이다. 밀교에서는 법신 개념을 강화해서 명칭과 숫자를 바꾸기도 하지만 기본 골격은 우리가 알고 있는 3신의 구조를 크게 벗어나지 않는다.

삼신불도(통도사 대광명전,
조선시대)
ⓒ 통도사 성보박물관

중앙 비로자나불, 비로자
나불의 왼편에 노사나불,
오른편에 석가모니불이
배치되어 있다.

먼저 3신으로 구분할 때, 진리 그 자체인 자성법신自性法身, 그 진리
를 수용하는 수용법신受容法身, 중생세계에 받아들여지는 변화법신變化法身
이다. 자성법신은 법신에 해당되고, 수용법신은 보신에 해당되지만 그 개
념이 약간 다르다. 현교에서의 보신은 아미타불처럼 과거의 수행에 의
한 보답으로 얻어지지만, 밀교의 수용법신은 절대세계의 자성법신 진리
를 상대세계에서 자리적 또는 이타적으로 수용할 뿐이다. 법신 개념을 강
화하기 때문에 노력에 의한 보답보다는 본래 있는 것의 수용을 강조한다.
변화법신은 그 이름에서 보듯이 화신에 해당된다. 이 변화법신에 교화를
받을 대상마저도 법신과 다름없다는 의미의 등류법신等流法身을 더하면 4
신이 되고, 또 다른 법신을 세분하면 부처님 몸의 숫자는 많아진다.

대일여래 존재 양식의 어느 면을 강조하느냐에 따라서 한 몸은 그 숫
자를 얼마든지 붙일 수도 줄일 수도 있는 것이다.

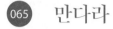

만다라

온 세계를 법신의 동작으로 보는 밀교에 있어서, 세상은 그 법신의 모든 것을 표현하는 만다라로 되어 있다. 사찰의 탱화나 벽화로부터 시작해서 불경의 변상도, 탑, 사찰의 건물 배치, 궁극적으로는 모든 교리와 산하대지 삼라만상이 모두 만다라이다.

'만다라Maṇḍala'는 범어의 음을 그대로 적은 것이다. "본질 또는 핵심이 담겨 있거나 표현되어 있는 것"의 뜻이다. 대일 법신의 본질, 핵심, 가르침이 담겨 있고 표현되어 있는 것이 만다라가 된다. 한문으로는 "윤원구족輪圓具足, 취집聚集, 단壇, 도량道場" 등으로 번역된다.

글자는 다르지만 본래 뜻을 생각하면서 모든 한문 번역어들을 한꺼번에 충족시키도록 풀어 보면 "대일여래를 중심으로 불보살이 모여 있는 곳" 또는 "중생이 보기 어려운 대일여래의 집회를 중생이 느낄 수 있도록 나타낸 도량"이 될 것이다. 깨달음은 지혜이고 그것을 중생에게 전해 주는 일은 자비이다. 만다라는 부처님의 깨달음을 중생이 알 수 있도록 표현하는 것이니, 여기에 지혜와 자비가 함께 담겨 있다.

사람들은 만다라를 말하면 우선적으로 티베트 스님들이 그리는 작품을 떠올린다. 옳다. 불교의 진리 또는 대일 법신의 집회나 동작을 그린 그

불국사 전경

림은 만다라이다. 그렇다면 절에 모셔져 있는 갖가지의 탱화나 벽화 그리고 불경의 그림들도 만다라가 될 것이다. 그림뿐만 아니다. 탑을 보라. 탑은 그저 돌이나 나무만 쌓아 올린 것이 아니다. 그 탑에는 불교의 가르침이 담겨 있다. 탑 모양으로 진리를 쉽게 표현하려고 한다. 통도사와 금산사의 보궁 석탑, 법주사의 팔상전 목탑도 일종의 만다라이다. 사찰의 건축물은 어떤가. 불국사의 청운교 백운교를 비롯해서 축대와 건물 그리고 도량 전체가 화엄세계를 표현하는 만다라로 되어 있지 않은가. 그림이 평면 만다라라고 한다면 탑이나 사찰의 건축물들은 입체 만다라가 될 것이다.

어디 그뿐인가. 사찰의 종, 목어, 운판, 북, 목탁, 요령, 풍경 등도 각기 불교의 가르침을 전하는 스토리를 갖고 있다. 모두 어려운 불교를 쉽게 번역하고 있다. 이 또한 만다라가 되는 것이다. 불교의 수행 관법이나 교리는 어떤가. 몸과 마음의 움직임을 관찰하는 법, 한 생각 속에 지옥으로부터 부처까지 있음을 보는 관법, 유와 무와 중도를 한꺼번에 관하는 법도 역시 어려운 부처님의 깨달음을 쉽게 접근시키는 표현이요 수행법이다. 일종의 만다라인 것이다. 그리고 사성제나 12인연으로부터 시작하는 불교의 모든 교리는 어떤가. 이 또한 부처님의 깨달음을 중생들이 알 수 있도록 표현하는 것이 아닌가. 부처님의 법신이 그 교리에 담겨 있고 표현되어 있지 않은가. 그렇다면 불교의 모든 교리도 일종의 만다라라고 할 수 있다.

만다라의 뜻을 더 확대해서 밀고 나가보자. 밀교에서 삼라만상 두두물물은 그대로 법신의 몸이라고 한다. 밀교에서는 '등류법신^{等流法身}'이라고 해서 교화하는 부처님뿐만 아니라 교화를 받는 중생도 또한 법신이라고 한다. 그렇다면 산, 강, 하늘, 구름, 나무, 풀, 짐승, 사람이 모두 만다라가 된다. 선과 악, 참과 거짓, 아름다움과 추함, 사랑과 미움, 깨달음과 미혹도 또한 만다라에 속한다. 산하대지 온 법계가 남김없이 그대로 대일여래의 법신이고 만다라인 것이다.

부처님의 큰 깨달음을 미혹한 중생이 알 수 있도록 표현한 것이 만다라라고 할 때, 위에서 살핀 바와 같이 우리는 만다라의 종류를 크게 세 가지로 정리 할 수 있다. 첫째 그림 또는 입체로 표현한 형상의 만다라, 둘째 진리를 체계적으로 정리한 교리의 만다라, 셋째 온 법계를 그대로 법신의 동작으로 보는 법계의 만다라이다. 구도자에 있어서 주변의 모든 것은 공부거리이고 만다라이다. 그 뜻을 터득하고 더 쉬운 만다라로 전해야 한다.

066　네 가지 만다라

앞에서 우리는 만다라를 세 가지 차원에서 나누어서 생각해 보았다. 눈으로 보고 손으로 만질 수 있는 형상의 만다라로부터 시작해서, 형상은 없지만 대일 법신의 가르침을 체계화한 교리의 만다라, 그리고 삼라만상 산하대지 두두물물을 그대로 법신의 현현으로 보는 법계자연의 만다라까지 살핀 것이다.

다시 이 만다라는 대일법신 전체를 한꺼번에 나타내는 보편의 측면과 그것을 몸, 입, 뜻으로 나누어서 나타내는 특수 측면으로 분류해 볼 수도 있고, 또는 대일여래의 구상具象적 측면과 추상抽象적 측면으로 분류해 볼 수도 있다. 밀교의 네 가지 만다라 즉 대만다라大曼茶羅, 삼마야만다라三摩耶曼茶羅, 법만다라法曼茶羅, 갈마만다라羯磨曼陀羅는 바로 전체와 부분, 구상과 추상으로 만다라를 구분한 것이다.

대만다라에 있어서 대大는 대일 법신의 몸체인 육대六大에서의 대자와 같은 의미이다. 대일여래와 그의 다양한 변화신인 불보살의 몸체 전부를 나타내는 만다라라는 뜻이다. 우선 형태와 색을 넣어서 그림을 그린 만다라 조각으로 조성한 만다라, 입체 만다라가 있을 것이다. 그러나 사람이 인위적으로 만든 불보살상뿐만 아니라, 온 우주가 그대로 법신의 몸체라고 할 때, 법계 자연의 형태는 그대로 만다라가 된다. 하늘과 땅 전체가 그대로 큰 법신이 되는 것이다.

삼마야만다라에 있어서 삼마야는 서원誓願이나 이상을 뜻한다. 불보살이 중생을 구제하겠다는 다짐과 좋은 세상을 만들려는 이상인 것이다. 이 서원은 불보살이 가진 물건이나 불보살이 취하는 포즈로 표현된다.

칼, 보물, 연꽃, 구슬 등은 중생을 구하려는 불보살의 심정을 상징적으로 나타내는 것이다. 이 삼마야만다라도 법계 전체를 대일 법신으로 보는 의미에서 풀이한다면, 산천, 초목, 두두물물이 그대로 불보살의 구제 원력의 상징물이 된다. 태풍이 강한 바람, 높은 파도, 엄청난 수량의 비를 몰고 오는 모습이나, 따스하고 평화로운 모습을 보이는 것이 바로 악에 대한 불보살의 분노와 중생구제의 결의를 나타내는 것이다.

법만다라에 있어서 법은 진리를 뜻한다. 진리는 문자로 표현된다. 밀교에 있어서 인도 고대 말인 범어는 신성시된다. 범어로 불보살이 불리니, 그 명칭은 위대한 것이다. 불보살의 명칭이나 진언의 전부, 첫 자, 끝자 등을 금색이나 갖가지 색으로 적은 글씨가 법만다라이다. 그런데 이 법만다라의 의미도 확대해서 풀이하면 사람과 우주의 음성, 문자, 명칭 등도 모두 법만다라가 된다.

갈마만다라에 있어서 갈마karma는 업業, 활동, 작업을 뜻한다. 불보살은 중생을 구제하는 일을 한다. 그림이나 조각으로 만들어진 만다라는 현대의 비디오처럼 동영상을 제공하지 않는다. 그러나 피리를 불고 다른 이가 귀를 기울이며 그것을 듣는 그림이 있다면, 음성이 들리지 않더라도 그곳에 피리 연주가 있다는 것을 알 수 있다. 마찬가지로 불보살의 형상이 움직이지 않더라도 전체적인 분위기에 불보살의 중생구제 활동과 위의를 알 수가 있다. 넓은 의미에서 생각한다면 지구의 움직임과 춘하추동의 변화가 그대로 불보살의 동작이 된다. 밀교에 있어서는 중생이 본래 법신이므로 중생의 일거수일투족도 그래도 갈마만다라가 된다.

갈마만다라는 신체 동작, 법만다라는 언어, 삼마야만다라는 뜻과 관련이 있다. 대만다라가 대일 법신 육대의 몸체 전부를 나타낸 것이라고 한다면 나머지 셋은 법신의 몸, 입, 뜻을 나타낸 것이라고 할 수 있다. 대만다라를 자세히 구분하면 세 만다라가 나타나고, 그 셋을 한꺼번에 말하면 대만다라가 되는 것이다.

네 가지 만다라의 순서를 보면 불보살의 모든 것을 구상과 추상으로 나타내려 한다는 것을 알 수 있다. 대만다라는 완전한 구상의 형태를, 삼마야만다라에서의 상징물은 약간 반구상의 형태를 가진다. 이어서 법만다라와 갈마만다라로 가면서 구상적 표현은 점점 더 약해진다.

사종만다라四種曼茶羅

	내용	표현	
대만다라	불보살의 상호 구족한 몸	조각, 회화	
삼마야만다라	불보살의 서원이나 이상을 상징	도검, 보주, 결인	
법만다라	불보살의 종자	언어, 문자, 명칭	
갈마만다라	불보살의 중생을 제도하는 활동	일체 사물의 활동	

067 중관 유식과 양부 만다라

불교사상은 크게 두 줄기로 발전되었다. 존재의 여실한 실상을 관찰하는 것과 그 존재가 어떻게 일어나는가를 설명하려는 것이다. 전자를 중관 실상론계라고 한다면 후자를 유식 연기론계라고 할 수 있다. 중관 실상론계인 공사상, 성구性具사상, 열반사상은 존재의 실체를 철저히 부정하는 것에서부터 시작해서, 부정되는 모든 존재에 자기 이외의 모든 것이 포함되어 있다고 하는 사상으로 발전하고, 마침내는 일체중생에게 불성이 본래적으로 갖추어져 있다고 하는 사상에 이른다. 유식 연기론계는 전식득지轉識得智 즉 중생의 자기중심적인 개념 분별을 뒤집어서 깨달음의 지혜로 전환시키는 것을 목표로 한다.

　대승불교의 교리를 신비주의적인 체계로 정리하고자 하는 밀교는 육대의 법신을 만다라로 표현하는데 저 두 줄기의 대승사상 즉 공사상의 종착점인 성구불성사상과 유식사상의 지향점인 전식득지를 이용한다. 지수화풍공식地水火風空識 즉 땅, 물, 불, 바람, 허공, 인식의 여섯 가지 가운데, 앞의 다섯은 물질적인 것이고 마지막 인식은 정신적인 것이다. 밀교는 물질적인 것을 불성으로 이루어진 법신으로 나타내고, 정신적인 것을 지혜로 표현하려고 하는 것이다.

　　삼라만물을 육대의 법신으로 보는 밀교는 일찍이 원시불교로부터 제기된 "몸과 마음은 하나냐, 아니면 둘이냐?"는 문제와 만나게 된다. 만동자는 부처님에게 육체와 정신은 하나인가 아니면 둘인가에 대해서 물은 바 있다. 물론 불교는 일찍부터 불이^{不二}사상으로 이원론은 극복하기는 했지만, 밀교는 이전의 불이론을 무조건 받아들이는데 만족하지 않는다. 한 걸음 더 나아가 육체와 정신의 이원성을 독특하게 활용하려고 한다.

　　밀교에서 여래의 법신에는 크게 두 종류가 있다. 이법신^{理法身} 즉 원리의 법신과 지법신^{智法身} 즉 지혜의 법신이다.

　　이법신에서의 이^理는 불성이나 여래장^{如來藏}에 가깝다.『법화경』「신해품」에서 거지로 돌아온 아들이 부호의 상속자이듯이, 일체중생도 못난 모습, 멍청한 머리, 반목한 행동 그대로 불성이나 여래장을 품고 있는 법신이다. 육대 가운데 마지막 인식을 제외한 다섯 가지 물질적인 것은 이법신이 된다.

　　지법신에서의 지^智는 법계체성지, 대원경지, 묘관찰지, 평등성지, 성소작지와 같은 지혜를 뜻한다. 제9식, 8식, 7식, 6식, 전5식을 뒤집어서 얻은 지혜이다. 육대 가운데 마지막 인식인 정신적인 것은 지법신이 된다.

　　물질적인 5대를 이법신으로 보는데서 밀교의 과격하고 멋진 교리 풀이가 엿보인다. 여기에 벙어리와 말을 잘하는 사람이 있다고 치자. 말을 못한다고 해서 속까지 없지는 않다. 벙어리에게도 생각이 있고, 말하는 사람과 똑같은 대우를 받을 권리가 있다. 육대에 있어서 땅, 물, 불, 바람, 허공은 벙어리와 같고, 마지막 인식은 말하는 사람과 같다. 이법신과 지법신으로 구별하는 것은, 벙어리가 말을 하지 못하더라도 정상적인 사람과 똑같이 생각하고 있고 똑같이 대우받을 권리가 있듯이, 물질적인 세계 그대로 불성을 가진 법신이 된다는 것이다. 무정물無情物인 물질의 세계도 존중된다면 생각을 가진 중생이 아무리 미혹에 있다고 하더라도 법신으로 대우받을 권리가 있는 것은 더 이상 강조할 필요가 없어진다.

이법신의 세계를 중생이 알 수 있도록 드러내 보이는 것을 태장계 만다라胎藏界曼茶羅라고 하고, 지법신의 세계를 중생에게 드러내 보이는 것을 금강계 만다라金剛界曼茶羅라고 한다. 태장계 만다라는 모태에 태아가 있듯이, 삼라만법은 바로 법신 여래의 모태 속에 있는 태아와 같음을 강조한다. 금강계 만다라는 깨달음의 지혜와 그것을 미혹한 중생에게 전하는 방편이 강조된다. 지혜와 방편이 연결되는 것에서 밀교가 대승의 난해한 교리를 주술적으로 표현하고 활용할 수 있게 된다.

『대일경』은 태장계 만다라를, 『금강정경』은 금강계 만다라를 설명한다.

068　태장계 만다라

앞에서 만다라를 『대일경』의 태장계胎藏界(Garbha-dhatu)와 『금강정경』의 금강계金剛界(Vajra-dhatu)로 나누고, 태장계는 중관, 법화, 열반 계통의 대승불교 사상을 밀교적으로 계승하고, 금강계는 유가 유식 계통의 대승불교 사상을 밀교적으로 소화했다고 살핀 바 있다. 이에 대해서 견해를 달리하는 독자들의 전화가 있었다. 태장계가 꼭 중관 계통의 사상으로만 가득 차 있다거나, 금강계가 꼭 유식 계통의 사상으로만 가득 차 있다고 획일적으로 구분하기는 어렵지 않겠느냐는 것이었다.

그렇다. 밀교는 대승불교 일반을 신비주의적 교화 체계로 재조직하고 있다. 태장계 만다라는 이쪽이고 금강계 만다라는 저쪽이라고 단정하기 어렵다. 단지 대승불교의 양쪽 맥이 어떻게 양부 만다라에 흘렀느냐를 살핀다면 그와 같은 특징을 발견할 수 있다는 것이다.

또 밀교가 대승불교를 재조직했다고 하지만, 이를 달리 말할 수도 있다. 대승불교, 아니 종교로서의 불교 자체에 본래부터 있던 신비적이고 주술적인 요소가 밀교에서 집약적으로 강조되어서 드러난 것이라고도 할 수도 있다. 불교는 전적인 학문이나 철학이 아니고, 종교이기 때문이다.

또 양부 만다라는 다시 불교의 전부라고 할 수 있는 자비와 지혜를 여성적인 것과 남성적인 것으로 구분한다. 태장계 만다라는 중생교화의 자비방편을 중히 여기면서 연꽃을 여성의 태나 자궁과 같은 것으로 상징화하고, 금강계 만다라는 깨달음의 지혜를 중히 여기면서 오지五智에 해당하는 다섯 금강저金剛杵를 두어서 이것이 자비의 자궁에 정자를 넣어 잉태케 하는 남성적인 것으로 상징화한다. 그렇다면 후기 좌도 밀교의 성을 중히 여기는 사상은 이미 밀교 자체에 들어 있다고 할 수도 있다. 또『아함경』의 대고大苦사상은『반야경』에서 대공大空이 된다. 완전히 괴롭고 완전히 공하다는 것을 뒤집으면, 완전히 즐겁고 완전히 충만해 있다는 대락大樂이 될 수가 있다. 실제로『이취경理趣經』은 이 대락사상을 전하고 있다.

　　『대일경』에서 여래는 유명한 3구로 가르침의 방향을 분명히 밝힌다. "보리심普提心을 인因, 대비大悲를 근根, 방편을 구경究竟으로 한다."는 것이다. 자비에 뿌리를 둔 중생교화의 방편을 궁극의 목표로 삼는다는 것은 대단히 과격한 선언이다. 방편은 말 그대로 교화를 위한 편의적 방법일 뿐인데, 이것을 가장 중요시하기 때문이다.『법화경』에서는 방편과 진실을 불이로 보는 정도에서 그치지만, 밀교는 여기에서 한 걸음 더 나아가 방편 그 자체를 목표점으로 정하는 것이다.

　　태장계 또는 태장은 '대비태장생大悲胎長生'을 줄인 말이다. 이 용어에서 보듯이 태장계 만다라는 자비방편이라는 아이디어와 법신의 태胎라는 아이디어를 교묘하게 결합시켜서 나타내려고 한다.『대일경』은 이 만다라를 말이나 관념으로 설명하고 있는데 상징성을 강조하면서 이를 구체적인 그림으로 표현하고자 하는 시도가 있게 된다. 이에 따라 여래의 깨달음과 가르침과 이상을 도식圖式으로 나타낸 것을 현도現圖 만다라라고 한다.

도식으로 표현한 태장계
만다라는 여러 가지가 있다.
제자 일행을 조수로 쓰면서
『대일경』을 번역하고 『대일
경소』를 지은 선무외 계통의
것과 여타 계통의 것으로 크
게 나뉘는데, 이 두 계통의
어느 쪽을 더 중시하건, 절충
하고 보완하느냐에 따라서
만다라의 도식이 달라진다.

태장계 만다라

태장계 만다라의 도식이 아무리 달라진다고 하더라도, 그 기본은 앞
에 말한 『대일경』 3구, 즉 보리심의 씨앗, 자비의 뿌리, 방편의 목표에 두
고 있다. 보리심의 상징이 중앙에 위치하고, 그 주변에 자비의 상징들이,
다시 꽃 모양으로 불보살이 중앙을 이루고, 그 4방에 겹겹이 제존들의 거
처가 있다. 중앙을 중심으로 본다면 자비방편을 펴는 하향 도식이 될 것
이고, 밖으로부터 본다면 보리심을 향해 닦아 올라가는 상향 도식이 될
것이다.

069 　금강계 만다라

앞에서 살핀 바와 같이, 태장계 만다라가 모든 중생에게 본래부터 갖추어져 있는 법신의 원리를 강조하는데 비해서, 금강계 만다라는 수행에 의해서 중생의 사량 분별심을 지혜로 돌리는 전식득지轉識得智를 강조한다. 원리를 중히 여기다 보면, 태장계 쪽에는 본래 갖추어 있는 것, 평등한 것, 본래의 깨달음, 근본의 씨앗, 육체적인 면에 더 관심을 갖게 된다. 반면에 깨달음의 지혜를 중히 여기다 보면, 금강계 쪽에는 수행의 노력에 의해서 얻어지는 것, 차별적인 것, 후천적으로 얻는 깨달음, 씨앗을 키워서 얻는 열매, 정신적인 면에 더 관심을 갖게 된다.

　금강계 만다라는 9회로 되어 있어서 9회九會 만다라라고도 한다. 금강이란 어떤 번뇌에 의해서도 부서지지 않는 지혜를 뜻하고, 9회에서의 회는 만다라를 의미한다. 전식득지로 금강의 지혜를 얻는 경지를 표현하는 만다라가 아홉 개 모여진 복합 만다라라는 것이다. 금강계 만다라도 밀교 전문가에 따라서 여러 가지가 있다. 선무외善無畏 계통의 대만다라, 금강지金剛智 계통의 81존 만다라, 불공不空 계통의 9회 만다라 등이다. 현도現圖 만다라는 저 가운데 9회 만다라를 계승한 것이다.

　9회는 갈마, 삼마야三摩耶, 미세微細, 공양供養, 사인四印, 일인一印, 이취理

趣, 항삼세降三世, 항삼세삼마야降三世三摩耶로 이루어져 있다. 첫 번째 갈마회에 있어서의 갈마는 행동의 뜻으로 성신회成身會 또는 근본회根本會라고도 한다. 각 회는 네모꼴로 이루어져 있는데, 갈마회가 중앙에 위치하고, 그 아래로부터 시계 방향으로 8회가 둘러싸이니, 다시 전회가 네모꼴을 이룬다. 1회에서부터 7회까지는 『금강정경』의 「금강계품」에, 나머지 8~9회는 「항삼세품」에 근거해서 이루어진 것이다.

만다라의 수가 많지만 중앙에 위치한 갈마회가 기본을 이루고 여타는 저 갈마회의 전체적이거나 부분적인 특징을 이리저리 표현한 것일 뿐이다. 갈마회에서 대일여래가 중앙에 자리하고 사방에 아촉여래, 보생여래, 아미타여래, 불공성취여래가 둘러 싸여서 5불五佛을 이룬다. 법계체성지法界體性智를 비롯한 5지五智의 하나씩을 얻은 부처님들이다.

이로 인해 5라는 숫자는 방향, 색깔, 손 모양, 자리 모양, 각형角形, 5대五大, 불상의 모양 등에도 똑같이 적용된다. 중앙에 대일여래가 부처님의 기본적인 적정상寂靜相을 취하고 있을 때, 나머지 4여래는 각기 분노한 모습, 환희에 찬 모습, 청량한 모습, 구제 활동을 하는 모습을 취하고 있다. 그러고 보니 각 여래의 자세에 따라서 그에 배속된 방향, 색깔, 각형, 손 모양 등의 상징이 달라진다. 예를 들면 검정색은 분노하는 불상의 모습을 상징하고, 노란색은 환희하는 모습을 상징한다.

대일여래 주변에는 다시 4바라밀을 상징하는 4보살이 위치하고, 4방의 각 여래에게도 교리적 의미를 가진 4보살들이 위치하게 된다. 이와 같이 둥근 모양이나 사각 모양을 겹겹이 두르고, 4의 숫자로 더해지는 존상들이 연속적으로 모여져서 대일여래를 중심으로 한 37존과 갈마회 전체적으로는 1061존이 있게 된다. 그런데 아무리 부처님, 보살님, 여타 존상

금강계 만다라

들이 많이 있다고 하더라도, 그 존상들은 대일법신이 가지고 있는 특징을 하나씩 표현한 것일 뿐이다. 모든 존상을 하나로 만들면 대일여래가 되고, 대일여래가 가진 지혜, 발원, 수행, 구제력 등을 펼치면 무수히 많은 존상이 된다.

　금강계 만다라의 제1회를 우리가 앞 장에서 공부한 4만다라 가운데 대만다라와 같다면, 그 다음의 3회 3만다라와 같다. 제5 사인회는 제4회를 통합해서 설명하고, 제6 일인회는 모든 회가 대일법신으로 돌아간다는 것을 알리려고 한다. 제7 이취회는 소극적으로 번뇌를 피하는 것이 아니라 그것을 역으로 활용하는 모습을 보이려고 하고, 제8회와 제9회는 대일법신이 육체적 정신적으로 분노상이나 포악상을 지어서 번뇌를 쳐부수는 것을 나타내려고 한다.

070 삼밀의 수행

사람은 업 덩어리이다. 모든 움직임이 업이 된다. 몸, 입, 뜻을 움직일 때마다, 행동의 업, 말의 업, 생각의 업을 짓는다. 이를 신구의身口意 삼업三業이라고 한다. 그런데 밀교에서는 저 삼업을 뒤집어서 삼밀三密의 수행으로이용한다. 모든 중생에게 대일 법신이 스며 있다는 밀교의 법신충만사상에서, 중생의 삼업을 그대로 법신불의 비밀스러운 지혜와 자비의 행으로삼는 것이다. 밀교에서 중생과 법신은 둘이 아니다. 몸과 입과 뜻으로 법신의 자세를 취하면 법신불의 가호를 받고, 나아가서는 그대로 법신불이된다.

밀교에서는 신구의 삼밀 가운데서도 구밀口密 즉 입으로 진언을 외우는 것을 우선으로 치지만, 일반 불자들에게는 몸, 입, 뜻의 순서가 익숙해져 있으므로 이에 의해서 살펴보기로 하자.

첫째는 신밀身密 즉 몸으로 닦는 수행이다. 불교에서는 보통 몸을 죄악시해 왔다. 그래서 몸을 가리키는 명칭들 가운데는 부정적인 것들이많다. 탐진치로 소각되어 버리는 것, 욕망의 맹수가 거치는 굴, 업을 실어나르는 배, 혐오스러운 것들이 적집된 것 등이다. 그러나 밀교에서는 이몸을 진리와 부처님의 서원을 표현하는 도구로 이용한다. 그래서 "이 육신 그대로 법신 부처님의 몸"이라는 뜻으로 "즉신卽身"이라는 말을 쓴다.

몸으로 비밀행을 지을 때, 앉는 방식을 비롯해서 모든 자세가 중요시되지만, 특히 양손의 열 손가락으로 갖가지 모양을 지어서 부처님의 중생구제 서원과 힘을 상징적으로 나타낸다. 이를 인印(mudra), 결인結印, 인계印契, 밀인密印, 인상印相 등이라고 부른다. 『다라니집경陀羅尼集經』에는 3백 가지가 넘는 결인이 있다고 하는데, 가장 기본적인 것은 6가지의 수인手印과 12가지의 합장인合掌印이다.

둘째는 구밀로 진언眞言(mantra) 또는 다라니陀羅尼(dhrani)를 외우는 수행이다. 진언은 법신불의 생각을 표현하기 위한 그릇으로서의 언어를 나타내고, 다라니는 총지摠持로서 정신을 통일하고 마음을 집중하는 것을 뜻한다. 진언은 삼라만물이 존재하는 여실한 모습을 가능한 짧은 말로 담은 것이고, 다라니는 정신을 집중하기 위한 주문인 것이다.

불교에는 예로부터 언어에 대한 불신이 있었다. 그래서 만동자가 시간과 공간의 시작과 끝이나 사후의 존재에 대해서 물었을 때 석존은 침묵으로 대했고, 용수 보살은 변증법으로 언어의 한계를 드러내려 했다. 그러나 밀교는 진언이 분별심을 초월해서 부처님의 지혜를 표현하는 상징으로 생각한다. 짧은 말이 많은 생각을 대표해서 하나로 요약되게 하고, 그 하나마저도 지워서 법신 부처님과 하나가 되는 경지까지 이르려고 한다. 진언을 외우면 나와 진언, 진언과 부처님이 하나가 되어서, 나, 진언, 부처님이 완전히 지워지기도 하고 한꺼번에 나타나기도 하는 상태에 이른다는 것이다. 진언은 언어이면서도 언어의 한계를 초월해서 짧은 말 속에 우주 전체를 담는 것이다.

셋째는 의밀意密 즉 마음으로 닦는 수행이다. 의밀의 기본 목적은 여실지자심如實知自心 즉 삼매 속에서 법신불의 지혜와 둘이 아닌 자기의 마음을 여실히 보는 것이고, 그 방법으로 세 가지가 있다. 부처님이나 진언의 첫 글자나 끝 글자를 외우면 관하는 것, 번뇌를 항복받고 중생을 구제하겠다는 형상을 관하는 것이다. 부처님이 깨달은 지혜를 추상적으로 표현한 글자, 구체적으로 표현한 서원의 상징물, 그리고 인격적으로 표현한 존상을 관하면서 부처님을 자신의 몸에서 체득하려고 하는 것이다.

삼밀은 동시에 닦을 수 있다. 몸으로는 결인을 만들고, 입으로는 진언을 외우고, 뜻으로는 삼매를 얻어서 법신불과 하나가 되는 것이다. 그런데 아래나 위, 어느 한 쪽의 힘만으로는 안 된다. 수행자의 노력과 부처님의 구제력이 합치되어야 삼밀 수행이 성취된다. 위에서 손을 내밀지만 아래서도 팔을 뻗어 올려야 하는 것이다.

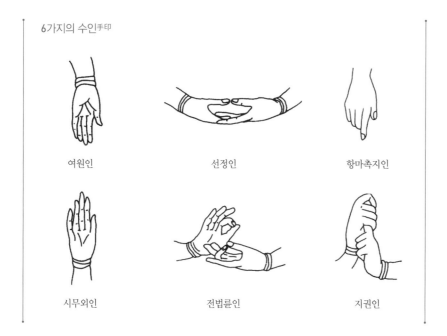

6가지의 수인手印

여원인   선정인   항마촉지인

시무외인   전법륜인   지권인

아미타 구품인九品印

상품상생

중품상생
(상품중생)

하품상생
(상품하생)

상품중생
(중품상생)

중품중생

하품중생
(중품하생)

상품하생
(하품상생)

중품하생
(하품중생)

하품하생

071　아자 본불생

『대일경』을 중심으로 한 태장만다라와 『금강정경』을 중심으로 한 금강 만다라는 각기 독특한 수행 관법을 갖고 있다. 태장계의 것은 오자엄신관 五字嚴身觀, 금강계의 것은 오상성신관五相成身觀이 기본을 이룬다. 전자는 공 사상에 그리고 후자는 유식사상에 뿌리를 둔 관법觀法이다.

　　오자엄신관은 수행자가 지수화풍공地水火風空을 상징하는 다섯 글자를 자기 몸의 각 부분에 배대시켜서, 자기 몸과 대일 법신을 하나로 관하는 수행이다. 예를 들면 "아ª·阿"자는 오대 가운데서는 땅을, 몸의 위치는 단 전 밑을, 의미는 본불생本不生을 나타낸다. 다른 글자들도 배꼽, 심장, 미 간, 정수리를 나타내서, 몸의 각 부분은 그대로 수행의 대상이 된다. 몇 년 전 대학 입학 수능 시험에서 만점을 얻은 학생이 자기가 공부한 노트 를 책으로 펴냈다고 한다. 학생들은 꼭 정리하고 기억해야 할 것들을 공 책이나 벽에 기록해 두고 자주 본다. 그런데 여기 밀교 수행자는 몸 자체 에 갖가지 상징적 의미를 붙여서 마음을 모아 관한다. 수행자 자신이 항 상 보고 직접 움직이는 자기 몸을 공책의 상징으로 이용하니 참으로 대단 한 수행 아이디어가 아닌가.

　　오자어신관 즉 자신의 몸에 다섯 글자의 깊은 의미를 부여해 관하는 수행에서, 아자^{阿字} 본불생관^{本不生觀}이 가장 중요시된다. 본래 태어남이 없다는 말 자체가 태장계 만다라의 고향인 공사상의 분위기를 확 느끼게 한다.

『대일경』은 아자에 세 가지 뜻이 있다고 한다. 텅 비었다는 것, 존재한다는 것, 그리고 특별히 태어남이 없다는 것이다. 세 가지로 분류하기는 했지만, 같은 내용을 달리 말했을 뿐이다. 텅 빈 상태로 존재한다는 부정적으로 표현하는 것, 텅 빈 상태라고 하더라도 존재하는 상태에 있음은 분명하다고 긍정적으로 표현하는 것, 텅 빈 상태와 존재를 양립시키기 위해서 새롭게 태어남이 없이 본래 존재한다고 중도적으로 표현하는 것이 내용은 같다. 그래서 아자의 뜻을 본불생으로 압축할 수 있는 것이다.

밀교에서는 예로부터 저 아자 본불생에서 갖가지의 의미를 읽어 왔다. 먼저 『대일경』의 기본을 드러내는 삼구^{三句}를 본불생과 접목시킨다. "본^本"자는 "보리심을 씨앗으로 한다."는 것을 나타내고, "불^不"자는 "큰 자비를 뿌리로 한다."는 것을 나타내며, "생^生"자는 "방편을 궁극의 경지로 한다."는 것을 나타낸다. 아자 본불생을 관하는 것은 그대로 삼구를 관하는 것이 되어 버린다.

본불생은 또 밀교의 궁극 목표인 여실지자심^{如實知自心} 즉 자기의 마음을 여실하게 아는 것을 뜻한다. 온 세상은 바로 자기의 마음이다. 무엇이 일어나면 있다고 하고 보이지 않으면 없다고 한다. 그러나 세상은 본래 그대로이다. 새롭게 생기고 새롭게 없어질 것이 없다. 항상 그대로 있고, 처음부터 아무것도 없었다. 이것은 존재의 진실한 모습이다. 이것을 보면 바로 본불생의 자기 마음을 보는 것이 된다.

일체중생이 본래 부처라는 뜻도 있다. 밀교에 있어서 의식이 있거나 없거나, 유식하거나 무식하거나, 공부가 깊거나 얕거나 법신의 몸이 아닌 것은 하나도 없다. 삼라만물 일체중생이 모두 본래 법신이다. 법신은 태어남과 없어짐으로부터 벗어났다. 그래서 본불생은 바로 우리가 본래 법신이라는 것을 의미한다.

우리가 본래 법신불이라는 것은 우리가 본래 청정하다는 것을 뜻한다. 현상적으로 중생과 부처, 미혹한 이와 깨달은 이가 다른 것처럼 보이지만, 내용적으로는 모두 다 법신이다. 지금 타고 있는 장작이나, 앞으로 타게 될 장작은 태워서 화력을 낼 수 있다는 점에서 아무런 차이가 없다. 중생이 법신불과 차이가 없다는 말은, 법신불의 호적과 청정성을 처음부터 갖고 있다는 뜻이 된다. 따라서 아자 본불생을 관하는 것은 『대일경』, 태장만다라, 아니 불교 전체를 관하는 것이 된다.

072   오상성신관

『대일경』의 태장계 만다라의 수행 관법으로 오자엄신관^{五字嚴身觀}이 있고, 『금강정경』의 금강계 만다라의 수행 관법으로 오상성신관^{五相成身觀}이 있다. 오자의 첫째인 아자 본불생관^{阿字 本不生觀}에서 살펴보았듯이 오자엄신관은 공사상을 바탕으로 한 수행에 속하고 오늘 공부할 오상성신관은 유식사상을 기조로 한 수행에 속한다.

오상성신관에서 오상^{五相}은 5식^{五識} · 5지^{五智}와 관련된 것이다. 밀교는 다섯의 감각 기관인 전5식^{前五識}, 분별 인식하는 제6식^{第六識}, 자아를 내세우는 제7식^{第七識}, 참과 거짓이 섞여서 주객으로 갈라지는 제8식^{第八識}, 그리고 보다 맑은 상태의 인식인 제9식^{第九識}을 문제 삼는다. 수행의 목표는 저 개념의 인식들을 지혜로 전환하는 것이다. 다섯의 인식을 지혜로 전환하는데 따라서 성소작지^{成所作智}, 묘관찰지^{妙觀察智}, 평등성지^{平等性智}, 법계체성지^{法界體性智}가 생긴다.

오상성신관은 저 다섯의 지혜를 얻는 방법으로 통달보리심^{通達菩提心}, 수보리심^{修菩提心}, 성금강심^{成金剛心}, 증금강심^{證金剛心}, 불신충만^{佛身充滿}을 차례로 닦는 것이다. 여기에서 삼밀의 수행이 총동원된다.

첫째, 보리 지혜의 마음을 통달하는 단계에서 수행자는 손으로 대일여래의 지권인^{智拳印}을 짓고, 입으로 "옴 내가 본래 가지고 있는 지혜의 마음을 통달한다."는 취지의 진언을 외우고 마음으로 달을 관한다.

　지권인은 왼손의 집게손가락을 바른손으로 감싸 쥐고, 바른손의 엄지손가락과 왼손의 집게손가락이 닿게 하는 수인이다. 비로자나 불상의 모습이다. 여기서 오른손은 부처님의 세계를, 왼손은 중생의 세계를 의미해서 부처와 중생, 깨달음과 미혹이 둘이 아님을 의미한다. 밀교에서 달은 여러 가지를 상징적으로 나타낸다. 더운 인도에서 뜨거운 해가 없다는 시원함, 빛을 반사해 주는 광명, 마음을 가라앉히는 분위기 등이다. 손으로 미혹과 깨달음이 둘이 아니라는 의미의 지권인을 짓고 입으로 자신의 마음은 본래 지혜의 마음이라고 외우고 마음으로는 달의 고요와 광명을 관하니 몸, 입, 마음으로 동시에 닦는다.

　둘째, 보리 지혜의 마음을 닦는 단계에서 수행자는 항마촉지인^{降魔觸地印}을 짓고 "옴 나는 보리 지혜의 마음을 가리킨다."는 의미의 진언을 외우고 구름에 가리지 않고 조금도 이지러짐이 없는 만월^{滿月}으로 관한다. 항마촉지인이란 석가여래가 마군을 항복받고 무릎에 얹은 오른쪽 손으로 땅을 가리켜서 자신으로 하여금 그 깨달음을 증명케 하는 것을 상징한다. 석굴암을 비롯한 많은 석가여래 불상의 모습이다. 미혹의 구름을 물리치고 번뇌의 마군에게 항복을 받을 때, 모든 생각은 그대로 보리심이 되는 것이다.

　셋째, 다이아몬드 즉 금강처럼 견고한 지혜를 닦는 단계에서, 수행자는 여원인^{與願印}을 짓고, "옴 커져라 금강의 지혜여"나 "옴, 작아져라 금강의 지혜여"라는 의미의 진언을 외우며, 고대 인도의 무기인 다섯 창날의 금강저를 관한다. 여원인은 오른손을 위로 향해 벌려서 중생의 소원을 다

들어주겠다는 표시다. 금강과 같은 지혜의 마음이 커져 온 우주에 퍼지는 것, 온 우주에 가득한 지혜가 작아져서 자신의 마음속으로 들어오는 것, 번뇌를 부수는 날카로운 창끝의 금강저를 관한다.

넷째, 금강 지혜의 몸을 증득하는 단계에서, 수행자는 마음의 흔들림 없음을 상징하는 법계정인^{法界定印}을 짓고, 금강지혜의 본성을 뜻하는 진언을 외우고, 대일여래의 금강 법신이 자신과 하나임을 관한다.

다섯째, 부처님의 몸을 성취하는 단계에서 수행자는 중생과 불안과 공포를 제거하는 시무외인^{施無畏印}을 짓고, 모든 부처와 함께 있다는 뜻의 진언을 외우고, 자신이 바로 부처의 몸이라고 관한다.

6장

정토

淨土

⑦³ 세 가지 정토

우리는 지금까지 밀교의 대강을 추려 보았다. 이제부터는 수회에 걸쳐서 정토 신앙의 교리를 공부할 것이다. '정토淨土' 즉 '깨끗한 세계'는 '예토穢土' 즉 '더러운 세계'의 상대적인 말이다. 현실 세계는 갖가지 욕망으로 가득해 있어서 더럽고 추잡하다. 모든 일이 뜻대로 안 되고, 질병, 이별, 죽음의 고통이 있다. 그래서 '예토'라고 부른다.

　여기에 사는 우리는 이상 세계를 그린다. 물질과 색에 대한 욕심, 외로움, 고통이 없는 세계, 마음먹는 일마다 성취되고 만사가 맑고 깨끗하고 평화롭고 환희로운 세계, 바로 '정토'를 꿈꾼다. 정토는 어디에 있는가. 크게 셋으로 나누어 볼 수 있다. 먼저 우리가 사는 이곳이 아닌 다른 세계에 위치한 것, 우리가 사는 바로 이 자리에 있는 것, 그리고 마음으로 깨달아서 얻어지는 것이다. 줄여서 표현한다면 타방정토他方淨土, 차방정토此方淨土, 유심정토唯心淨土가 될 것이다.

　먼저 타방정토를 보자. 우리가 사는 이 세계는 사바세계다. 그런데 『무량수경無量壽經』, 『관무량수경觀無量壽經』, 『아미타경阿彌陀經』으로 이루어지는 정토삼부경은 서방에 있는 정토를 설한다. 서쪽으로 십만억 국토를 지나 극락세계가 있고 그곳에서 아미타불이 구제활동을 하고 있다는 것이다. 이 서방의 정토와 달리, 동방에 위치한 정토를 설하는 불경도 있다.

『법화경』, 『유마경』, 『아촉불국경』 등은 동방에 묘희세계妙喜世界가 있고, 그곳에서 아촉불이 교화행을 하고 있다고 설한다. 또 『약사경藥師經』은 동방에 약사여래를 주불로 한 유리광정토琉璃光淨土를 설한다. 이 유리광정토는 같은 동방에 있지만 묘희세계와는 다른 별개의 것이다. 이밖에 현재 한국불교에서 외우는 대예참례는 남방과 북방에도 정토가 있다는 것을 전제로 만들어졌다.

타방정토 가운데 동서남북으로 표시하는 것 외에 도솔천이 있다. 석가세존이 이 사바세계에 오기 전에 그 곳에 살았었고 미륵보살이 56억 7천만 년 뒤 용화세계에 하강할 날을 기다리며 수행하고 있는 하늘나라이다. 서방의 극락이나 도솔천이 정토라는 점에서는 같지만, 수행을 강조하는 점에서 약간 차이가 있다.

서방의 극락은 누구나 신심과 선행으로 갈 수 있는 곳이다. 여기에서도 수행을 계속해서 성불할 수 있지만, 도솔천은 보살이 전문적으로 수행을 위해서 왕생하는 곳이다. 현재 한국불교는 신도에게는 극락왕생을 빌어주고, 출가자가 입적했을 경우에는 "도솔천에 태어나서 수행하다가 속히 중생구제를 위해서 사바세계로 돌아오기를 빈다."고 축원을 한다.

차방정토 즉 이 세계를 정토로 보는 데도 크게 두 가지 갈래가 있다. 이 사바세계가 그대로 법신불의 몸체나 활동 환경이라는 것과 불보살이 정토로 바꾸기 위해서 몸을 나투는 곳이라는 것이다. 『화엄경』은 전 우주가 연꽃에 둘러싸여 있는 연화장세계蓮花藏世界로 비로자나불의 정토라고 한다. 밀교에서는 이 세계를 대일법신의 몸체로 본다. 또 석가세존은 일부러 이 예토에 내려와서 성불했다. 『열반경』은 석존의 법신이 이 세계에

파주 보광사 구품연지
『관무량수경』에는 염불해서 왕생하는 이들에게도 차별이 있어 가는 곳이 각기 다르다고 한다. 상품상생부터 하품하생까지 모두 아홉 곳이 있는데 파주 보광사 대웅보전에 그려진 이 벽화는 이런 내용을 표현하고 있다.

항상 머문다고 한다. 이 세계가 이미 완성된 정토거나 현재 이루어지고 있는 정토라는 것이다.

유심정토는 마음을 닦아 지혜의 눈을 열어서 성취하는 정토이다. 『유마경』은 마음이 청정하면 부처님의 국토가 청정하다고 가르친다. 정토가 별도로 있는 것이 아니라 마음의 청정에 의해서 얻어진다는 것이다. 혜능을 선두로 해서 선종에서도 유심정토를 주창한다. 정토교가 타력에 의지해서 서방정토에 갈 수 있다고 하는 것과 대조적으로, 선종은 자력에 의지해서 바로 이 자리에서 정토를 얻을 수 있다고 하는 것이다. 그러면 셋의 정토는 각기 다른가? 아니다. 하나이다. 깊은 신심과 높은 수행에 들어간다면 말이다.

074 정토 신앙과 선 수행

앞에서 정토를 크게 세 가지로 나누어 보았다. 멀리 있는 정토, 현실 속의 정토, 그리고 마음의 정토이다. 그렇다면 나름대로 이상세계를 나타내는 의미로서의 정토의 종류는 헤아릴 수 없이 많을 것이다. 그러나 불교에서 일반적으로 말하는 정토는 아미타불이 주불로 있는 서방정토 극락세계를 말한다. 또한 정토교는 저 서방정토, 그 곳에 있는 아미타불의 이상, 그리고 저 정토에 이르는 방법을 전하는 가르침을 의미한다.

현재 한국불교에 있어서, 유발 신도가 생을 마쳤을 경우에는 그 천도 예식을 서방정토의 미타신앙에 의해서 행하고, 삭발 승려가 입적했을 경우에는 도솔천에 태어나서 수행하다가 속히 사바세계로 다시 돌아오라는 축원을 한다고 앞 장에서 말한 바 있다. 이를 본 한 독자가 승려들의 도솔천 신앙에 대해서 이의를 제기해 왔다. 현재 승려들에게 있어서 도솔천 신앙이 두드러지게 강하지도 않은데, 축원문이 그렇다고 해서 그것을 승려들의 전체적인 신앙인 것처럼 일반화해서 말하면 되느냐는 것이다.

그렇다. 모든 출가자가 재가신도는 서방정토로 보내고, 자신들은 도솔천에 태어나기를 바라는 것은 아니다. 출가자 가운데도 서방정토에 왕생하기를 바라는 이가 있을 것이다. 출가자들에게만 도솔천 신앙이 특별히 있는 것도 아니다. 그러나 현재 한국불교는 실제로는 통불교의 역할을 하면서도 그 종지는 선종을 표방하고 있다. 선종은 자력에 의한 성불과 생사해탈을 궁극의 목표로 하고, 정토교는 자력 외에 타력도 이용해서 극락세계에 가는 것을 목표로 한다. 자력 성불이라는 목표를 가진 출가자들의 자존심은 드러내 놓고 미타 신앙에 안주하는 것을 꺼리게 한다.

조실 스님들의 결제 해제 상당법문上堂法門은 생사해탈을 강조한다. 천상에 태어나면 자기가 지은 복을 다 쓰고 났을 때, 다시 아래로 내려와서 지옥, 아귀, 축생으로 윤회할 수도 있다고 한다. 성불해서 윤회의 굴레로부터 완전히 벗어나는 참선 공부를 해야 한다고 강조한다. 물론 서방정토와 천상은 일치하지 않는다. 욕계, 색계, 무색계의 많은 천상들은 서방정토와 다르다. 그럼에도 참선 정진하는 출가 수행자들은 극락에 들렀다가 더 높이 올라가는 우회로보다는, 이 몸을 가지고 바로 깨쳐 바로 부처가 되는 직행로를 잡아야 한다고 생각한다.

그렇다고 해서 출가 승려들에게 서방정토 신앙이 전혀 없는 것은 아니다. 현재 전국 사찰의 출가자들은 신도 망인을 위해서 천도재를 지극정성으로 모신다. 서방정토가 좋기 때문에 신도들에게도 권할 것이고, 신도들이 그 곳에 왕생하기를 바랄 것이 아니겠는가. 그 망인이 일반신도가 아닌 출가자 자신의 부모 형제 중의 한 명이라고 하더라도, 그를 위해서는 서방정토 왕생을 기원하니, 정토에 대한 믿음이 없지 않은 것은 분명하다.

그러면 왜 출가자들의 신앙이 저처럼 이중적인 듯이 보이는가. 자력교自力敎와 타력교他力敎, 난행도難行道, 이행도易行道의 문제가 걸려 있기 때문이다. 참선 수행자들에게 있어서는 남의 힘을 빌리지 않고 자력에 의해서

여주 흥국사 부도밭

닦아 나간다는 자존심, 또는 번뇌와 생사로부터의 해탈을 위해서 쉬운 우회로가 아닌 어려운 직선로를 간다는 자긍심이 있다. 왕생정토는 불보살의 힘을 빌리기 쉬운 길이므로 수행 전문가가 아닌 신도들에게 권하고, 전문가인 자신들만이라도 힘든 길을 가야 한다고 생각하는 것이다.

그런데 자력과 타력은 완전히 갈라놓을 수 없다. 누구의 힘이라고 이름 붙이든 우주 가운데 무엇인가의 도움을 받지 않는 자력은 있을 수 없다. 타력을 빌리더라도 자력이 있어야 한다. 돈을 빌리더라도 말할 힘이 있어야 하기 때문이다. 그래서 참선하는 출가자들도 기도를 통해서 정진할 힘을 충전시키는 것을 흔히 볼 수 있다. 또 선과 정토를 겸해서 닦기도 한다. 이 선정겸수禪淨兼修에 대해서는 별도의 장에서 설명하도록 하겠다.

⑦⑤ 법장 비구와 아미타불

서방정토 극락세계에 아미타불이 계시는데, 그 부처님은 어떤 인연으로 출가 수행을 했을까? 『무량수경無量壽經』은 이 이야기를 전한다. 『무량수경』은 범어로부터 한문으로 열두 번이나 번역되었다. 같은 불경이 여러 번 번역되었다는 것은, 정토에 관한 중요한 내용이 담겨 있음을 짐작케 한다. 현재 열두 권의 번역본들이 다 남아 있지는 않다. 일곱은 없어지고 다섯만 전해지고 있다. 또 범어본, 티베트어본, 한문본들도 완전히 일치하지 않는다. 같은 내용의 불경이라고 하더라도 범어 원본들이 조금씩 다르기 때문이다. 남아 있는 다섯 종류의 한문본 『무량수경』 가운데서 강승개康僧鎧의 번역이 가장 중요하게 여겨진다.

석존은 아난 존자에게 설한다. 우리의 시간 개념으로는 도저히 헤아릴 수 없는 무량 억천만겁 전에 정광여래가 있었고, 53의 부처님들이 연속적으로 출현했다. 그 다음 54번째로 세자재왕 여래가 출현했는데 한 국왕이 저 부처님의 법문을 듣고, 완전히 반해 버린다. 그러고는 나라와 왕위를 버리고 출가해서 '법장法藏'이라는 비구가 된다.

법장 비구는 세자재왕 여래 앞에서 다짐한다. 자기도 저 부처님처럼 성불해서 일체중생이 모든 번뇌와 생사윤회로부터 벗어나게 하겠다는 것, 중생의 두려움을 모두 없애겠다는 것, 셀 수 없이 많은 부처님을 받들어 섬기고 공양하겠다는 것, 자신이 사는 나라에 오는 이들은 누구나 즐겁고 편안하게 하겠다는 것 등등이다. 십 수 년 전에 불교계 각 종단을 대표하는 스님들 백여 명이 청와대를 방문했었다. 스님들이 민족문화 보호 차원에서 불교를 수호해야 한다는 것, 불교에는 호국의 전통이 있다는 것, 경제적인 국난을 극복하는데 불법의 가르침을 알고 활용하라는 것 등을 이야기했다. 그러자 대통령은 석존의 평등사상으로부터 시작해서, 고려시대의 팔만대장경 조성, 조선 임진란 때 서산 · 사명대사를 선두로 한 승려들이 나라를 지키기 위해 나선 것, 나라가 잘 되기 위해서는 지역갈등 없이 전 국민의 마음이 모아져야 하는데 불교계를 비롯해서 전 종교인들이 앞장서 나서야 한다는 것 등을 논리정연하게 이야기했다. 너무도 해박해서 앞뒤가 척척 맞아서 스님들은 더 이상 할 말을 잊을 정도였다.

나는 지금 국왕의 출가가 얼마나 대단한 사건인가를 말하려고 한다. 대통령보다도 더 많이 알고, 경제적인 면에서 뿐만 아니라 정신적인 면에서까지 온 나라를 극락정토로 만들겠다는 더 큰 원력을 갖고 있고, 더 젊고 씩씩한 국왕이 출가해서 사문이 되었다고 상상해 보라. 그런 국왕을 배출한 나라, 그리고 그런 국왕을 발심하게 하고 출가하게 만든 불교는 얼마나 멋지고 좋겠는가. 『무량수경』에서의 법장 비구는 바로 그런 국왕이었다.

법장 비구가 부처님에게 청정한 장엄으로 이루어진 가장 이상적인 국토를 이루고 싶다는 소원을 사뢰니, 부처님은 아무리 큰 바닷물을 혼자 퍼낸다고 하더라도 끊임없이 계속하면 성불할 날이 있다고 대답한다. 그 후 법장 비구는 2백10억 국토에서 청정행을 닦는다. 세자재와 여래의 수

극락에서 설법하는
아미타불
ⓒ 국립중앙박물관

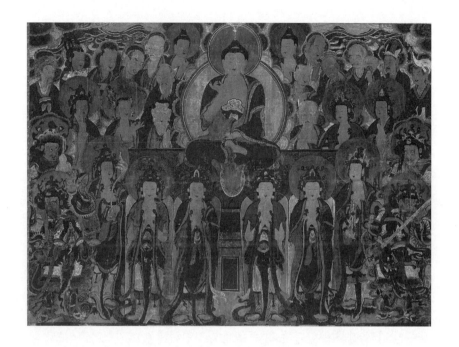

명이 42겁이나 된다고 하니, 법장 비구가 수행한 기간이 얼마나 긴지 우리로서는 도저히 측량할 수가 없다.

마침내 원을 이룬 그 법장 비구는 10겁 이전에 이미 아미타불이 되어 서쪽으로 10만억 국토를 지난 곳에 있는 극락세계에 지금도 머물고 있다고 한다. 아미타불은 무량한 광명을 발산한다. 이 빛은 모든 탐욕과 성냄과 어리석음을 몰아낸다. 싸움과 갈등은 왜 생겨나는가? 미혹과 욕심 때문이 아닌가. 부처님의 광명은 바로 저 미혹을 없앤다. 그래서 아미타불은 무량광불, 지혜광불, 무애광불, 환희광불이라고 부르기도 한다. 또 아미타불은 영원한 수명을 누린다. 죽음을 지웠다는 말이다. 그래서 무량수불이라고도 한다. 끝없는 공간과 시간을 누리는 부처님이라고 부를 수 있다.

076 법장 비구의 48원願

두 가지 삶의 방향이 있다. 과거의 습관을 답습하는 것과 높은 이상을 잡고 그걸 달성하기 위해 수행하는 것이다. 앞을 업業, 뒤의 것을 원願이라고 한다. 업은 윤회를 만들고 원은 열반으로 안내한다. 불도의 이상은 부처를 이루고 중생을 제도하는 것이다. 보살행을 닦는 이는 누구나 원을 세운다.

원도 어느 때에 일으켰느냐에 따라서 크게 둘로 나눌 수가 있다. 불보살이 인행시因行時, 즉 무량겁 전에 보살행을 닦을 때에 세운 것이 있고, 현재에 우리가 다짐하는 것이 있다. 불보살이 인행시에 품은 원은 본원本願이라고 하고, 지금의 우리가 품은 원은 발원發願이라고 한다. 물론 불보살의 경우에도 수행할 때를 기점으로 말할 때는 원을 발한다고 할 수 있겠지만, 현재를 기점으로 말할 경우 그렇게 구별할 수 있다는 것이다.

저 본원도 그 내용에 따라서 보편적인 것과 개별적인 것으로 구분할 수 있다. 중생을 제도하고, 번뇌를 끊고, 불법을 배우고, 불도를 이루는 것은 모든 불보살이 공통으로 갖는 원이다. 그러나 갖가지의 명호를 가진 불보살은 각기 나름대로의 독특한 원을 가질 수 있다. 지장보살은 지옥 중생을 다 제도하기 전까지는 성불하지 않겠다는 본원을 가졌었고 법장 비구는 48원을 가졌었다. 또 성불해서 중생을 구제하는 장소도 다를 수 있다. 『비화경非華經』에서의 석존과 『미륵보살소문경彌勒菩薩所問經』에서의 미륵보살은 우리가 살고 있는 이 세계에서 성불하는 원을 세웠고, 『무량수경』에서의 법장 비구는 서방정토라는 타방세계에서 성불하는 원을 세웠다. 보편적인 원에 개별적인 원을 추가해서 가진 것이다.

『무량수경』에는 본원의 숫자가 48로 되어 있지만 다른 번역본들과 일치하지는 않는다. 24개로부터 49개까지 줄어들기도 하고 늘어나기도 한다. 그러나 48원이 기본이 된다.

48원의 처음을 보자. 법장 비구는 성불한 다음에 아직도 지옥, 아귀, 축생의 고통이 남아 있다면 성불하지 않겠다고 다짐한다. 탐욕은 지옥을, 성냄은 아귀를, 어리석음은 축생을 만든다. 자신이 성불하면 탐진치 삼독과 그것이 만드는 삼악도가 없는 정토를 만들겠다는 원이다.

특별히 눈길을 끄는 원들을 보자. 잘나고 못난이가 없는 세상을 그린다. 악인이 없이 누구나 건강하고 다른 이로부터 칭송을 듣는 사람들만 사는 정토, 아미타불만 생각하고 그 명호를 외우면 누구나 그 곁으로 갈 수 있는 정토, 어느 부처님에게든지 마음껏 공양을 올리고 시주할 수 있는 풍족한 정토, 누구나 막강한 힘과 육체미를 누리는 정토, 모든 이들이 지혜롭고 변재가 넘치는 정토, 사람들이 즐거움만 누리면서도 수행을 게을리 하지 않는 정토, 누구나 부귀와 덕을 갖춘 정토, 누구나 마음껏 불법을 들을 수 있고 생사에 자재할 수 있는 정토를 그린다. 법장 비구의 본원은 48가지나 되지만 크게 세 줄기로 분류할 수 있다. 첫째는 어떤 능력을 가진 부처님 몸을 얻겠느냐는 것, 둘째는 어떻게 이상세계를 꾸미겠느냐는 것, 셋째는 어떻게 중생을 제도하겠느냐는 것이다.

첫째, 부처님의 몸은 광명과 수명이 한량없기를 원한다. 공간적으로 모든 세계에 꽉 차고 시간적으로 영원한 부처님을 그리는 것이다. 또 시방세계의 다른 부처님들로부터 칭송을 듣는 부처님이 되고 싶어 한다. 세 가지의 원이 여기에 속한다. 둘째, 극락이라는 이상세계의 생활환경은 청정하면서도 아름답고 편리하기를 원한다. 두 가지의 원이 여기에 속한다. 셋째, 삼악도를 없게 하는 등 갖가지 방법으로 중생을 구제하기를 원한다. 위의 다섯 가지를 뺀 43가지의 원이 여기에 속한다. 정토교에서 중요시되는 염불왕생의 근거도 이 48원 가운데 있다. 18번째 십념왕생원^{十念往生願}이다. 다음 장에서 살피기로 하자.

법장 비구의 48원願

01) 무삼악취원無三惡聚願

제가 부처가 될 적에, 그 나라에 지옥과 아귀와 축생의 삼악도가 있다면 저는 차라리 부처가 되지 않겠나이다.

02) 불편악취원不便惡聚願

제가 부처가 될 적에, 그 나라의 중생들이 수명이 다한 뒤에 다시 삼악도에 떨어지는 일이 있다면, 저는 차라리 부처가 되지 않겠나이다.

03) 실개금색원悉皆金色願

제가 부처가 될 적에, 그 나라의 중생들이 몸에서, 찬란한 금색 광명이 빛나지 않는다면, 저는 차라리 부처가 되지 않겠나이다.

04) 무유호추원無有好醜願

제가 부처가 될 적에, 그 나라의 중생들의 모양이 한결같이 훌륭하지 않고, 잘나고 못난이가 따로 있다면, 저는 차라리 부처가 되지 않겠나이다.

05) 숙명지통원宿命智通願

제가 부처가 될 적에, 그 나라의 중생들이 숙명통을 얻어 백천억 나유타겁의 옛 일들을 알지 못한다면, 저는 차라리 부처가 되지 않겠나이다.

06) 천안지통원天眼智通願

제가 부처가 될 적에, 그 나라의 중생들이 천안통을 얻어 백천억 나유타의 모든 세계를 볼 수 없다면, 저는 차라리 부처가 되지 않겠나이다.

07) 천이지통원天耳智通願

제가 부처가 될 적에, 그 나라의 중생들이 천이통을 얻어 백천억 나유타의 많은 부처님들의 설법을 듣고, 그 모두를 간직할 수 없다면, 저는 차라리 부처가 되지 않겠나이다.

08) 타심지통원他心智通願

제가 부처가 될 적에, 그 나라의 중생들이 타심통을 얻어 백천억 나유타의 모든 국토에 있는 중생들의 마음을 알지 못한다면, 저는 차라리 부처가 되지 않겠나이다.

09) 신경지통원神境智通願

제가 부처가 될 적에, 그 나라의 중생들이 신족통을 얻어 순식간에 백천억 나유타의 모든 나라를 지나가지 못한다면, 저는 차라리 부처가 되지 않겠나이다.

10) 속득루진원速得漏盡願

제가 부처가 될 적에, 그 나라의 중생들이 모든 번뇌를 여의는 누진통을 얻지 못하고 망상을 일으켜 자신에 집착하는 분별이 있다면, 저는 차라리 부처가 되지 않겠나이다.

11) 주정정취원住正定聚願

제가 부처가 될 적에, 그 나라의 중생들이 만약, 성불하는 정정취에 머물지 못하고, 필경에 열반을 얻지 못한다면, 저는 차라리 부처가 되지 않겠나이다.

12) 광명무량원光明無量願

제가 부처가 될 적에, 저의 광명이 한계가 있어서 백천억 나유타의 모든 불국토를 비출 수가 없다면, 저는 차라리 부처가 되지 않겠나이다.

13) 수명무량원壽命無量願

제가 부처가 될 적에, 저의 수명이 한정이 있어서 백천억 나유타겁 동안만 살 수 있다면, 저는 차라리 부처가 되지 않겠습니다.

14) 성문무수원聲聞無數願

제가 부처가 될 적에, 그 나라 성문의 수효가 한계가 있어서, 삼천대천세계의 성문과 연각들이 백천겁 동안 세어서 그 수를 알 수 있는 정도라면, 저는 차라리 부처가 되지 않겠나이다.

15) 권속장수원眷屬長壽願

제가 부처가 될 적에, 그 나라 중생들의 수명이 한량이 없으리니, 다만, 그들이 중생 제도의 서원에 따라 수명의 길고 짧음을 자재로이 할 수 있을지언정, 만약 그 수명에 한정이 있다면 저는 차라리 부처가 되지 않겠나이다.

16) 무제불선원無諸不善願

제가 부처가 될 적에, 그 나라의 중생들이 좋지 않은 일은 물론이요, 나쁜 이름이라도 있다면, 저는 차라리 부처가 되지 않겠나이다.

17) 제불칭양원諸佛稱揚願

제가 부처가 될 적에, 시방세계의 헤아릴 수 없는 모든 부처님들이 저의 이름을 찬양하지 않는다면, 저는 차라리 부처가 되지 않겠나이다.

18) 십념왕생원十念往生願

제가 부처가 될 적에, 시방세계의 중생들이 저의 나라에 태어나고자 신심과 환희심을 내어 제 이름을 다만 열 번만 불러도 저의 나라에 태어 날 수 없다면, 저는 차라리 부처가 되지 않겠나이다.

19) 내영인접원來迎引接願

제가 부처가 될 적에, 시방세계의 중생들이 보리심을 일으켜 모든 공덕을 쌓고, 지성으로 저의 불국토에 태어나고자 원을 세울 때, 그들의 임종시에 제가 대중들과 함께 그들을 마중할 수 없다면, 저는 차라리 부처가 되지 않겠나이다.

20) 계념정생원係念定生願

제가 부처가 될 적에, 시방세계의 중생들이 제 이름을 듣고 저의 불국토를 흠모하여 많은 선근공덕을 쌓고, 지성으로 저의 나라에 태어나고자 마음을 회향할 때, 그 목적을 이루지 못한다면, 저는 차라리 부처가 되지 않겠나이다.

21) 삼십이상원三十二相願

제가 부처가 될 적에, 그 나라의 중생들이 모두 삼십이 대인상의 훌륭한 상호를 갖추지 못한다면, 저는 차라리 부처가 되지 않겠나이다.

22) 필지보처원必至補處願

제가 부처가 될 적에, 다른 불국토의 보살들이 제 나라에 와서 태어난다면, 필경에 그들은 한 생만 지나면 반드시 부처가 되는 일생보처의 자리에 이르게 되오리다. 다만 그들의 소원에 따라, 중생을 위하여 서원을 세우고 선근공덕을 쌓아 일체중생을 제도하고, 또는 모든 불국토에 다니며 보살의 행을 닦아 시바세계의 여러 부처님을 공양하고, 또한 한량없는 중생을 교화하여 위없이 바르고 참다운 가르침을 세우고자, 예사로운 순탄한 수행을 초월하여 짐짓, 보현보살의 공덕을 닦으려 하는 이들은 자재로이 그 원행에 따를 것이오나, 다른 보살들이 일생보처에 이르지 못한다면, 저는 차라리 부처가 되지 않겠나이다.

23) 공양제불원供養諸佛願

제가 부처가 될 적에, 그 나라의 보살들이 부처님의 신통력을 입고, 모든 부처님을 공양하기 위하여 한참 동안에 헤아릴 수 없는 모든 불국토에 두루 이를 수가 없다면, 저는 차라리 부처가 되지 않겠나이다.

24) 공구여의원供具如意願

제가 부처가 될 적에, 그 나라의 보살들이 모든 부처님에게 공양드리는 공덕을 세우려 할 때, 그들이 바라는 모든 공양하는 물건들을 마음대로 얻을 수 없다면, 저는 차라리 부처가 되지 않겠나이다.

25) 설일체지원設一切智願

제가 부처가 될 적에, 그 나라의 보살들이 부처님의 일체 지혜를 연설할 수 없다면, 저는 차라리 부처가 되지 않겠나이다.

26) 나라연신원那羅延身願

제가 부처가 될 적에, 그 나라의 보살들이 천상에 금강역사인 나라연과 같은 견고한 몸을 얻지 못한다면, 저는 차라리 부처가 되지 않겠나이다.

27) 소수엄정원所須嚴淨願

제가 부처가 될 적에, 그 나라의 중생들과 일체 만물은 정결하고 찬란하게 빛나며, 그 모양이 빼어나고 지극히 미묘함을 능히 칭량할 수 없으리니, 만약 천안통을 얻은 이가 그 이름과 수효를 헤아릴 수 있다면, 저는 차라리 부처가 되지 않겠나이다.

28) 견도양수원見道揚樹願

제가 부처가 될 적에, 그 나라의 보살들을 비롯하여 공덕이 적은 이들까지도, 그 나라의 보리수가 한없이 빛나고 그 높이가 사백만 리나 되는 것을 알아보지 못한다면, 저는 차라리 부처가 되지 않겠나이다.

29) 득변재지원得辯才智願

제가 부처가 될 적에, 그 나라의 보살들이 스스로 경을 읽고 외우며 또한 남에게 설법하는 변재와 지혜를 얻을 수 없다면, 저는 차라리 부처가 되지 않겠나이다.

30) 지변무궁원智辯無窮願

제가 부처가 될 적에, 그 나라의 보살들의 지혜와 변재가 한정이 있다면, 저는 차라리 부처가 되지 않겠나이다.

31) 국토청정원國土淸淨願

제가 부처가 될 적에, 그 불국토가 한없이 청정하여, 시방일체의 무량무수한 모든 부처가 세계를 모두 낱낱이 비쳐봄이 마치 맑은 거울로 얼굴을 비쳐보는 것과 같지 않다면, 저는 차라리 부처가 되지 않겠나이다.

32) 국토엄식원國土嚴飾願

제가 부처가 될 적에, 지상이나 허공에 있는 모든 궁전이나 누각이나 흐르는 물이나 꽃과 나무나, 나라 안에 있는 일체만물은 모두 헤아릴 수 없는 보배와 백천 가지의 향으로 이루어지고, 그 장엄하고 기묘함이 인간계나 천상계에서는 비교할 수 없으며, 그 미묘한 향기가 시방세계에 두루 풍기면, 보살들은 그 향기를 맡고 모두 부처님의 행을 닦게 되리니, 만약 그렇지 않다면, 저는 차라리 부처가 되지 않겠나이다.

33) 촉광유연원觸光柔軟願

제가 부처가 될 적에, 시방세계의 한량없고 불가사의한 모든 불국토의 중생들로서, 저의 광명이 그들의 몸에 비치어 접촉한 이는 그 몸과 마음이 부드럽고 상냥하여 인간과 천상을 초월하리니, 만약 그렇지 않다면, 저는 차라리 부처가 되지 않겠나이다.

34) 문명득인원聞名得忍願

제가 부처가 될 적에, 시방세계의 헤아릴 수 없고 불가사의한 모든 부처님 세계의 중생들이 제 이름을 듣고, 보살의 무생법인과 깊은 지혜 공덕인 다라니 법문을 얻을 수 없다면, 저는 차라리 부처가 되지 않겠나이다.

35) 여인왕생원女人往生願

제가 부처가 될 적에, 시방세계의 헤아릴 수 없고 불가사의한 부처님 세계의 여인들이 제 이름을 듣고 환희심을 내어 보리심을 일으키고 여자의 몸을 싫어한 이가 목숨을 마친 후에 다시금 여인이 된다면, 저는 차라리 부처가 되지 않겠나이다.

36) 상수범행원常修梵行願

제가 부처가 될 적에, 시방세계의 헤아릴 수 없고 불가사의한 모든 부처님 세계의 보살들이 제 이름을 듣고 수명이 다한 후에도 만약 청정한 수행을 할 수 없고, 필경에 성불하지 못한다면, 저는 차라리 부처가 되지 않겠나이다.

37) 천인치경원天人致敬願

제가 부처가 될 적에, 시방세계의 헤아릴 수 없고 불가사의한 모든 부처님 세계의 중생들이 제 이름을 듣고 땅에 엎드려 부처님을 예배하며 환희심과 신심을 내어 보살행을 닦을 때, 모든 천신과 인간들이 그들을 공경하지 않는다면, 저는 차라리 부처가 되지 않겠나이다.

38) 의복수념원衣服隨念願

제가 부처가 될 적에, 그 나라의 중생들이 의복을 얻고자 하면 생각하는 대로 바로 훌륭한 옷이 저절로 입혀지게 되는 것이, 마치 부처님이 찬탄하시는 가사가 자연히 비구들이 몸에 입혀지는 것과 같으리니, 만약 그렇지 않고 바느질이나 다듬이질이나 물들이거나 빨래할 필요가 있다면, 저는 차라리 부처가 되지 않겠나이다.

39) 수락무염원受樂無染願

제가 부처가 될 적에, 그 나라의 중생들이 누리는 상쾌한 즐거움이 일체 번뇌를 모두 여읜 비구와 같지 않다면, 저는 차라리 부처가 되지 않겠나이다.

40) 견제불토원見諸佛土願

제가 부처가 될 적에, 그 나라의 보살들이 시방세계의 헤아릴 수 없는 청정한 불국토를 보고자 하면, 그 소원대로 보배나무에서 모든 낱낱이 비춰보는 것이 마치, 맑은 거울에 그 얼굴을 비쳐 보는 것과 같으리니 만일 그렇지 않다면, 저는 차라리 부처가 되지 않겠나이다.

41) 제근구족원諸根具足願

제가 부처가 될 적에, 다른 세계의 여러 보살들이 제 이름을 듣고 부처님이 될 때까지 육근이 원만하여 불구자가 되는 일이 없으리니 만약 그렇지 않다면, 저는 차라리 부처가 되지 않겠나이다.

42) 주정공불원住定供佛願

제가 부처가 될 적에, 다른 세계의 보살들이 제 이름을 들은 이는 모두 청정한 해탈삼매를 얻을 것이며, 매양 이 삼매에 머물러 한 생각 동안에 헤아릴 수 없고 불가사의한 모든 부처님을 공양하고도 오히려 삼매를 잃지 않으리니, 만일 그렇지 않다면, 저는 차라리 부처가 되지 않겠나이다.

43) 생존귀가원生尊貴家願

제가 부처가 될 적에, 다른 세계의 보살들이 제 이름을 듣고도 수명이 다한 후에 존귀한 집에 태어나지 않는다면, 저는 차라리 부처가 되지 않겠나이다.

44) 구족덕본원具足德本願

제가 부처가 될 적에, 다른 세계의 보살들이, 제 이름을 듣고 한없이 기뻐하며 보살행을 닦아서 모든 공덕을 갖추리니, 만일 그렇지 않다면 저는 차라리 부처가 되지 않겠나이다.

45) 주정견불원住定見佛願

제가 부처가 될 적에, 다른 세계의 보살들이 제 이름을 들으면, 그들은 모든 부처님을 두루 뵈올 수 있는 삼매를 얻을 것이며, 매양 이 삼매에 머물러 성불하기까지 언제나 불가사의한 일체 모든 부처님을 뵈올 수 있으리니, 만일 그렇지 않다면 저는 차라리 부처가 되지 않겠나이다.

46) 수의문법원隨意聞法願

제가 부처가 될 적에, 그 나라의 보살들은 듣고자 하는 법문을 소원대로 자연히 들을 수 있으리니, 만약 그렇지 않다면, 저는 차라리 부처가 되지 않겠나이다.

47) 득불퇴전원得不退轉願

제가 부처가 될 적에, 다른 세계의 보살들이 제 이름을 듣고 나서 일체 공덕이 물러나지 않는 불퇴전의 자리에 이를 수 없다면, 저는 차라리 부처가 되지 않겠나이다.

48) 득삼법인원得三法忍願

제가 부처가 될 적에, 다른 세계의 보살들이 제 이름만 듣고도 바로, 설법을 듣고 깨닫는 음향인과 진리에 수순하는 유순인과 나지도 죽지도 않는 도리를 깨닫는 무생법인을 성취하지 못하고, 모든 불법에서 물러나지 않는 불퇴전의 자리를 얻을 수 없다면, 저는 차라리 부처가 되지 않겠나이다.

077   염불과 극락왕생

법장 비구의 48원 가운데 제18원은 "내가 부처가 되었을 때, 모든 중생들이 지극한 믿음을 갖고 극락에 태어나기를 십념^{十念}으로 발원하는데도 불구하고 그것을 이루지 못하는 이가 있다면 나는 정각을 이루지 않겠다." 하는 취지로 되어 있다. 이 원에 대해서 여럿의 제목이 있다. 십념왕생원^{十念往生願}, 염불왕생원^{念佛往生願}, 지심신락원^{至心信樂願} 등이다. 저 원의 어떤 면을 강조하느냐에 따라서 다른 제목이 붙여진 것이다. 우리가 현재 사용하고 있는 기본적인 염불 의례 책인 『석문의범^{釋門儀範}』은 십념왕생원을 쓰고 있다.

　먼저 십념^{十念}에서의 열이란 무엇을 뜻하는가. 여럿의 해석이 있다. 염불^{念佛}, 염법^{念法}, 염승^{念僧}, 염시^{念施}, 염계^{念戒}, 염천^{念天}, 염휴식^{念休息}, 염안반^{念安般}, 염신^{念身}, 염사^{念死}의 열 가지라고 하는 것, 『미륵보살소문경^{彌勒菩薩所問經}』에 나타나는 중생을 위해 자비행을 닦고 정각을 성취하기 위하여 수행하는 종류의 십념이라고 하는 것, 10회라고 하는 것, 꽉 차서 완전하게 성취되었음을 나타내는 것, 끊임없이 지속하는 것 등이다. 그런데 이 열이라는 숫자는 뒤의 염^念과 연결되어야 한다. 염이란 바로 아미타불을 생각하는 것, 즉 염불을 뜻하기 때문에, 극락왕생의 원이 성취될 때까지 지극한 마음으로 끊임없이 염불을 계속한다는 것으로 이해해야 할 것이다.

열이라는 숫자를 수행의 종류로 해석하면 정토교의 특징 또는 강점이 없어진다. 정토교는 누구나 쉽게 행할 수 있는 이행도易行道를 강조한다. 염불은 쉽지만 다른 수행은 복잡하고 어렵다. 그리고 아미타불이라는 근본을 생각하면 그 아래에 있는 잡다한 것들도 같이 따라오게 된다. '지구'라고 하면 그 안의 산, 바다, 강, 들, 나무 등이 전부 포함되는 것과 같다. 아미타불에는 지혜를 구하는 것과 중생을 건지는 것이 한꺼번에 포함되어 있다는 것이다.

다음은 아미타불을 생각하는 방법이 문제이다. 슬프면 울음이, 즐거우면 웃음이 절로 나온다. 아미타불을 그리워하다 보면 자연히 명호를 부르게 된다. 그래서 정토교를 전문으로 연구하고 가르치는 조사 스님들은 저 염念 자를 마음속으로 생각하는 것뿐만 아니라 입으로도 외우는 것으로 해석해 왔다. 염불은 소리를 내어서 해야 한다는 것이다. 부처님의 명호를 외우는 칭명염불稱名念佛이다. 우리가 현재 쓰고 있는 장엄예불 예식에는 소리를 크게 내서 염불하는 것을 찬탄하는 고성염불高聲念佛의 열 가지 공덕이 담겨 있다.

정토교에 있어서 수행은 염불로 시작해서 염불로 끝난다. 아미타불을 생각하는 것을 바른 수행이라고 하고, 여타의 수행을 잡된 수행이라고 한다. 바른 수행에는 『무량수경』, 『관무량수경』, 『아미타경』으로 이루어지는 정토교 전문 불경을 독송하는 것, 아미타불과 극락세계의 장엄을 생각하고 관하는 것, 아미타불에게 예배하는 것, 아미타불의 이름만을 부르는 것, 아미타불을 찬탄하고 공양을 올리는 것의 다섯 가지이다. 정토삼부경 이외의 다른 경을 독송하는 것, 아미타불을 관하는 것 이외의 관찰 수행법, 아미타불 이외의 불보살에게 예배하고, 명호를 부르고, 찬탄하며 공양을 올리는 것은 잡된 수행이 된다. 잡된 수행도 허용되기는 하지만 반드시 아미타불을 생각하는 바른 수행으로 회향되어야 한다.

법장 비구는 십념으로 염불하는 이가 극락왕생하지 못하는 일이 있다면 성불하지 않겠다고 했다. 법장 비구는 성불해서 아미타불이 된 지 이미 10겁이나 지났다. 그렇다면 염불을 하는 이는 누구나 반드시 극락왕생하게 될 것이다.

향가 가운데 〈원왕생가願往生歌〉는 간절한 정토 신앙을 감동적으로 전해 준다. 이 노래의 작자는 서쪽으로 기우는 달에게 극락왕생을 비는 이가 있다고 아미타불에게 사뢰어 달라고 부탁한다. 자신이 극락왕생하지 않으면 어떻게 법장 비구의 48원이 성취되었다고 할 수 있겠느냐고 묻는다.

고성염불 십종공덕高聲念佛 十種功德
하나. 능히 잠을 없애주는 공덕
둘. 천마天魔가 놀래고 두려워하는 공덕
셋. 염불 소리가 온 사방에 두루 퍼지는 공덕
넷. 삼도三途의 고통을 쉬게 하는 공덕
다섯. 다른 소리가 들리지 않는 공덕
여섯. 염불하는 마음이 흩어지지 않는 공덕
일곱. 용맹정진하는 공덕
여덟. 모든 부처님이 기뻐하시는 공덕
아홉. 삼매가 뚜렷하게 드러나는 공덕
열. 정토淨土에 태어나는 공덕

078 본래 성취된 정토

정토교는 불교의 다른 사상들과 합쳐지기도 한다. 유식, 천태, 밀교, 선 등과 결합하거나 그 사상들을 정토 쪽으로 끌어다 쓰는 경우도 있다. 정 토교라고 해서 다른 불교와 동떨어진 것이 아니기 때문에 인접 사상과 크 고 작은 영향을 주고받는 것이 당연하지만, 그 가운데서도 천태사상과 결 합된 정토의 맛은 특별히 두드러진다. 우리가 이미 공부한 바 있는 천태 의 핵심을 다시 한 번 간략히 되짚어 보자.

『반야경』은 공을 가르친다. 모든 사물에는 언제나 변하지 않는 주체 가 없다고 한다. 어느 것 하나도 독자적으로 존재할 수 없고 반드시 다른 것과 의존 관계에 있다. 이것을 텅 빈 상태, 즉 공의 상태에 있다고 말 한다. 그런데 의존 관계에 있는 것을 텅 비었다고 할 수도 있지만 반대로 꽉 찼다고도 말할 수 있다. 내 쪽에 있는 것이 다른 것으로 나가서 텅 비 었다는 것은, 반대로 다른 것들이 내 쪽에 들어와서 꽉 차 있다는 것도 된다. 천태에서는 『법화경』이 바로 『반야경』의 공사상을 뒤집어서 꽉 차 있는 것을 가르친다고 풀이한다. 이것을 천태는 성구性具 즉 본래부터 모 든 것을 포함해서 갖추어 있다는 용어로 압축해서 표현한다. 모든 것이 나에게 포함되어 있다는 것은, 부처가 되기 위해서 수행하는 우리에게는 대단히 중요한 출발점이 된다. 부처가 되려면 우리에게 부처 또는 부처가 될 불씨가 있어야 하기 때문이다. 「방편품」과 「여래수량품」을 비롯한 『법화경』 전체는 우리가 무량겁 전에 성불한 부처님 또는 그 상속자라고 가르친다. 우리에게는 본래 부처가 포함되어 있다는 것이다. 이것을 본래 깨달음을 성취했다는 뜻에서 한문으로 본각本覺이라고 줄여 표현한다. 성구사상이 보장된 수행의 성취를 강조하다 보니 본각사상을 동반하게 된 것이다.

법장 비구의 48원 가운데 제18원인 십념왕생원十念往生願은 부처님의 명호를 부르면서 염불하는 이가 극락왕생하지 못하는 일이 있다면 성불하지 않겠다고 다짐한다. 그 법장 비구가 성불해서 아미타불이 된 지 벌써 10겁이 지났다. 법장 비구의 원이 성취되어서 아미타불이 되었으므로 지성으로 염불하면 누구나 극락정토에 가게 될 것이다.

그런데 여기서 의문이 생긴다. 염불하는 이가 극락정토에 가거나 갈 자격을 얻은 시점이 언제냐는 것이다. 일반 정토의 입장이라면 지심으로 염불하는 미래가 될 것이다. 그러나 천태에는 성구에 입각한 본각사상이 있다. 우리가 이미 무량겁 전에 깨달음을 성취했다는 사상을 정토교의 염불 수행에 적용하면, 법장 비구가 아미타불이 되었을 때, 모든 중생은 이미 정토에 왕생하거나, 왕생할 자격을 부여 받았다는 것이 된다. 중생들이 정토에 왕생하는 시점은 현재나 미래가 아니라 10겁 전의 과거라는 것이다.

어떤 이는 이렇게 물을 것이다. 이미 정토에 왕생했다면 왜 다시 극락에 가기 위해서 염불 수행을 해야 하겠나? 하지만 천태의 성구사상은 수행이 성불을 포함하는 것과 마찬가지로 성불도 역시 수행을 동반한다고 가르친다. 따라서 정토에 이르렀다고 하더라도 그것을 확인하려면 염불 수행이 있어야 한다는 것이다. 아직 도달하지 않은 극락에 가기 위해서 염불하는 것이 아니라, 이미 극락에 도달했음을 확인하기 위해서 염불을 할 뿐이라는 것이다. 천태의 성구에 입각한 불이不二사상은 수행과 성불을 하나로 본다. 그래서 한 시간 수행하면 한 시간 부처요, 열 시간 수행하면 열 시간 부처다.

마찬가지로 천태사상을 채용한 정토교의 본원염불사상도 한 시간 염불하면 한 시간 정토를 맛보고, 열 시간 염불하면 열 시간 정토를 맛보게 될 것이다. 물론 영원히 염불하면 영원히 극락정토를 확인할 것이다. 법장 비구의 본원은 염불자가 정토에 이른 것을 확인하는데 그치지 않는다. 미모와 건강을 비롯해서 온갖 성취를 다 확인할 수 있다. 스님들이 목적과 근기가 천차만별인 신도에게 무조건 염불하라고 하는 이유가 여기에 있다.

079 위제희의 절망과 발원

이 세상이 좋다면 누가 멀리 있는 극락에 가려고 하겠는가. 극락왕생의 발원은 현재의 처지가 대단히 곤란함을 나타낸다. 설사 의식주가 갖춰지고 오욕락이 충족된다고 하더라도 고독, 늙음, 죽음을 비롯한 갖가지 어두운 그림자가 자신 가까이 드리워 있음을 느끼는 것이다. 석존의 기본적 가르침인 고집멸도^{苦集滅道} 사성제에서 보듯이 불교는 고통을 알아차리는 데서부터 출발한다.

가장 절망스럽고 고통스러울 때는 언제일가? 실직했을 때, 갑자기 부도가 나서 회사를 잃고 많은 빚을 지게 되었을 때, 암이나 에이즈 같은 중병에 걸렸을 때 등을 생각해 볼 수 있다. 『관무량수경^{觀無量壽經}』도 "어떤 최악의 절망 상황을 설정해서 자연스럽게 극락왕생의 발원을 유도할까?"에 대해서 고민했던 듯하다. 『관무량수경』은 많은 경전에 인용되는 부처님 당시의 유명한 고사인 위제희^{韋提希(Vaidehi)} 부인의 처절한 절망을 끌어다 쓰고 있다.

석존 재세 시 인도 마갈타국의 빈바사라^{頻婆娑羅(Bimbisra)} 왕은 신실한 불자요 후원자였다. 석존을 위해 죽림정사를 지어 드렸고 영축산에 오르내리기 편리하도록 돌계단을 쌓아드렸다. 왕과 그의 후처인 위제희 사이에는 아사세^{阿闍世(Ajātaśatru)}라는 왕자가 있었고, 석존에게는 제바달다^{提婆達多} ^(Devadatta)라는 제자가 있었다. 제바달다는 속가의 촌수로 따지면 아난 존자 의 형이고 석존의 사촌동생이다.

인물이 좋은 제바달다는 출가해서 깊은 교리와 신통을 배웠다. 석존 이 제자와 신도들로부터 존경과 공양을 듬뿍 받는 것을 보고는, 부처님의 자리를 차지하고 싶은 욕심이 생겼다. 석존에게 "이제는 은퇴하고 교단 주의 자리를 넘겨주십시오."라고 말하니, 석존은 "아직 때가 되지도 않았 거니와, 은퇴한다고 하더라도 그 후계자로는 사리불이나 목건련이 있지 않느냐."고 대답했다.

그러자 제바달다는 교권을 차지할 다른 방법을 생각해 냈다. 아사세 왕자를 유혹해서 빈바사라 왕을 치게 하는 것이었다. 먼저 아사세 왕자가 왕위에 올라서 자기를 밀어 주면 교권은 자연히 자기에게 넘어 올 것으로 생각했다. 아사세 왕자는 잘 생기고 유식하고 신통을 부릴 줄 아는 제바 달다의 꼬임에 넘어갔다. 그래서 반란을 일으켜 왕위를 빼앗고 아버지를 감옥에 가두어 버렸다. 그리고 스스로 죽기를 바라면서 왕에게 음식을 일 체 반입하지 못하도록 했다.

아사세 왕의 어머니 위제희 부인은 남편을 살릴 궁리를 했다. 그래서 깨끗이 목욕을 한 후 꿀, 밀가루, 우유를 반죽해서 전신에 바르고 영락구 슬 속에 포도주를 담아서 빈바사라 왕에게 드나들었다. 21일이 지난 후 아사세 왕은 지금쯤은 아버지가 죽었을 것으로 생각하고 감옥 경비원에 게 확인했다. 어머니 때문에 아버지가 멀쩡하다는 말을 들은 아사세 왕은 칼을 빼서 어머니를 죽이려고 했다. 그러자 월광과 기바라는 신하가 말 리면서 아버지를 죽이고 나라를 빼앗은 예는 많아도 어머니를 죽인 예는 없다고 말했다. 그것은 백정이나 하는 일이요, 만약 어머니를 죽인다면 자기들은 왕의 곁을 떠나겠다고 말했다. 그 신하들이 물러서면서 칼에 손을 대자 아사세 왕은 움찔했다. 그는 칼을 거두고 어머니를 집 안 깊숙이 가두게 했다.

이 상황에 처한 부인은 멀리 기사굴산에 계신 석존을 향해 예배하고 가르침을 청했다. 석존은 목련 존자와 아난 존자 등과 많은 권속들을 거느리고 신통력으로 부인의 앞에 나타난다. 부인은 고통이 없는 세계를 설해 주시면 그 곳에 가서 태어나고 싶다고 사뢴다. 석존은 미간에서 광명을 내어 시방세계의 갖가지 정토를 보여 주었다. 그 가운데서 부인은 서방에 아미타불이 있는 극락정토를 선택하고 그 곳에 태어나려면 어떻게 해야 하느냐고 묻는다. 석존은 극락정토의 장엄과 부처님을 관하는 법 13가지, 그리고 후세 범부를 위한 왕생법 세 가지를 설한다.

『관무량수경』에 나오는 서방정토를 관하는 13가지 방법

① 일상관日想觀 : 해가 지는 모습을 보고 정토의 존재와 아름다움, 자기 죄업을 관함.
② 수상관水想觀 : 맑은 물을 보고 물을 변화시켜 유리와 같은 정토의 대지를 관함.
③ 보지관寶地觀 : 유리와 대지 위에 있는 황금의 길, 누각 등을 관함.
④ 보수관寶樹觀 : 정토에 있는 칠보의 나무와 그 나무로부터 나오는 광명을 관함.
⑤ 보지관寶池觀 : 여덟 가지 공덕수가 충만한 칠보의 연못을 관하고, 그 물이 흘러 개울이 되고, 연화의 꽃이 피고, 흐르는 물소리는 무상 무아의 법을 설하고 있음을 관함.
⑥ 보루관寶樓觀 : 정토의 칠보 누각에서 천인이 연주하는 음악이 모두 삼보를 염하도록 설하고 있음을 관함.
⑦ 화좌관華座觀 : 부처님이 앉아 계신 연화좌가 찬란하게 정토를 비추고 있음을 관함.
⑧ 상상관像想觀 : 하나의 큰 연화 위에 빛이 찬란한 아미타불의 앉아 계신 모습을 관함.
⑨ 진신관眞身觀 : 아미타불의 상호에서 광명이 비춰 중생을 섭수하고 계심을 관함.
⑩ 관음관觀音觀 : 관세음보살의 몸이 광명으로 빛나는 영락을 두루고 있음을 관함.
⑪ 세지관勢至觀 : 아미타불, 관음, 세지의 3존이 정토에 모여 중생을 위해 설법하시며 고통 받는 중생을 인도하시는 것을 관함.
⑫ 보관普觀 : 불보살이 허공에 가득한 정토에 왕생한 것을 관함.
⑬ 잡상관雜想觀 : 잡다한 불신을 관하는 것으로 정토의 보배 연못에 있는 불상이 시방세계에 몸을 변현시켜 여러 가지 몸으로 일체를 교화함을 관함.

(080) 정토 관찰과 타력

앞에서 우리는 마갈타국 왕궁의 비극과 위제희 부인의 절망을 『관무량수경』에서 읽어 본 바 있다. 위제희 부인은 부처님에게 극락정토와 아미타불을 관하는 방법을 묻고, 부처님은 이에 응해 극락정토라는 이상세계를 주변 환경과 아미타불이 권속을 관하는 방법을 일러 준다. 해와 물로부터 시작해서 보배로 된 땅, 나무, 연못, 누각, 꽃 좌대를 관하는 방법과 부처님의 형상, 아미타불의 몸, 관세음보살, 대세지보살, 극락에 가는 자신, 여러 가지 부처님의 몸을 관하는 방법들이다.

정토교는 부처님으로부터 힘을 빌려서 자기의 원을 성취하는 타력 신앙이고 그래서 자력 신앙보다는 쉽다고 주창한다. 그런데 이 정토교의 불경이 정토세계와 그 안의 등장인물들을 관하는 방법을 설하고 있다. 보통 관찰명상법은 자력적인 수행법이라고 알려져 있는데 『관무량수경』의 관법을 어떻게 타력신앙과 일치되게 하느냐는 문제가 생긴다.

불교는 존재의 실상을 마음과 관련해서 살피는 종교이기 때문에 어느 가르침 어느 교리 하나 마음을 집중해서 살피는 관법과 관련되지 않을 것이 없다. 따라서 부처님의 가르침을 자기 것으로 수확하는 실천적인 방법은 결국 관법으로 귀착되기 마련이다.

'기축'이 새겨진 아미타불
비상(통일신라)
ⓒ 국립중앙박물관

그런데 관찰하는 대상을 원리적인 것과 현상적인 것으로 나눌 수 있다. 가령 일체가 공하다거나 마음으로 이루어졌다는 것은 원리에 속하고 눈앞의 사물이 깨끗하다거나 더럽다는 것은 현상에 속한다. 같은 부처님이라 해도 법신을 관하는 것은 보다 원리 쪽에 치우쳤다고 할 수 있고, 중생세계에 내려와서 중생을 구제하는 화신 부처님을 관하는 것은 보다 현상 쪽에 치우쳤다고 할 수 있다.

여기서 "보다 어느 쪽"이라고 말하는 이유는 불교 교리의 불이성不二性 때문이다. 어떤 것이든지 궁극으로 파고 들어가면 원리와 현상은 하나가 되어 버린다. 무상과 고통이라는 현상의 뿌리에는 공하다는 존재 일반의 원리가 있고, 착한 마음의 뿌리에는 자성청정自性淸淨의 원리가 있다. 반대로 역추적해 보아도 마찬가지다. 법신이 화신으로 나타나고, 화신 뒤에는 법신이 있다.

그렇다면 정토교에서의 관법은 어느 쪽일까? 당연히 눈앞의 현상을 관찰하는 쪽이다. 법장 비구가 아미타불이 되었을 때, 과거 수행 시에 세웠던 본원이 이미 성취되었다고 할 수 있겠는데, 그 본원에는 아미타불을 생각하는 사람의 정토왕생이 이미 포함되어 있다. 정토를 관하는 것은 미혹한 내가 이 몸 그대로 극락왕생이라는 현실적 이익을 얻는 것을 목적으로 한다. 정토교의 관법은 부처나 보살을 위한 것이 아니라 미혹과 절망과 고통에 빠진 중생을 위한 것이다.

미혹하다는 것은 정토세계에 대해서 눈 먼 장님과 같다는 뜻이다. 눈먼 장님에게 아무리 극락세계를 보여 주어도 자력으로는 볼 수가 없다. 동서남북을 가리려고 할 때 힘을 불끈 써서 되는 것이 아니다. 나침반의 도움이 있어야 한다. 부처님이 내리는 불가사의한 가피력이 있어야만 정토를 관하는 수행이나 성취가 가능하다는 것이다.

우리가 기도를 해 보면, 그 기도의 성취뿐만 아니라 기도 과정에서부터 불가사의한 힘을 받는 것을 경험할 수 있다. 삼매에 빠져서 기도할 때, 자기의 힘만으로는 깊이 들어갈 수가 없다. 기도에 빠지다 보면, 자기도 모르게 어디에선가 강한 힘이 나온다. 그 힘을 받았을 때 기도가 잘 되고, 기도가 잘 될 때 다시 더 큰 힘을 받는다. 아미타불이나 정토장엄을 관하는 것도 마찬가지로 알 수 없는 감응력에 의해서 가능한 것이다.

우리가 아미타불을 만나려는 원을 세우고 일심불란으로 관찰하면, 부처님은 우리의 마음을 알고, 그 마음에 나타난다. 물론 생각하지 않으면 나타나지 않는다. 이때 부처님을 만나는 그 자체도 불가사의한 가피요, 관찰하는 원력과 힘도 또한 가피이다. 관찰, 타력, 쉬운 믿음이 정토교에서 묘하게 합치될 수 있는 것이다.

진실과 믿음의 회향

『관무량수경』은 부처님이 아난 존자에게 특별히 일러 주는 말로 끝을 맺는다. 항상 아미타불의 명호를 지니라는 것이다. 경의 맨 끝에 그것도 부처님의 가르침을 받아서 후세에 전해 줄 아난 존자에게 염불을 강조했다는 것은 염불이 얼마나 중요한가를 말해 준다.

정토교의 목적이 고해의 중생을 정토로 나르는 것이니까, 극락세계와 아미타불을 목표로 삼고 그에 가까이 갈 궁리를 하는 것은 당연하지만, 모든 수행법 특히 『관무량수경』에서의 주된 수행법인 관법도 궁극적으로는 염불로 돌리기 위해서 저런 특별한 말씀이 있었으리라고 짐작된다.

『관무량수경』은 사람들의 체질, 기호, 습관 또는 근기가 천차만별이라는 것을 염두에 두고 정토에 왕생할 수행법을 설한다. 마음을 집중, 또는 안정시키는 것이 좋기는 하지만 누구에게나 기대할 수는 없다.

마음이 산란한 사람도 있다. 아니 말세에는 산란한 사람들이 훨씬 더 많을 것이다. 그래서 『관무량수경』은 집중력과 안정력이 있는 사람을 위해서 먼저 열세 가지의 관법을 설하고, 정신이 산만한 이를 위해서 먼저 세 가지 관법을 설했다.

그런데 마음이 산란한 사람들 가운데도 다겁생래의 업력이나 닦아온

바에 따라서 근기가 다르다. 무량겁을 통해서 선행을 해 온 이가 있는가 하면, 세간이나 출세간으로부터 용서받지 못할 악행을 해 온 이도 있다. 남에게 자신의 신장을 떼어 주는 이가 있는가 하면, 자기의 부모를 죽이는 이도 있다. 그래서 산란한 사람들을 위한 관법은 상근기의 사람들, 중근기의 사람들, 그리고 하근기의 사람들이 닦아야 할 것으로 구분되고 다시 각 근기를 셋으로 나누어서 전체는 아홉 부류가 된다.

아무리 근기가 달라도 정토에 왕생하는 기본은 염불이다. 『무량수경』에서 "아미타불을 찾는 사람이 극락에 왕생하지 못하는 일이 있으면 절대로 성불하지 않겠다."는 법장 비구의 본원으로 보나, 『관무량수경』의 끝부분에서 석존이 아난 존자에게 특별히 전한 가르침으로 보나, 염불의 중요성은 아무리 강조해도 지나치지 않는다.

염불은 근기가 다른 아홉 부류를 지워 버릴 수 있다. 염불하면 누구나 극락왕생할 수 있기 때문이다. 『관무량수경』은 최상근기가 극락에 가는 방법으로 세 가지 마음을 요구한다. 진실하게 행동하는 마음, 깊이 믿는 마음, 그리고 모든 선행을 회향해서 정토에 태어나기를 발원하는 마음이다.

다른 근기의 부류에 이 세 가지 마음이 생략되었다고 해서 이것을 닦지 않아도 되는 것은 아니다. 같은 말을 반복하지 않기 위해서 생략했지만, 정토왕생을 위해서 염불하는 이는 누구나 이 세 가지 마음을 가져야 한다.

첫째, 진실한 마음은 몸, 입, 뜻으로 수행하는데 있어서 거짓됨이 없이 진실하게 행하는 것이다. 밖으로 아무리 그럴듯하게 행동하고 말해도 마음이 일치하지 않으면 그 행동과 말은 거짓이다. 반대로 마음속으로 아무리 좋은 생각을 해도 행동과 말이 따라 주지 않으면 그 작심 역시 진실된 것이 아니다.

둘째, 깊은 믿음은 자기 자신의 무능과 아미타불의 유능을 아는 것이다. 정토교에 있어서 중생은 자기 힘만으로는 극락에 갈 수 없다. 극락에 가고자 하면 먼저 자기 능력의 한계를 깨달아야 한다. 반면에 아미타불의 본원과 자비는 모든 중생을 극락에 이르게 할 수 있다. 아미타불에 의해서만 극락에 갈 수 있다는 것을 믿어야 한다.

셋째, 모든 선행을 회향해서 정토에 태어나기를 바라는 마음은 금생에 자기가 닦은 것에 국한되지 않는다. 과거 무량겁래로 자신이 닦은 세간 출세간의 선행과 남이 닦은 선행도 찬탄하면서 궁극적으로 정토에 왕생하는 발원으로 연결되게 한다.

왕생을 위해서 겉과 속이 일치하는 진실한 마음, 자력의 한계와 아미타불의 구제력을 믿는 마음, 현세의 물질적 이익이 아닌 장래의 정토로 모든 공덕을 돌리는 마음이 갖추어졌을 때, 참다운 염불이 가능하게 된다.

082 극악죄인의 구제

대승불교 일반에서 선업이 축적된 정도, 또는 수행력이 높아진 단계를 나타내는 것으로 십계^{十界}가 있다. 최악의 낮은 단계는 지옥, 아귀, 축생이고, 그 위에 아수라, 인간, 천상이 있다. 이 여섯 단계는 아직 윤회하는 중생의 부류에 속하고, 더 높은 쪽으로 성문, 연각, 보살, 부처의 단계는 성인에 속한다. 수행의 성숙 정도를 나타낸 것으로는 52단계가 있다. 십신^{十信}, 십주^{十住}, 십행^{十行}, 십회향^{十廻向}, 십지^{十地}의 50단계와 등각^{等覺}과 묘각^{妙覺}이라는 최종 단계이다. 십회향까지의 40단계는 후퇴할 수 있고, 일단 십지에 들면 위로 오르기만 할 뿐 아래로 떨어지지 않는다.

그렇다면 정토교에서의 구제 대상 범위는 어디까지일까? 십계에서 본다면 아래쪽의 여섯 단계, 즉 육도에 윤회하는 이들이 될 것이고, 52단계에서 본다면, 수행을 게을리 할 경우 후퇴하게 되는 십회향까지의 단계가 될 것이다. 육도의 중생이 똑같이 아미타불의 구제 대상이긴 하지만, 지옥의 마음을 가진 사람과 인간이나 천상의 마음을 가진 사람의 수준은 같을 수가 없다. 업, 신심, 집중력, 수행력 등이 하늘과 땅의 차이처럼 다를 것이다. 한때 세상을 무서움에 떨게 만들었던 '막가파' 단원들은 사람을 죽여서 토막 낸 다음에 집 안에서 그 시체를 화장했었다. 아버지를 때리고 어머니를 죽이는 사람도 있다. 이런 극악무도한 사람들도 염불을 하면 구제될 수 있느냐는 의문이 생긴다.

『무량수경』에 나오는 법장 비구의 48원 가운데 제18원인 십념왕생원十念往生願에서는 누구나 염불하고도 정토에 왕생하지 못하는 사람이 있다면 성불하지 않겠다고 다짐했었다. 그런데 여기에서 제외되는 사람이 있다. 오역죄五逆罪를 범하고 부처님이 가르치는 정법을 비방하는 사람이다.

염불을 한다는 것은 부처님과 정토에 대한 믿음을 전제로 하는데, 부처님의 바른 가르침을 비방한다는 것은, 염불과 정반대의 길을 가는 것이다. 염불을 하지 않아도 정토에 가지 못하는데 그것을 비방하는 사람이야 더 말해 무엇하랴.

오역죄는 소승의 것과 대승의 것이 있다. 소승의 것은 어머니, 아버지, 스님을 죽이고 부처님을 해치며 교단을 분열하게 하는 것이다. 대승의 오역죄는 첫째, 절, 탑, 불상, 불경을 파괴하고 삼보에 해를 끼치는 것, 둘째, 대승이나 소승을 막론하고 삼보에 해를 끼치는 것, 셋째, 출가자의 수행을 방해하고 해치는 것, 넷째, 소승 오역죄의 하나를 범하는 것, 다섯째, 인과를 믿지 않으며, 몸, 입, 뜻으로 십악十惡을 행하는 것이다. 소승의 것과 대승의 것을 비교해 보면, 대승의 것은 소승의 것에 삼보를 해하고, 수행을 방해하고, 불법과 인과를 믿지 않는 것을 추가한 것이다.

『무량수경』은 말할 것도 없이 대승경전이다. 따라서 대승의 오역죄가 적용된다. 대승 오역죄를 한마디로 줄이면, 부처님의 가르침을 믿고 행하지 않으면서 오히려 악행을 한다는 것이다. 염불을 해야만 정토에 갈 터인데, 오히려 그 반대의 행동을 하는 사람이 극락에 가지 못한다는 것은 너무도 당연하다.

그런데 현재 이전에는 불법을 믿고 행하지 않았지만, 지금부터 발심한 사람이 있다고 치자. 지금 염불하는 사람이 있다면 그를 어찌할 것인가? 불교는 과거가 아니라 현재와 미래를 중시한다. 발심했다면 당연히 구제되어야 할 것이다. 그래서 『관무량수경』은 오역죄인마저도 구제될 길을 명시해서 터놓는다. 극락에 왕생할 사람의 수준이 아홉 단계인데, 그 최하 수준은 오역죄와 십악을 행하는 사람이다. 이 사람도 부처님의 명호를 부르면서 염불을 하면 생각 생각에 80억겁의 죄를 제거하고 죽을 때에는 한 생각 사이에 정토에 왕생한다는 것이다.

단지 염불자가 왕생하는 시간과 수행해서 성불하는 기간은 구분된다. 왕생은 찰나간이지만, 깨달음을 얻기 위해서는 12대겁十二大劫이라는 헤아릴 수 없이 긴 시간을 닦아야 한다.

십악十惡
첫째. 산목숨을 죽이는 것[殺生]
둘째. 남의 물건을 훔치는 것[偸盜]
셋째. 배우자 아닌 이를 간음하는 것[邪淫]
넷째. 거짓말을 하는 것[妄語]
다섯째. 쓸데없는 달콤한 말을 하는 것[綺語]
여섯째. 이간하는 말을 하는 것[兩舌]
일곱째. 험악한 말을 하는 것[惡口]
여덟째. 간탐을 부리는 것[貪慾]
아홉째. 성을 내는 것[瞋恚]
열째. 삿된 소견을 지니는 것[愚癡]

083   염불과 참선의 겸수

부처님의 가르침을 전하는 법문치고 중요하지 않은 것이 어디 있으랴마는, 그 중에서도 가장 간절한 것 중의 하나는 사람이 죽은 뒤 49재일에 설하는 영가법문일 것이다. 어떤 법사의 법문을 최상으로 치나? 참선 공부를 많이 한 선사의 법문이다. 선사는 영가의 위패를 법상 앞에 놓고 마치 살아 있는 이에게 말하는 것처럼 생멸을 지운 해탈의 길을 설한다. 그러고는 영가가 극락에 왕생해서 아미타불의 수기를 받고 필경에는 무생법인無生法忍 즉 나고 죽음이 없는 진리를 터득하라고 타이른다.

영가법문에서만 선사의 입에서 아미타불을 설하는 것이 아니다. 상당법문을 할 경우, 청중들에게 특별히 강조하고자 하는 게송을 읊은 다음에는 설법자와 청중이 다같이 "나무아미타불"을 길게 빼서 외운다. 정토와 참선이 뒤섞여 있는 것이다.

염불과 참선을 겸해서 닦는 방법의 뿌리는 갑자기 생겨난 것이 아니다. 멀리 중국에서부터 있었다. 공사상의 연장인 성구性具사상을 전문으로 연구하고 가르치는 천태종 계통의 조사들, 유식사상을 전문으로 연구하고 가르치는 조사들, 선을 전문으로 닦는 선사들 가운데도 정토를 겸해서 닦는 이들이 있었다. 명나라 주굉이 엮은 『선관책진禪關策進』의 많은 부분은 정토와 선을 겸수하는 문제에 할애하고 있다. 우리나라에서도 명칭 상 선종으로서의 조계종 종조인 고려 시대의 보조 국사는 『염불요문^{念佛要門}』을 지어서 참선과 함께 정토교를 가르쳤고, 조선 시대 선맥을 이은 서산 대사도 염불의 필요성을 역설했다.

"왜 정토와 선을 겸해서 닦아야 하는가?"라는 물음에 보다 이론적인 체계를 세운 유명한 참선 전문가로는 영명 연수^{永明延壽} 선사가 있었다. 그는 『만선동귀집^{萬善同歸集}』을 지어서, 근기가 출중하지 않은 대부분의 사람들에게 있어서 정토와 선을 겸해서 닦는 것이 가장 이상적인 수행법이라고 주장했다. 참선하는 이가 염불을 겸하는 것은 마치 호랑이에게 뿔이 더 생긴 것과 같다는 비유도 들었다. 뿔이 없는 호랑이만으로도 무섭기가 이루 말할 수 없을 정도로 강한데, 거기에다 뿔까지 달면 어떻겠냐는 것이다.

연수 선사는 이런 비유를 들어서 염불이 필요하다고 말한다. 어떤 이가 억울하게 구속되었을 때, 자기 능력으로 그 억울함을 밝히고 감옥에서 나올 수 있으면 그렇게 하면 된다. 그러나 그런 능력이 없다면 다른 이의 힘을 빌려야 한다. 또 무거운 짐을 운반할 때, 그 운반 거리가 짧거나 자력으로 가져갈 수 있다면, 그리 하면 된다. 그러나 그런 능력이 자기에게 없으면 남의 도움을 받는 것이 부끄러운 일이 아니다. 피할 일도 아니다.

짐을 차에 싣고 가면 될 일을, 반드시 자신이 직접 옮기겠다고 고집을 피울 필요는 없다. 염불할 때 찾는 아미타불은 감옥에서 억울한 사람을 구해 낼 변호사나 최고 권력자와 같고, 무거운 짐을 같이 들어 주는 동행자나 자동차와 같다는 것이다.

서산 대사는 『선가귀감^{禪家龜鑑}』에서 근기가 낮은 참선자가 염불을 겸해야 할 더 좋은 비유를 인용한다. 바다를 건너서 섬에 가려고 하는 사람이 있다고 치자. 그가 지금 나무를 심어서 키우고, 그것으로 배를 만들어서 바다를 건너려고 한다면 얼마나 많은 시간이 걸리겠는가. 선착장에 있는 배를 빌려서 타고 가면 된다. 반드시 자력의 참선으로 도를 이루겠다는 것은 마치 나무를 심어서 배를 만들겠다는 것과 같고, 남의 배를 빌리는 것은 염불해서 부처님의 힘을 빌리는 것과 같다는 것이다.

　서산 대사는 또 이런 비유도 인용한다. 어린이가 어찌 할 바를 모를 때, 큰소리로 울면 어머니가 와서 모든 일을 해결해 준다. 참선 수행자가 마장을 만났을 때, 아미타불을 부르는 것은 어머니를 부르는 것과 같다. 어머니의 도움을 받으면 간단히 해결될 터인데, 공연히 자존심을 내세울 필요가 없다는 것이다.

보조국사의 『염불요문』에 나오는 십종十種염불

몸가짐의 염불인 계신염불戒身念佛
말가짐의 염불인 계구염불戒口念佛
마음가짐의 염불인 계의염불戒意念佛
움직이면서 하는 동억염불動憶念佛
움직이지 않고 하는 정억염불靜憶念佛
말하면서 하는 어지염불語持念佛
말하지 않고 하는 묵지염불默持念佛
부처님 모습을 그리면서 하는 관상염불觀想念佛
무심하게 하는 무심염불無心念佛
부처님이 부처님을 염念하는 진여염불眞如念佛

7장

선

禪

084 선과 교리

우리의 교리산책은 참 멀리 돌았다. 아함경의 연기법으로부터 시작해서 『반야경』의 공, 『법화경』의 성구, 『열반경』의 불성, 『해심밀경』의 유식, 『화엄경』의 유심, 『대일경』과 『금강정경』의 밀교, 『무량수경』등의 정토교 교리를 여기저기 찝쩍거려 보았다. 이제 우리 앞에는 선이 산처럼 놓여 있다. 앞으로 수회에 걸쳐서 선에 있는 교리적 흔적이랄까 뼈대를 살펴볼 것이다.

선은 일체의 얽매임으로부터 벗어나고자 한다. 불교가 선의 모태이지만, 선은 그것으로부터 구속되지 않으려고 한다. "부처를 만나면 부처를 치고, 조사를 만나면 조사를 치겠다."는 극언으로 선의 자유성을 표현하려고 한다. 그래서 일반인 내지는 타종교인들도 선에 대해서는 마음을 열려고 한다. 선에는 일체의 고정적인 도그마가 없다고 보이기 때문이다.

정말 선은 불교로부터 완전히 멀어진 것일까? 선에는 불교의 교리가 없을까? 선은 불경도 무시하고, 그 속의 진리도 부정할까? 결론부터 잘라 말하면 그렇지 않다. 선도 분명히 불교에 속한다. 선의 목적은 부처를 이루기 위함이요, 성불하기 전까지 부처님에게 의지한다.

선사들도 "선은 부처님의 마음을 전하는 것이요, 경전은 부처님의 말

달마도(조선시대)
ⓒ 국립중앙박물관

씀을 전하는 것이라."라는 말에 반대하지는 않을 것이다. 말은 마음에서
나오고, 마음은 말로 표현된다. 불교가 중생을 깨우치는 가르침이라면,
말이 없이 마음만 있을 수 없고, 마음 없이 말이란 있을 수 없다. 불경과
조사 어록을 많이 읽은 한 수행자가, 유별나게 돈오돈수의 조사선을 주창
하던 방장 스님을 찾아가서 법을 묻게 되었다. 수행자가 불경과 조사 어
록을 인용하며 공부의 궁극점에 대해서 이야기 하니까, 방장 스님은 "너
는 지금 교리로 따지고 있으니, 선과는 거리가 멀다."고 말했다. 그러자
그 수행자는 "선과 교는 하나입니까 둘입니까?"라고 물었다. 이에 방장
스님은 침묵으로 대하고, 그 수행자에게 각별한 친절을 베풀었다.

　선종의 "세 군데서 부처님의 마음을 가섭에게 전했다."는 이야기 가운
데서, 먼저 유명한 염화미소拈化微笑를 생각해 보자. 부처님이 꽃을 들자 가
섭이 빙그레 웃었다. 부처님과 가섭 존자 사이에는 언어를 넘어서 마음과
마음으로 통하는 그 무엇이 있었다. 우리는 여기서 이 이야기의 사실성

여부를 따질 필요가 없다. 중요한 것은 선종에서 이 스토리를 맞게 믿고 전하고 있다는 것이다. 선종에서도 대대로 선의 진수를 전하는 최초의 스승으로 부처님을 꼽고 있다는 것이다.

중국에 있어서의 남종선의 출발점이고, 대한불교조계종의 뿌리인 혜능 대사가 발심하고 출가한 계기를 보자. 그는 나무꾼으로 어머니와 자신의 생계를 꾸려 가던 어느 날, 탁발승의『금강경』읽는 소리를 들었다. 그 가운데서도 "응무소주이생기심應無所住而生基心" 즉 "집착하지 않으면서도 세상을 멋있게 꾸밀 마음을 내라."는 말에 크게 깨친 바가 있었고, 그로 인해 중국 선종의 5조인 홍인 대사에게 출가하게 되었다.

조계산 혜능 대사가『금강경』을 중시했고, 1994년 종헌이 고쳐지기 이전까지 한국의 조계종은 기본적인 소의경전으로 맨 먼저『금강경』을 명시했었다.

그러면 신수를 중심으로 한 북종선에서는 불경을 외면했는가? 그렇지 않다.『능가경』이 있다. 달마 대사로부터 시작해서 혜가 대사를 거쳐 대를 이어가며『능가경』을 소의경전처럼 중시했다. 선종 초기에 있어서 선 수행자는 "능가사楞伽師"라고 불릴 정도로『능가경』을 따른 것이다.

임제종계가『화엄경』과 가까웠다고 한다면, 조동종계는『법화경』을 중시하는 천태종과 인연이 있었다. 고려의 보조 국사는 "정혜쌍수定慧雙修"라는 한 마디로 선과 교리를 다 같이 중시했고, 조선의 서산 대사도 선교 일치를 가르쳤다. 그렇다면 선은 불경이나 교리를 무시하는 것이 아니라, 언어에 휘둘리지 않으면서 부처님의 마음을 바로 읽는 새로운 교리 해석의 시도로 이해해야 할 것이다.

085 선과 언어

선에서는 언어를 초극한다. 언어를 불신하거나 언어가 가진 한계를 극복하고 초월하려고 한다. 그래서 "불립문자 교외별전不立文字 敎外別傳" 즉 "문자에 기대어 서거나 언어로 된 가르침에 의지하지 않고 마음과 마음으로 이어지는 비선을 통해서 법이 전해진다."고 주창한다. "영산회상에서 석존이 꽃을 들어 보이니 가섭이 빙그레 웃었다."는 염화미소拈花微笑의 이야기는 이심전심以心傳心을 대표적으로 잘 나타내 준다. 선문답禪問答에서의 상식으로 소화할 수 없는 표현, 소리치기, 때리기, 괴상한 몸짓 등도 언어의 한계를 뛰어 넘어서 마음속의 것을 바로 전해 보려는 시도라고 할 수 있다.

왜 언어가 문제인가? 말이 있으려면 먼저 그 말이 나타내는 개념이 있어야 한다. 우리가 자주 드는 구름의 예를 보자. 구름은 처음부터 끝까지 구름이 아니다. 물에서 수증기로, 구름으로, 비나 눈으로, 물로, 얼음으로 변해하는 과정이 있다. 그런데 우리가 구름이라는 개념을 만들고, 이름을 붙이는 순간 수증기가 죽고 구름이 태어나며, 구름이 무거워져서 비로 떨어질 때, 구름은 죽고 비가 태어난다. 세상에 모든 사물은 변하는 과정에 있는데, 어느 한 단계로 고정된다. 어느 것에 이름을 붙이는 순간, 고정화

된 개념은 사물이 존재하는 그대로의 여실한 실상을 제대로 전해 줄 수
없게 된다. 성공 속에는 이미 실패가 들어 있고, 삶 속에는 이미 죽음이
들어 있다. "있다"와 "없다", "좋다"와 "나쁘다"와 같은 상대적 개념으로
가를 수 없는 것들의 경우에도 언어는 양자택일을 강요한다. 어떤 것이든
지 개념과 언어에 묶이는 순간, 그것은 이미 본래의 그것이 아니다.

선뿐만 아니라 불교 전반은 예로부터 이와 같은 언어의 문제점을 알
고 그것으로부터 벗어나려는 노력을 해 왔다. 먼저 석존의 침묵을 보자.
만동자가 석존에게 세상의 존재, 육체와 정신의 동일성 여부를 물었다.
석존은 이에 침묵으로 답했다. 단지 침묵의 의미를 알도록 한 힌트만을
주었다.

불은 언제든지 켜고 끌 수 있다. 연료가 있을 때 불을 붙이면 불이 존
재하고, 연료나 산소 공급을 중단하면 불은 바로 꺼진다. 그렇다면 불은
꺼지고 켜짐과 관계없이 존재한다고 할 수도 있고, 또 연료가 없으면 언
제든지 불은 꺼지므로 불은 존재하지 않는다고도 할 수 있다. 세상사를
'있다'와 '없다'로 묶어 둘 수 없는 마당에, 우주의 시작과 끝이나 사후의
존재를 언어로 규정하는 것은 무의미한 일인 것이다.

『유마경』의 침묵도 유명하다. 「입불이법문품入佛二法門品」에서 유마 거
사의 질문을 받고 많은 보살들이 상대적인 것의 예를 들며 그것들이 둘이
아니라고 말한다. 마지막에 문수보살은 일체의 언어와 개념을 떠나는 것
이 진정으로 불이不二에 들어가는 길이라고 말하면서, 유마 거사의 생각을
묻는다. 유마 거사가 침묵하자 문수보살은 유마 거사가 불이에 대해서 기
차게 잘 설명했다고 감탄한다.

『화엄경』에서도 부처님은 침묵을 지키면서도 많은 언어를 쓰고, 말을

많이 하면서도 언어에 묶이지 않으려고 한다. 『화엄경』에서 부처님은 직접 설법하지 않는다. 많은 대리자가 나타나서 부처님의 생각을 전한다. 석존이 직접 나타나지 않는다는 점에서 사람들은 화신으로서의 석존이 아니라 법신으로서의 석존이 『화엄경』을 설했다고 한다. 그러나 이것을 침묵과 관련지어서 달리 풀이할 수도 있다. 석존은 『화엄경』을 설하면서도 한마디도 하지 않으려고 했고, 한마디도 내지 않으면서도 저 방대한 분량의 가르침을 펴낸 것이다.

　『법화경』 즉 『묘법연화경』의 "묘妙"자도 진리를 언어로 잡을 수 없음을 나타낸다. 언어의 한계를 직접 간접으로 드러내지 않는 불교 경전은 없다. 부득이 언어를 쓰면서도 그 문제점을 알고 초극超克하려는 불교 전체의 전통을 선이 이어 받은 것이다.

십사무기十四無記
부처님이 대답하지 않은 열네 가지 무의미한 질문
1. 세계는 영원한가?
2. 세계는 무상한가?
3. 세계는 영원하면서 무상한가?
4. 세계는 영원하지도 무상하지도 않은가?
5. 세계는 유한한가?
6. 세계는 무한한가?
7. 세계는 유한하면서 무한한가?
8. 세계는 유한하지도 무한하지도 않은가?
9. 여래는 사후에도 존재하는가?
10. 여래는 사후에 존재하지 않는가?
11. 여래는 사후에 존재하면서 존재하지 않는가?
12. 여래는 사후에 존재하지도 존재하지 않지도 않은가?
13. 목숨과 신체는 같은가?
14. 목숨과 신체는 다른가?

무언부동의 처처법계

언어의 문제와 한계를 알고 그것을 초극하기 위해서 선은 무언無言 또는 침묵을 활용하는데, 이 침묵은 선에서 중시하는 다른 측면과도 연관되어 있다. 말없이 있는 세상의 모든 것이 진리의 궁극점窮極点을 나타내고 있다거나 우주라고 하는 큰 법신체法身體가 진리를 드러내기 위해서 포즈를 취하고 있는 것으로 풀이한다. 진리가 말을 떠나 있음을 강조하다 보니, 선에서는 스승과 제자가 이심전심으로 통하거나 법을 전하고 받게 만들고, 더 나아가 침묵하고 있는 우주 전체와 그 안의 사사물물을 우리에게 진리를 보여 주는 불신佛身의 활동체로 만드는 것이다.

침묵은 언어적 휴식에 그치지 않는다. 여기에는 동작이나 생각의 쉼도 포함되어 있다. 즉 몸, 입, 마음 세 가지의 휴식을 같이 담고 있다. 그런데 선이 아무리 언어로부터 벗어나려 해도, 그렇게 되지 않는다. 말 대신에 할을 하고 엉뚱한 선문답을 하더라도, 그 역시 일종의 언어적 표현에 속한다. 몸이나 마음의 움직임도 마찬가지다. 선은 이를 잘 안다. 죽비가 소리를 가라앉히려고 하지만 그 역시 소리이다. 언어를 떠나려고 하는 선이 속장경 3분의 2에 해당하는 방대한 양의 말을 전한다. 선이 침묵과 부동을 강조하는 것은 사람들이 입과 몸과 생각의 움직임에서 삶의 목

성주 선석사 영산회상도
ⓒ 선석사

가운데 석가모니 부처님은 항마촉지인이나 설법인이 아닌 오른손을 어깨로 들어 연꽃가지를 들고 있고 화면 상단에 가섭 존자와 아난 존자 그리고 다른 두 명의 제자가 자리하고 있다. 조선 시대의 불화로 '염화시중拈花示衆'을 상징적으로 표현하고 있다.

표나 보람을 찾으려고 하기 때문이다. 목소리와 동작으로 높이 오르기 위해서 기를 쓰고 헐떡거리기 때문이다. 선은 우리에게 말도 움직임도 없는 시시처처에 진리의 궁극점, 법신불의 몸체, 최고의 행복점, 또는 영원한 생명이 있다고 가르치려고 한다.

선에서는 갖가지 표현으로 불법의 궁극점이랄까 절대점을 묻는다. "부처나 조사가 지금까지 써 온 말을 빼고 한 번 대답해 보라!" "무엇을 부처라 하는가?" "불교의 절대적 대의는 무엇인가?" "달마가 인도에서 중국으로 온 이유는 무엇인가?" "개에게도 불성이 있는가?" 등으로부터 시작해서, 모든 질문은 궁극점에 대한 것으로 귀결된다. 저에 대해서 "호떡" "항문의 변을 닦아내는 막대기" "삼베 옷감 세 근" "정원의 잣나무"

"날마다 좋은날" "평상심이 바로 도" "무無" 등의 대답이 있었다. 어떤 선사는 단지 손가락만을 세워 보이고 다른 선사는 소리를 버럭 지르기만 한다.

부처나 조사가 썼던 표현을 빌리지 않고 생생하게 자신의 말로 불법을 한 마디로 말하면 "호떡"이 된단다. 부처는 삼베 옷감에도 있고, 항문을 닦아 내는 휴지에도 있단다. 어찌 불법이나 부처를 나타내는 것이 이 뿐이겠는가. 산, 강, 하늘, 땅, 나무, 풀, 행주, 걸레 등이 다 부처가 아니겠는가. 지금 여기 눈앞에 벌어지는 사소한 것들을 떠나서 어디에서 법신체의 얼굴 표정과 손짓을 찾을 수 있겠는가.

어떤 선사는 온 우주가 실타래처럼 얽혀 있는 진리의 몸체라고 한다. 산봉우리나 담장이나 기둥이 모두 진리의 표현인데, 단지 그것들은 실처럼 연결되어 있다고 한다. 실타래가 아무리 길어도 한 군데를 싹둑 가위로 자르면 전체가 끊어져 버린다. 중생은 저 실타래를 잘라서 보려고 하고, 부처는 저 실타래를 하나로 이어서 보려고 하는 점에서 차이가 있다. 다른 선사는 삼라만물을 보물로 표현하기도 한다. 우리가 날마다 보물을 보고, 잡고, 밟고 있으면서 그것을 보지 못한다.

"흰 구름은 뭉게뭉게 피어 있고, 붉은 해는 눈부시게 밝다. 이쪽을 보면 멀리 탁 트였고, 저쪽을 보면 아름다운 강산이다." 선사의 평화를 쉽게 짐작할 수 있다. 돈과 권력과 명예를 이미 얻었거나 얻기 위해서 말을 많이 하고 몸부림을 치지 않아도, 바로 눈앞에서 부처의 몸체를 보는 모습이다. 단지 침묵과 부동이 있다고 해서 자동적으로 처처에서 우주의 법신체를 볼 수 있는 것은 아니다. 그 배경에는 불성佛性, 여래장如來藏, 본각本覺 사상이 있다. 뒤에서 이를 살펴자.

087 본각의 세계

앞에서 살펴 본 바와 같이, 선에서 우주 전체와 그 안의 삼라만물 하나하나가 각기 진실한 존재의 궁극점을 나타낸다고 볼 때, 우리에게는 이런 질문이 떠오른다. 삼베 옷감이나 화장실의 휴지가 부처님의 알몸이나 진여眞如의 얼굴이 된다는 것을 교리적으로 설명할 수 있느냐는 것이다.

물론 선에서는 선사들의 궁극점 표현에 대한 교리적 풀이를 용납하지 않으려 할 것이다. 교리를 통한 숨바꼭질식의 해석을 선이 가장 싫어하는 말장난이라고 할 것이다. 그러나 우리는 지금 선의 직관적 체험 세계를 설명하고 있지 않다. 단지 선 일반에서 공유하고 있는 궁극점에 대한 표현을 교리와 연결시켜서 이해하려고 할 뿐이다. 선의 심오한 체험 경지는 높이 올려놓은 상태에서 선에서 세상으로 흘러나온 말들을 교리와 맥이 통하게 하는 방법으로 교리 공부를 할 뿐이다.

『열반경』은 모든 중생들에게는 부처가 될 성품이 있다고 가르친다. 또 많은 불경들은 중생이 바로 부처를 낳을 모태라거나, 때가 되면 부처가 될 태아라고 가르친다. 불성佛性이나 여래장如來藏 사상이 한결같이 모든 중생에게 부처가 될 가능성이 있음을 밝히고 있다.

그런데 "미래의 가능성"으로 불성을 풀이하면, 『열반경』이나 『법화경』에서의 본래 성불한 부처님이 중생교화를 위해서 짐짓 태어나고 죽는 모습을 보이는 것과 연결되지 않는다. "가능성"은 "없는 것을 새로이 만들어 낼 수 있다."는 말이고, "본래 성불한 부처님이 세상의 모든 것으로 변장해서 출현한다."는 것은 "본래 부처님이 본래의 자신을 알아본다."는 말이다.

『열반경』의 "법신상주法身常住" 즉 "부처님의 법신은 항상 이 세계에 머문다."는 가르침과 "실유불성悉有佛性" 즉 "모든 중생에게 불성이 있다."는 가르침을 한줄기로 엮으려면, 저 "불성"이라는 말에서의 "가능성"을 "중생이 새롭게 부처가 될 가능성이 있다."는 것으로 이해할 것이 아니라, "본래 부처인 이가 본래의 자신을 알아볼 가능성이 있다."는 것으로 풀이해야 한다.

모든 중생이 본각자本覺者 즉 무량겁 전에 이미 깨달은 본래 부처라는 입장에서 보면, 우리가 알아보지 못할 뿐이지 세상의 모든 것은 부처님이 변장해서 보여 주는 얼굴이요 몸짓이다. 삼베 옷감이 우주에 충만한 법신 부처님의 손바닥일 수도 있고, 변을 닦는 휴지가 부처님의 얼굴일 수도 있다. 세상의 모든 나무나 돌이 부처님의 발톱일 수도 있다.

우리가 천태사상과 화엄사상을 공부할 때 이미 살펴본 바와 같이, 중국불교에서는 일찍부터 본각本覺의 입장에서 불성과 여래장을 풀이하려고 했다. 먼저 천태의 성구性具사상이 있다. 천태가天台家는 『반야경』이 성공性空을 가르치고 『법화경』은 성구를 가르치는 것으로 생각했다. 『반야경』은 부처와 지옥을 모조리 지우려고 한 반면, 『법화경』은 지옥 속의 부처가, 부처 속에 지옥이 갖추어져 있음을 설명하려 한다고 이해한 것이다. 「여래수량품」의 무량겁 전에 성불한 부처님으로 모든 중생의 본각을 보이려고 한다.

　화엄가華嚴家도 본각에 관심을 갖기는 마찬가지이다. 화엄사상의 기초가 되는 성기性起설은 바로 『화엄경』 「여래성기품如來性起品」에 근거해서, 온 세상을 여래성이 일어나서 출현한 것으로 이해한다. 이 미혹과 죄업과 고통의 세계가 그대로 여래성의 움직임 또는 부처님 그 자체라는 것이다. 불성, 여래장, 성구, 성기사상이 본각을 설명하기 위해서 많은 노력을 해야 하지만, 선은 저 설명을 생략한 채 수행에 의해서 직접 체험하라고 가르친다. 본각에 대한 교리적인 설명이 수박의 맛을 묘사하는 것이라면, 선 수행의 체험은 그 수박을 먹어 보는 것과 같다. 자신이 바른 수행 코스로 가고 있느냐 마느냐를 알려면, 본각의 입장에서 세상사를 보느냐 마느냐로 기준을 삼아야 하기 때문이다.

본각과 현실의 고통

앞에서 우리는 선의 본각本覺 입장을 지원하는 교리적 맥을 살펴보았다. 불성, 여래장, 성구, 성기사상 등이다. 이를 읽은 한 독자가 전화를 걸어서 힐난성 질문을 해 왔다. 이 세계, 즉 우리가 살고 있는 이 현실이 바로 무량겁 전에 이미 깨달음을 이룬 부처님의 몸, 몸짓, 또는 그 본각의 부처님들이 사는 이상세계라고 한다면, 어째서 현실세계는 욕망과 번뇌와 고통으로 가득 차 있느냐는 것이다. 이 고통의 세계를 눈으로 직접 보면서, 현실과 동떨어진 공리공론이 아니냐는 것이다.

이 질문은 저 독자만의 것이 아니다. 『유마경』에서 이미 제기되었던 것이다. 부처님은 "보살이 정토를 얻고자 하면 먼저 그 마음을 깨끗이 하라. 마음이 청정하면 불국토도 따라서 청정해진다."고 설한다. 이 법문을 들은 사리불에게는 의심이 생겼다. "부처님이 보살로 수행할 때나, 현재 불도를 이루어 부처님으로서 교화할 때에, 그 마음은 분명히 청정할 터인데, 세상이 이처럼 깨끗하지 못한 것은 어인 까닭인가?" 부처님은 사리불의 의심을 알아차리고 사리불에게 묻는다.

"여기 깨끗한 해와 달이 있다고 치자. 그러나 장님은 그것을 보지 못한다. 이 경우에 깨끗한 해와 달을 보지 못하는 것은 해와 달의 허물이냐?" 물론 사리불은 "해와 달의 깨끗함을 보지 못하는 것이 장님이 허물이지 해와 달의 허물은 아닙니다."라고 대답한다.

『원각경』에서는 약간 다른 방식으로 같은 질문이 제기된다. 부처님은 이 세계의 근본을 "원각圓覺"이라고 규정하고, 이 원각으로부터 모든 청정, 진여, 보리, 열반이 흘러나온다고 말한다. 원각의 바탕은 항상 변하지 않지만, 중생이 미혹해서 저 바탕 자리를 보지 못하고 병든 눈이 허공꽃이나 환과 같다고 한다면, 몸과 마음과 수행도 모두 환과 같을 터인데, 누가 무엇을 닦으며 무엇을 이룬다고 하겠느냐는 것이다. 원각의 바탕자리가 청정하고 진여의 상태라면 현실도 또한 그러해야 할 터인데, 어째서 현실은 허깨비와 같으며, 현실이 환이라면 무슨 재주로 저 원각의 자리로 되돌아 갈 수 있느냐는 물음이다.

『원각경』에서의 부처님은 현실의 환이 본각에서 나온 것으로 설명한다. 눈병이 치료되면 허공꽃은 없어지고, 귓병이 치료되면, 헛소리가 스스로 없어지듯이 미혹의 세계는 지워진다. 그러나 허공꽃이 없어진다고 하더라도 청정한 허공은 그대로 있듯이 원각의 세계는 항상 그대로 있다. 원각의 세계가 없어서 중생이 못 보는 것이 아니라, 중생의 눈과 귀가 병들어서 공연히 더러운 세계를 지어서 볼 뿐이라는 것이다.

『유마경』은 장님이 청정한 해를 못 본다는 비유로, 『원각경』은 눈병 난 사람이 청정한 원각의 허공을 못 본다는 비유로, 본래 부처인 중생이 미혹과 업에 가려서 본각의 세계를 보지 못하는 것이라고 설명한다. 미혹의 세계에서 바로 본각의 경지를 알아보는 일은 결코 공리공론의 말장난이 아니다. 우리가 일상생활에서 겪고 있는 고통을 제대로 받아들일 수 있는 최고의 처방이다. 사람은 누구나 남보다 높이 오르고 싶어한다. 일

등이 되고 싶어 한다. 그러나 모든 사람이 똑같은 방향을 향해서 뛰면 어떻게 그들 전원이 남보다 앞서거나 일등을 할 수 있겠는가. 일등이 못 되는 사람이 생긴다. 그들은 모두 좌절해야 하는가?

우리는 본각의 부처다. 부처에게 있어서 세상에서의 경쟁은 이겨도 좋고 져도 좋다. 부처에게서 게임은 재미를 더할 뿐 상처를 주지는 않는다. 이 세계와 그 안의 모든 것에서 부처와 열반을 발견하는 이는, 도시의 높은 빌딩 속에서나 깊은 산속의 움막에서나 똑같이 행복할 수가 있다. 거지의 옷을 입고도 삶의 환희와 평화를 누릴 수가 있다.

089 무無 I

한 수행승이 선사에게 "개에게도 불성이 있습니까?"라고 묻는다. 선사의 대답은 언제나 같지 않았다. 다른 수행승의 동일한 질문에 대해서 선사는 "유有" 즉 "있다"고 대답하기도 했다. 이것이 조주 선사의 유명한 무자 화두이다.

흔히 이 화두에 대해서 표면적으로 확연히 드러나는 두 방면의 의문이 던져지곤 했다. '모든 중생에게 불성이 있는데 왜 개에게 없다고 하는 것이냐?' 와 '왜 대답이 이랬다저랬다 하는 것이냐?' 이다. 개를 포함해서 일체중생에게 불성이 있다는 것은 불교의 기본이다. 그런데도 수행승은 질문을 했고, 선사는 없다고 대답했다. 또 같은 질문에 대해서 선사는 이전과 다른 답을 했다.

우리는 이 난에서 저 무자 화두의 답을 만들려고 하지 않는다. "있다" 와 "없다"에 매달리면 선과는 정반대의 방향으로 간다. 그러므로 단지 선에 있는 무사상無思想 일반을 엿보려고 한다. 무는 선사상 전체의 골격을 드러낸다고 할 정도로 포괄적인 의미를 갖는다.

우리가 지금까지 공부해 온 불교 전반의 공空, 무한부정無限否定, 희론중지戲論中止, 유심유식唯心唯識, 불성佛性, 법신法身, 성구性具, 성기性起사상 등이

이 무^無 속에 담겨 있다. 또 만물의 뿌리로 여겨지는 『도덕경』의 무도 포함한다. 인도불교의 수행법이 중국적인 것의 영향을 받았다고 할 때, 저 무는 노장사상도 부분적으로 포함하고 있다.

첫째 무는 "무심^{無心}" "무분별^{無分別}" "무사량^{無思量}" 등을 암시한다. 우리는 사물을 있는 그대로 보지 않고, 어떤 주관적인 개념으로 묶어서, 마침내는 "있다"와 "없다", "좋다"와 "나쁘다", "선하다"와 "악하다", "참되다"와 "거짓이다" 등으로 규정해 버린다. 전에도 누차 예를 들었듯이, 불은 있다와 없다로 간단하게 말할 수 없다. 연료에 불을 붙이면 언제든지 있을 수 있고, 현재 눈에 보이는 불도 산소 공급을 중단하면 즉각 없는 것이 되어 버린다.

좋은 것과 나쁜 것도 정해진 바가 없다. 사람들은 내 중심으로 나에게 맞으면 좋다고 하고, 그렇지 않으면 나쁘다고 한다. 참되다거나 아름답다는 말이나 개념도 마찬가지다. 세상은 항상 그대로 있지만 사람이 스스로 자기중심으로 분별을 일으켜서 세상을 규정해 버린다. 분별심, 알음알이 자기중심의 욕망 등을 지울 때, 우리가 모든 존재의 실상을 바로 볼 수 있다고 선은 깨우치려고 한다.

1997년 탈옥해 2년여 검거망을 피해가며 숱한 일화를 뿌린 신창원이라는 사람이 있었다. 강도 중 공범과 함께 사람을 죽인 혐의로 무기징역을 살고 있던 그는 탈옥 후 경찰의 추적을 번번이 따돌렸고 심지어는 총상을 입은 와중에도 초인적인 힘으로 달아난 적도 있다. 1999년 신창원이 순천에서 잡혔다는 속보를 듣고 아쉬워하는 사람들이 많았다. 끝까지 잡히지 않았으면 하는 바람을 가진 이들이 있는가 하면, 신창원을 신고한 가스관 수리공을 미워하는 이도 있었다. 컴퓨터를 만지는 사람들 가운데

신창원을 의적이나 영웅으로 치켜세
우는 글을 띄우는 이들도 있었고, 신
창원을 로빈 후드로 비유하는 외신도
있었다.

조주 종심曹州從諗
(778-897)

　자, 신창원의 참 모습은 무엇인가.
분명히 그는 강도 살인자요, 도둑질을
직업으로 삼는 악한이다. 그러나 이런
질문을 해 보자. 호랑이는 다른 동물
을 잡아먹는다. 동물보호론자들은 그
호랑이도 보호해야 한다고 말한다. 호
랑이가 약한 동물을 죽이는 것은 분명하지만, 그 살생행은 생존을 위해서
불가피하다는 것이다. 신창원을 호랑이, 늑대, 또는 약자를 해치는 가장
고약한 짐승으로 비유해 보자. 그러면 좋다, 나쁘다라는 규정으로 신창원
을 가두어 둘 수 없음을 알게 된다. 법이 그를 죄인으로 가두는 것은 불가
피하지만, 존재의 실상을 보려고 하는 눈은, 세상의 모든 악을 함부로 자
기에게 편리하도록 분별하고 규정하지 않아야 한다는 것이다. 조주 선사
에게 "신창원에게도 불성이 있습니까?"라고 물으면 뭐라고 할까. 역시
"무"라고 대답할 것이다.

090 무無 Ⅱ

앞에서 우리는 무사상의 무분별, 무사량, 무심, 또는 무념의 측면을 살핀 바 있다. 분별심의 한 예로 신창원에 대한 우리의 이중적인 마음을 들었다. 국민들의 감정적 동정심과 이성적 죄인 규정이다. 이를 본 독자들 가운데는 전화를 걸어서 "이것도 아니고 저것도 아니면 도대체 뭐란 말이냐?"고 힐난하는 이도 있었다.

무사상은 바로 다양한 측면의 사안 가운데서 한 측면만을 붙잡아 그 사안 전체를 하나의 측면으로 묶어 버리는 우리의 마음을 경계하고 있다. 우리가 예전에 공부한 바 있는 일념삼천一念三千 관법觀法은 한마음에 지옥에서부터 부처까지 열의 단계가 있고, 다시 각 단계에 또한 열 단계가 포함되어 있다고 관하는 것이다. 지옥에 부처가 있고, 부처에도 지옥이 있다는 뜻이다. 신창원의 지옥 악행도 인간계의 우리가 느끼는 고통, 절망, 분노, 파괴심, 헐떡거림, 방황, 반항을 드라마처럼 보여 주었다. 죄인에게도 우리의 마음이 있고, 감옥 밖에 있는 우리에게도 죄인의 마음이 있음을 확인시켜 주었다. 신창원이 가진 지옥의 마음속에도 막연하나마 부처를 향한 마음이 들어 있다. 그러니 그의 다양한 측면 가운데 어느 하나만을 들어서 전체를 미화美化하거나 추화醜化할 수가 없지 않은가.

무사상의 둘째 특징은 "무일물無一物" 즉 "마음밖에 본래부터 영원히 존재하는 것은 한 물건도 없다."이다. 불교의 연기법이나 공사상은 필연적으로 모든 사물의 영원한 존재를 부정한다. 세상의 모든 것은 반드시 다른 것에 의존해 있고, 또 그 의지처 역시 다른 것에 의존해 있다. 모든 것이 서로 기대어 있음으로 그 가운데 어느 하나만 변해도 다른 것은 따라서 변한다.

우선 시간과 우리의 마음은 세상이 의지하는 기본이다. 이 둘은 움직이게 되어 있다. 그러니 세상의 모든 것은 변화하는 과정에 있을 수밖에 없다. 사물은 사람이 제멋대로 이름을 붙인 것이다. 부귀, 권력, 명예, 승리, 성공, 행복 등의 개념과 단어도 사람이 만들어 낸 것이다. 본래부터 있는 것도 아니고 영원히 있을 수도 없다.

"무일물"에는 이미 만물이 끊임없이 변화한다는 무상無常과 고정적이고 실체적인 나가 없다는 무아無我가 전제되어 있다. 시간적으로 무상하고 공간적으로 무아라면, 어떤 다른 것을 꼽아서 있다고 하겠는가.

하루살이의 태어남과 죽음은 하루 만에 우리의 눈으로 확인할 수가 있다. 봄에 피는 꽃이 시든다거나, 여름에 무성하던 나뭇잎이 가을에 단풍이 든다는 것은 바로 볼 수 있다. 병들고, 늙고, 죽는 것이라든지, 돈과 권력의 무상함도 흔히 볼 수 있다. 그러나 저 변화의 주기가 길 경우에 문제가 생긴다. 임기 5년을 보장받은 대통령이 취임할 때도 그 초기에는 권력이 영원불변할 것 같은 생각이 든다. 만약 변화하지 않는 기간이 백 년이 넘는다면, 우리는 무일물을 알아차리지 못하게 될 것이다. 그러나 변화는 반드시 오기 마련이다. 무일물은 이 진리를 가르치고자 한다.

그런데 사물이 앞으로 겪게 될 모든 변화의 단계를 알아차려서, 그것

들을 현전의 사물에 끼워서 본다면 어떻게 될까? 그러면 구태여 무일물
이라고 할 것이 없다. "유일물" 즉 "한 물건이 있다."고 해도 무방할 것
이다. 그래서 선에서는 "유일물"을 내세우고 "그것이 크기로 말하면 우주
보다 더 크고 작기로 말하면 가장 작은 티끌보다도 더 작다."는 식으로 표
현하기도 한다. 또 다른 방면에서 "유일물"을 말할 수 있다. 바람이 불어
서 깃발이 펄럭이고, 세월이 무상해서 모든 것이 무너지기는 하지만, 궁
극적으로는 마음이 변화를 일으켜 보는데 문제가 있다. 만약 욕망과 번뇌
의 겉마음을 지우고 진여의 속마음으로 세상을 본다면, 강물이 한 찰나도
쉬지 않고 흐르고, 생사가 시시각각 벌어지더라도, 세상은 항상 그대로
여여할 것이다. 묘하게도 "한 물건도 없다."는 말과 "한 물건이 있다."는
말은 통하게 된다.

091 무無 III

앞에서 무사상의 둘째 특징으로 "무일물無一物"을 짚었다. 왜 멀쩡히 살아 움직이는 세상의 모든 것을 지워야 하는가? 밖의 것에 의해서 놀림을 당하지 않기 위해서다. 물질적인 성취와 실패나 사랑하고 믿고 의지하는 사람의 변덕으로 인해 고통을 겪지 않으려면 어떻게 해야 하는가? 집착하지 않아야 한다. 무사상의 셋째 특징은 "무집착無執着", "무위無爲", 또는 "무애無碍"이다. 이 세 단어는 각기 크고 무거운 의미를 갖고 있다. 무無 자를 포함하고 있다는 공통점과 함께 차이점도 많지만 상호간에 깊은 관계가 있다. 집착이 없으면 필연적으로 무위와 무애가 따르고 무위가 앞에서도 다른 둘이 뒤를 따른다. 또 무위와 무애가 없는 무집착은 진정한 무집착이 아니요, 무집착이나 무애가 없으면 참다운 무위가 있을 수 없다.

집착하지 않고 어떤 일을 성취할 수 있을까? 널리 이름을 날리는 스타들을 보면 자기 분야에 미친 듯이 매달린다. 자기 일과 목표에 집착하지 않고 성공한 운동선수, 연예인, 사업가는 없다. 불도를 닦고 참선하는 것도 마찬가지다. 죽자사자 달려들어야 한다. 경허 스님은 고양이가 쥐 잡듯이, 배고픈 이가 밥 찾듯이, 목마른 이가 물 구하듯이, 늙은 과부가 죽은 자식 생각하듯이 화두에 매달리라고 한다. 또 승패에 관심이 없으면 세상에서 일어나는 모든 게임이 재미가 없고, 인생과 사랑에 흥미가 없으면 아무리 좋은 영화, 소설, 시, 음악 등도 무의미하게 된다. 강약의 차이는 있을지언정 전혀 집착이 없는 사람은 없다. 부처와 보살에게도 중생을 구하려는 원(願)이 있다. 성현의 이상도 중생이 마음으로 낮추어서 표현하면 집착이 된다.

순진한 무집착은 허무주의가 된다. 집착하지 말아야 할 것은 바깥세상이 아니라 바로 안의 "나"이다. 나의 취향, 의도, 방법, 이익, 안락에 집착하지 말고 마음공부나 중생교화의 일에 달려들라는 뜻으로 무를 이해하여야 한다. 만약 우리가 자신의 즐거움이나 행복을 구하려 하지 않고 아무리 심한 고통도 참고 받아들일 태세가 되어 있다면 속세나 절집에서 무엇이 두렵고 무엇을 이루지 못하겠는가.

우리에게는 세계 바둑계의 1인자 이창호가 있다. 그는 시합에 이길 때마다 큰돈을 벌고 승용차를 부상으로 받기도 하지만 차 운전을 하려고 하지도 않고 돈을 쓰려고 하지도 않는다. 건강을 지키기 위한 간단한 운동이나 스트레스를 풀기 위한 놀이를 제외하고는 몸과 마음을 바둑에만 쏟는다. 그에게는 돈이 많아서 궁기가 없는 것

육조절죽도(중국 13세기)
도쿄국립중앙박물관 소장

이 아니라, 자신을 위해 써야할 필요를 느끼지 못해서 항상 돈이 남는다. 자기중심의 집착을 버리는 것은 우리를 성공자 또는 부자로 만든다.

자기를 지운 이에게는 억지가 있을 수 없다. 보통 사람은 자기가 좋아하는 결과를 얻으려고 함과 아울러, 그 결과를 얻기 위한 방법도 자기의 생각과 같기를 바란다. 그러나 자신을 중심으로 한 일체의 집착을 지운 이는, 좋은 방법이라고 하는 것이 기껏해야 원숭이가 공양 시간마다 도토리의 숫자를 바꾸는 것과 크게 다를 바가 없다고 생각한다. 이 방법도 좋고 저 방법도 좋다. 그러니 자기가 생각하는 방향이나 방법을 고집하지 않는다. 인위가 없다. 즉 무위를 행한다.

불교에 있어서 유위는 생사윤회의 업행에 해당하고, 무위는 열반 세계의 고요에 속한다. 그러나 선에 있어서의 무위는 단순히 교리적인 것만 뜻하지 않는다. 노자 『도덕경』에서 말하는 무위자연의 맛도 함축되어 있다. 이 무위도 "나" 또는 "나 중심"을 끼워서 읽으면 이해하기 쉽다. 자기중심으로 세상에 대해 억지를 부리지 않는다는 것이다.

자기중심으로 집착해서 세상사를 보지 않고, 자기중심으로 일을 꾸며서 도모하지 않는 이에게는 이제 아무것도 걸릴 것이 없다. 자동적으로 무애자재다. 욕망과 공포의 감옥에서 탈출한 것이다.

092 무無 IV

선禪이나 불교 일반에서 무사상과 관련하여 가장 빈번하게 제기되는 질문은 "무분별無分別, 무일물無一物, 무집착, 무위無爲, 무애無碍에 철저하다 보면 결국 허무주의가 되는 것이 아니냐?"이다. 사실 이 질문이 초심자의 것만은 아니다. 선 수행자들이 가장 경계하는 함정이기도 하다.

저 물음에 대한 답은 무사상의 넷째 특징인 "무무無無, 무위위無爲爲, 또는 무착생심無着生心"이다. 고정적인 무는 끝까지 부정되어야 하고, 인위를 피하면서도 생산적이고 창조적인 노력이 있어야 하고 집착하지 않으면서도 부처님의 몸인 이 세계에 장엄하기 위해 마음을 내야 한다는 뜻이다. 근본부터 다시 더듬어 보자. 무엇을 위해 참선을 하는가. 삶을 좋게 하기 위해서다. 참다운 "삶"이 무엇이냐와 "좋다"는 것이 어떤 상태를 뜻하는 것이냐를 규정하는데 헤아릴 수 없이 많은 이견이 있을 수 있다.

그러나 아무리 의견의 격차가 크더라도, 어떤 형식이든지 살아 있다는 것과 좋다는 점은 부정될 수 없을 것이다. 불교 일반에서도 상주론常住論과 단멸론斷滅論, 즉 어떤 주체가 변하지 않고 항상 존재한다든지, 죽은 다음에는 아무것도 남지 않고 완전히 절멸된다는 양극兩極을 부정한다. 선도 허무주의를 가르치려 하지 않는다.

무를 가르치는 선사들이 실제로 부처와 조사를 다 부수거나, 제자들을 다 쫓아 버리고 절을 허물어 버리지는 않는다. 한 사람이라도 더 깨우쳐서 불조의 혜명을 이어 가도록 줄기차게 노력한다. 유명한 선사들은 대부분 많은 제자들을 두고 있다. 선사들이 무를 가르치지만 이를 고정적인 것으로 받아들이면 그 자체가 또 다른 집착이 된다. 구름은 흩어지기 마련이라는 점에서 무이지만, 여기에 집착하면 구름이 흩어지는 도리만 알고 다시 모이는 도리는 모르게 된다. 모인 구름이 영원하지 않다는 점에서 무이지만 그것에 빠진다면 다시 그 무도 부정되어야 한다. 산과 물에 부정과 긍정을 가하면 다시 산은 산, 물은 물이 된다.

그러나 여기에 집착이 있으면 그 또한 부정되어야 한다. 무는 끝없는 부정을 뜻한다. 단지 부정하면서도 온 우주를 부처님의 몸으로 보고, 그 몸을 지혜와 자비로 장엄하는 노력은 권장된다. 무집착을 전제로 노력하는 무위無爲의 행위와 자기중심의 집착이 없이 무대를 꾸미려고 하는 가다듬어진 의욕은 중요하게 여기는 것이다.

무가 무위의 노력이라는 점에서 역사, 창조, 생산, 현실 등이 중요시된다. 선을 활용해서 정치와 사업을 할 수 있을 것이다. 그러나 선은 소매상이 아니다. 도매상이요 공장이다. 모든 것은 사람의 마음에서부터 흘러나오므로, 그 원천을 바로 잡으면, 잡다한 세상사도 좋아지게 된다. 한 선禪 수행자가 형식에 집착해서 수행을 하니까 스승은 그의 앞에서 기왓장을 간다. 수행자가 이유를 물으니 스승은 기왓장으로 거울을 만들 것이라고 대답한다. 수행자가 어리석은 일이라고 말할 때, 스승은 그대의 참선도 기왓장을 갈아서 거울을 만드는 것과 같다고 말한다. 수행자가 바른 수행법을 물으니까 스승은 수레가 가지 않을 때 소와 수레 가운데 어느 것에 채찍질을 해야 할 것인지를 묻는다. 선이 무無 자를 쓰는 것은, 마치 수레가 아닌 소를 치듯이, 마음의 뿌리에 관심을 갖는 것이다.

현실의 우리는 돈, 권력, 명예로 세상에서 게임을 만들고 있지만, 컴퓨터 프로그래머들은 컴퓨터 안에서 게임을 만든다. 현실은 분명히 손에 잡히고, 컴퓨터의 게임은 화면 속에만 있다. 그러나 감각으로 받아들이는 우리 마음속에서는 두 게임이 크게 다를 바 없다. 현대의 도시 문명이라는 파일이 지워지는 데는 컴퓨터의 파일이 지워지는 것보다 엄청나게 긴 시간이 걸리겠지만, 언젠가 지워질 것은 분명하다. 우리가 컴퓨터 게임에 집착하지 않듯이 현실에 집착하지 않을 수 있다면, 그러면서도 게임을 만들고 그것을 즐길 수 있다면, 이것이 무사상에 있는 창조적 측면의 좋은 설명이 될 것이다.

(093)　　무^無 V

불교라고 하는 하나의 종교, 선, 그리고 무사상에 있어서 무엇이 문제인가. "나"이다. 불도를 닦고, 부처를 이루고, 진선미를 찾으려는 것도 모두 나를 위해서다. 자기 자신을 어떻게든지 좋게 만들고 싶은 마음이 없다면, 고민할 것도 노력할 것도 없다. 그런데 실체적이고 영원불변의 나가 없다는 무아사상에 기반을 둔 선에서, "나"라는 문제는 "주체"의 문제로 옮겨진다.

　실체로서의 나는 없기 때문에 무아이지만, 기능으로서의 나는 엄연히 있다. 연료가 있어야만 타는 불에게 고정적인 실체는 없지만, 불은 큰 집이나 산을 태울 수 있다. 나라고 하는 기능체의 주인은 누구인가? 나이다.

　불교와 선에서는 "자성" 즉 "자아의 성품"이라는 말이 두 가지 뜻으로 쓰인다. 실체로서의 나를 부정하거나 사물의 공성^{空性}을 가리킬 때는 "무자성^{無自性}" 즉 "실체적이고 하는 주체의 성품은 없다."고 한다. 그러나 선에서는 "자성을 본다."거나 "참 나를 찾는다."는 표현을 쓴다.

　이 경우의 "자성"이나 "참 나"는 실체로서의 나가 아니라 기능적 주체로서의 나를 뜻한다. 무사상에 있어서도 기능적 주체가 중요시된다. 그래서 무사상의 다섯째 특징은 "무타^{無他}" 즉 "무타주인^{無他主人}" 또는 "무타주체^{無他主體}"이다.

나와 세상을 책임질 사람으로서 남이나 다른 주인이나 주체가 없고, 오직 나만 있다는 것이다. 임제 선사가 가르치는 "무위진인^{無位眞人}"이나 "수처작주^{隨處作主} 입처개진^{立處皆眞}"이라는 말이 무엇을 뜻하는가. 남과의 비교가 높다고 여겨지는 자리를 떠남으로써 참사람이 될 수 있고, 그런 사람은 이르는 곳마다 주인이 되고 서는 곳마다 그 속이 바른 진리의 자리가 된다는 것쯤으로 풀이할 수 있을 것이다.

세상 사람들은 무엇을 위해서 저리 바쁘게 뛰는가? 남들로부터 인정받는 자리를 얻기 위해서이다. 만약 이 지구상에 아무도 없고 나 혼자만 있다면, 나는 출세라는 자리를 위해서 돈, 명예, 권력에 매달리려고 하지 않을 것이다. 남이 있다고 생각하고 남을 의식하기 때문에 나는 그럴듯하게 보이는 자리를 향해서 기어오르려고 한다.

무사상은 이러한 나에게 "남은 없다. 오직 너만 있고 네가 바로 세상의 주인이다."라는 것을 가르치려고 한다. 내 육신 가운데 나는 어디에 있는가? 팔, 다리, 배, 가슴, 머리의 어느 한 부분에 있거나, 전체를 합친 곳에 있지 않다. 적어도 고정적 육체에 나는 없다. 나는 육체와 마음이 함께 움직이는 전체적 기능에서 찾을 수 있다.

이 기능이라고 하는 것은 내 마음이 정하는 것이기 때문에, 얼마든지 크거나 작게 잡을 수 있다. 내가 범위를 정하고 그 주인이 될 수 있다. 현재 눈에 보이는 세상을 나로 삼는다면 나는 현재의 것만 된다. 천만 년 전부터 지금까지 살고 죽었던 사람들 모두와, 현재부터 미래세가 다하도록 살 사람들 모두를 나로 삼으면, 나는 끝없는 과거와 끝없는 미래가 된다.

나는 과거, 현재, 미래의 주인이 된다. 내가 어떤 잔치를 베풀기로 했다고 치자. 나는 호스트로서 게스트들이 불편한 것은 없는지, 음식은 제대로 차려졌는지, 특별히 관심을 가져야 할 사람을 챙겼는지 등을 살피기 위해서 동분서주할 것이다. 식사를 거르면서 손님 접대에 집중할 것이다. 게스트들이 편안히 앉아 있는 동안에는 호스트는 종일 서 있을 수도 있다.

그런데 주인에도 종류가 많다. 모자처럼 이름만 덮어 씌워진 주인이 있는가 하면, 실질적으로 조종하는 실세 주인도 있고, 현장에서 자기 소임을 다해서 전체에게 꼭 필요한 것을 공급하는 주인도 있다. 세상을 잔칫집으로 친다면 세상 사람 하나하나가 나름대로 주인이 될 수 있다.

"부처를 만나면 부처를 치고, 조사를 만나면 조사를 친다."고 하는 이유가 무엇인가? 바로 지금 이 자리의 나를 저 주인으로 삼음을 뜻한다. 나 외에 따로 주인이 없기 때문이다.

094 노자와 선의 무無

노자의 『도덕경』을 읽다 보면, 많은 부분에서 선사들의 법어와 흡사한 점을 발견하게 된다. 노자의 무위無爲 도道는 선의 무無와 다를 바 없다. 장자의 말도 마찬가지이다. 그래서 어떤 이들은 노자와 장자의 사상을 제대로 전한 적자가 바로 선이라고 말하기도 한다.

하지만 표면적인 유사점도 많지만, 깊이 들어가 보면 근본에서 차이점이 있다. 노자와 선에서 가르치는 무의 유사점과 차이점을 구별해 보는 것은, 선의 무사상을 더욱 뚜렷이 밝히는 데 도움이 될 것이다.

먼저 유사점을 보자. 『도덕경』의 이런 말들을 들으면 선사의 설법이 아닌가 하고 착각할 것이다. "도는 하나를 낳고, 하나는 둘을 낳고, 둘은 셋을 낳고, 셋은 만물을 낳으니…" 선의 '만법귀일萬法歸一' 즉 "만법은 하나로 돌아간다."를 뒤집어 놓은 것이다. "도라고 말하면 이미 그것은 참다운 도가 아니고, 이름이 붙여지면 이미 그것은 영원한 것이 아니다."는 말로 『도덕경』은 시작된다.

또 "도는 볼 수도, 이름할 수도, 잡을 수도 없다."는 취지의 말도 나온다. "사량분별로 배우는 학문은 배울수록 늘어남에 비해서, 도는 닦을수록 줄어들게 되니, 줄이고 줄이면 무위에 이르게 되고, 이에 이르러 하지 못함이 없게 된다." 일체의 명칭, 개념, 사량분별을 끊고 사물을 보아야 존재의 실상이 드러난다는 선의 가르침과 다를 바 없다.

무사량無思量, 무심無心, 무위가 여기에 다 들어 있다. "형상이 없는 형상을 보고, 소리 없는 소리를 듣는다."는 『도덕경』의 입장은 선의 것 그대로이다. "한 물건이 있어, 하늘보다 먼저 생겨나서, 고적하여 소리와 형체도 없건만, 영원히 변함이 없으며, 모든 것에 두루하니⋯."라는 말은 선사들이 자주 사용하는 어법이 아닌가. 무어라고 꼬집어서 이름을 붙이면 그것이 고착화되어서 존재의 실상을 있는 그대로 드러내는 데 그르치므로, 선사들은 그것을 우주 법신체, 진여, 무, 또는 한 물건으로 말하곤 하지 않던가. 노자는 무이면서도 동시에 만물이 되는, 저 한 물건의 아이디어와 표현을 선사들에게 제공하고 있다.

『도덕경』의 것을 조금만 더 보자. "무위로 행하고, 무사無事로 일을 하고, 무미無味로 맛을 보고⋯." 『도덕경』은 무자의 잔치판으로 이루어졌다. 도는 무이고, 하나인 동시에 모든 것이요, 처음인 동시에 끝이다.

선이 중국화된 인도의 요가 명상 수행법이라고 한다면, 선사들이 『도덕경』의 저 무자를 빌려 쓰는 것은 자연스러운 일일지도 모른다. 노자와 선이 다 같이 무에 입각해서 사물의 실상을 보려고 하지만, 근본 목표점에서 천지간의 차이가 있다.

노자의 무는 세상을 살아가는데 장애를 없애는 처세 철학적인 면이 강하다. 자신을 지우고 인위를 없이 한 것의 대표적인 예가 물이다. 물은 그릇에 가두면 그릇의 모양대로 바뀌어지고, 낮은 곳으로만 흘러내리고, 부드러워서 일체의 다툼이 없지만, 큰 바위를 부수어서 자갈이나 모래로 만드는 힘을 발휘한다.

사람도 무위 정신에 입각한 물과 같은 부드러움으로 크게 성취할 수 있다고 한다. 또 곧고 큰 나무는 재목으로 잘려 나가서 일찍 죽지만, 굽고 작은 나무는 그 무용無用 덕분에 오히려 오래 살 수 있다고 한다. 선의 목표는 세속적으로 성취하거나 오래 사는 것이 아니다. 단순히 물질 만능주의를 떠난 새로운 각도에서 사물을 보고, 자신의 평화만을 얻으려고 하는 것이 아니다.

생사로부터 해탈하고 중생을 구하려는 것이다. 물론 무위의 이익이나 무위의 정치와 같은 『도덕경』의 실용적인 가르침도 선이 수용할 수는 있다. 그러나 그것은 어디까지나 '무착생심無着生心' 즉 "집착함이 없이 세상을 꾸밀 마음을 낸다."는 입장에서의 한 방편으로 받아들일 뿐이다. 그것이 선의 전부가 될 수는 없다.

선은 궁극적으로 노자가 말하는 부드러움과 난폭함, 이익과 손해, 성취와 실패 등과 같은 모든 상대적이고 차별적인 분별마저 초월하려고 한다.

095   장자와 선의 유사점

『장자』에 나오는 발상법, 표현, 철학은 선과 유사한 점이 많다. 장자의 말 가운데서, 문맥의 앞뒤를 절단하고 어느 한 부분만을 선의 전문용어로 바꾸어서 인용한다면, 선사의 법문처럼 오해되기 십상이다.

모든 성현들이 그러하듯이 장자도 바깥세상을 향한 물욕을 경계한다. 장자는 "외치外馳" 즉 "말처럼 밖을 향해 달려 나가려고 한다."는 표현을 쓰면서, 수컷이 암컷을 따르듯이 사람들이 물질적인 성취를 추구하는 모습을 그린다. 소인은 이익을 위해서, 선비는 명예를 위해서, 영웅적 기질을 가진 이는 정권을 향해서, 성인마저도 천지를 얻기 위해서 말처럼 날뛴다고 한다. 선사의 말로 바꾸어도 손색이 없는 말이다.

장자가 무조건적으로 물질적인 성취를 무시하는 것은 아니다. 단지 자연의 흐름을 거스르지 않고, 목적과 수단을 혼동하지 않아야 한다고 주장할 뿐이다. 긴 학의 다리를 자르거나 짧은 오리의 다리를 늘이려는 것은, 인간 위주로 삼라만물을 주무르려고 하는 것이니, 자연 본래의 능력이 발휘될 수가 없다.

또 자연은 목과 같고 인위적인 성취는 모자와 같다. 인위적인 성취를 위해서 자연의 흐름을 거스르는 것은 모자를 얻으려고 목을 자르는 격이다. 자연 만물을 법신으로 중시하는 선에서 이 말에도 반대하지는 않을 것이다.

장자는 모든 사물에서 상대성을 보고 판단을 중지함으로써 사물을 고정적인 것으로 규정하지 않으려고 한다. 이것과 저것, 옳음과 그름, 큼과 작음, 삶과 죽음 모두 상대적이다. 책상을 만들었을 때, 책상의 입장에서 보면 이루어짐이지만, 나무의 입장에서 보면 부서짐이다.

아무리 좋은 맛과 소리가 있더라도, 지금의 즐기는 것을 위주로 보면 성공이지만, 다른 좋은 것들을 멀리 할 수밖에 없다는 점에서는 실패이다. 그래서 이루어짐과 무너짐, 성공과 실패는 고정적인 것이 아니다. 판단을 중지하고 자연의 흐름을 볼 때, 그 진실한 모습을 알 수 있다. 이것도 선의 판단 중지 사상과 유사하다.

「인간세人間世」 편에서는 심재心齋가 나온다. 장자는 공자의 입을 빌려서 "마음을 한결같이 해서, 귀로 듣지 말고 마음으로 들으며, 마음으로 듣는 데 그치지 말고 마음을 텅 비운 기氣로 들으라. 마음을 완전히 비우는 것이 재계이다."라고 말한다. 이 말을 들은 안회는 "제가 심재에 관해서 듣기 전에는 내 자신이 존재한다고 알았으나, 이 가르침을 받고 나니 나 자신의 존재를 느끼지 못하게 되었습니다."라고 응답한다.

선의 수행과 유사한 것으로 심재와 함께 좌망坐忘이 있다. 「대종사大宗師」 편에서 "세상사와 육신을 무너뜨리고 총명을 내쫓고, 형체를 떠나며, 지식을 버리고, 크게 통하는 도와 하나가 되는 것을 좌망"이라고 한다. 일체의 물질에 대한 관심, 지식, 사량분별을 떠나서 존재의 실상을 여실히 보는 경지이다. 천하와, 물질과, 삶을 지우고 크게 깨닫는 것을 장자는 조철朝徹 또는 견독見獨이라고 한다. 선에서 말하는 견성見性의 기초 단계쯤이 될 것이다. 이는 물아양망物我兩忘, 심물합일心物合一, 또는 주객합일主客合一이 이루어지는 경지이고, 장자는 이 경지의 사람을 지인至人 또는 진인眞人이 라고 부른다.

「지북유知北遊」 편에서 장자는 "도가 똥과 오줌 속에도 있다."고 말 한다. 선의 "마삼근麻三斤", "간시궐幹屎厥", "정전백수자庭前栢樹子"를 생각나 게 한다. 부처, 불법 대의, 달마 대사가 중국에 온 높은 뜻을, 삼베 옷감 세 근, 화장실의 휴지, 뜰 앞에 보이는 잣나무에서도 찾을 수 있다는 것과 똥 속의 도는 다를 바 없다.

『장자』에는 선문답 형식의 대화도 있다. 굽은 나무는 그 무용성 때문 에 오래 살 수 있었고, 울지 못하는 거위는 그 무용성 때문에 일찍 죽어 야 했다. 무용성의 상반된 결과를 보면서 장자는 어찌 하겠느냐는 질문을 받는다. "답해도 30방 답하지 못해도 30방"이라는 선사의 말을 생각나게 한다.

096 장자와 선의 차이점

앞에서 살펴 본 바와 같이, 장자와 선 사이에는 유사점이 많다. 그렇지만 조금만 깊이 들어가면 차이점이 크게 드러난다. 우선 자연, 천성天性, 천리天理, 또는 천명天命을 어떻게 수용하느냐부터 장자와 선은 완전히 방향을 달리한다.

장자는 「대종사」 편에서 이런 말을 한다. "자기가 태어난 까닭을 분별하지 않고 죽어야 하는 이유를 따지지 않는다. 삶과 죽음을 특별히 선택해서 쫓지 않는다. 자연의 변화에 따라서 무엇이 되든지 그것을 기꺼이 받아들인다." 장자가 안심입명을 얻는 방법은 천명에 대한 무조건적인 순응이다. 자연이라는 간판을 걸고 죽음, 고독, 고통이 찾아온다고 하더라도 천명에 아무런 의심을 품지 않고 따라야 한다. 최고의 덕은 자연의 천성과 조화를 이루는 것이다.

장자는 천성 지키기의 중요성을 백년 묵은 나무의 비유로 설명한다. 백년 자란 나무를 잘라서 용도에 적합한 부분은 술그릇을 만들어 좋은 색을 칠해서 장식하고, 쓸모없는 부분은 땔감으로 버렸다고 할 때, 화려하게 꾸며진 나무나 버림받은 나무가 천성을 잃은 점에서는 차이가 없다고 한다. 마찬가지로 사람이 인의예지仁義禮智를 잘 지키든지 아니면 인륜도덕과 법을 어기면서 못되게 살든지, 양쪽이 천명을 어긴다면 그 점에서는 다를 바 없다는 것이다.

　장자는 천성과의 조화를 이루어 편히 오래 살 수 있는 방법을 설명한다. 이것이 양생술이다. 종교적인 도교가 장자의 이 양생술을 확대 해석해서 불로장생의 신선도로 발전시킨 것이다. 그러나 선은 어떤가? 우선 고정적인 천명으로서의 자연은 인정하지 않는다. 우주와 삼라만물이 존재하는데 일정한 질서나 법칙이 있다는 것을 부정하는 것은 아니다. 단지 그것이 본래적으로 있는 것이 아니라, 우리의 마음이 멋대로 규정한 것에 불과하다는 말이다.

　동서남북이 자기가 서 있는 자리를 중심으로 만들어진다는 것을 더이상 설명할 필요는 없을 것 같다. 존재한다는 것도 마찬가지이다. 세상의 모든 것은 끊임없는 변화의 과정에 있다. 그 과정의 한 단계만을 꼬집어서 그것의 존재를 말하면, 그 순간 그것은 이미 다른 변화의 단계에 접어들고 있다. 물론 그 변화의 속도가 느릴 경우, 우리가 그것을 알아차리

죽림칠현竹林七賢
중국의 위魏나라 말기 사마司馬 씨 일족들이 국정을 장악하고 전횡을 일삼자 이에 등을 돌리고, 노장老莊의 무위자연 사상에 심취하여 당시 사회를 풍자하고 방관자적인 입장을 취했던 지식인들을 말한다.

지 못한다고 하더라도, 변화하는 것은 확실하다.

선은 장자와 달리, 생사의 천명을 받아들이기는커녕, 생사 그 자체마저도 본래 있는 것이 아닌 인간의 분별심이 만들어 낸 개념으로 생각한다. 삶을 규정하지 않으면 죽음이 있을 수 없고, 더욱이 모든 존재 그자체를 규정하지 않는 마당에, 존재의 천명을 들먹일 필요가 없다. 선에서 보면 자연, 천명, 존재, 생사가 모두 인간이 만들어 낸 개념이고 말일뿐이다. 존재, 만물, 생사를 실체적인 사실로 전제하고 말하는 장자와 그것들을 사람의 미망심이 만들어 낸 분별일 뿐이라고 말하는 선이 같을 수가 없다.

둘째, 중생구제라는 종교성에서 장자와 선은 크게 갈라진다. 노장사상은 두 방향으로 전수되었다. 철학적인 도교와 종교적인 도교이다. 철학적인 도교는 말 그대로 노장철학에 머물러 있고, 종교적인 도교는 불로장생의 신선술을 가르친다. 장자의 사상에서 있지도 않는 종교성을 찾으려고 하다 보니, 장자의 생각과는 거리가 먼 신선도로 발전해 나간 것이다. 『장자』라는 책이 전하는 철학적인 도교에서 본다면, 중생구제의 종교적인 사상은 강하지 않다. 스승이 제자를 가르쳐 불조佛祖의 혜명慧命을 전하고 중생을 구하려는 선과는 크게 다르다.

천명과 종교성에서의 입장 차이는, 자족自足의 상태나 그것을 누리는면에서도 차이점을 발견하게 한다. 장자는 천명 내에서의 순응으로 평화를 얻는 반면에, 선은 천명과 생사로부터 초탈하려 한다. 장자의 도인은일단 고통의 현실로부터 도망치고자 하지만, 선의 도인은 중생을 구하기위해서 고통의 세계로 뛰어들 수도 있다.

⑨⑦ 화두의 총체성

우리는 참선할 때 화두話頭를 참구한다. 의심 덩어리인 화두를 깨친다는 말은 바로 자기의 진면목 또는 자신과 우주 존재의 여실한 실상을 확실하게 터득하는 것을 의미한다.

　어떻게 한 화두를 통과하는데 인생과 우주의 돌아가는 이치를 전부 알 수 있단 말인가? 여기에는 그럴만한 충분한 이유가 있다. 불교 명상 수행법에서의 관觀하는 대상이 발전해 온 것을 살피면 그것을 알 수 있다.

　인도에서의 원시불교 수행법은 많지만, 화두와 관련이 있는 것처럼 보이는 관찰의 대상에 주목하면서 지금까지도 남방불교에 전해지는 대표적인 것을 꼽는다면 위빠사나Vipassanā(毘鉢舍那)가 될 것이다.

　위빠사나는 "관觀"이라는 뜻이지만, 이 관은 헐떡임을 멈추는 지止의 준비 단계인 사마타śamatha(奢摩他)와 동반하기 때문에 보통 "지관止觀"으로 번역된다.

　위빠사나의 관찰 대상을 중심으로 붙여진 명상법 명칭은 사념처四念處의 관법이다. 사념처, 즉 네 가지 관찰 대상이란 신수심법身受心法으로 몸, 감각, 마음, 마음 작용의 대상이다.

　몸에 대해서는 호흡과 행주좌와어묵동정行住坐臥語默動靜, 즉 서고, 멈추고, 앉고, 눕고, 말하고, 침묵하고, 동작하고, 고요히 하는 몸의 모든 것을 관찰한다. 감각이란 눈, 귀, 코, 혀, 몸의 오감^{五感} 기관이 색성향미촉^{色聲香味觸}의 대상을 맞아 느끼는 것이다. 이 감각에는 좋고 즐거운 것, 나쁘고 괴로운 것, 그리고 즐겁지도 괴롭지도 않은 무기^{無記}의 것이 있다. 마음과 그 작용 대상은 육근^{六根}과 육경^{六境} 가운데 마지막 의^意와 법^法에 해당된다.

사념처란 결국 안이비설신의^{眼耳鼻舌身意}와 색성향미촉법^{色聲香味觸法}의 모든 것을 말한다. 몸과 마음의 모든 것을 관찰할 때, 고통과 즐거움이 있다면 그것의 시작, 현재 진행 상태, 그리고 앞으로의 결과를 주시한다. 신수심법^{身受心法}의 생주이멸^{生住移滅}과 생로병사^{生老病死}를 여실히 응시하는 것이다. 몸과 마음과 대상과 느낌을 관찰하는 것은 자기 존재의 모든 것을 보는 것과 같다.

중국 천태종에서는 이 위빠사나 지관법에 총체성^{總體性}을 더욱 가미해서 관찰하는 명상법을 만들었다. 여러 가지가 있지만 그 대표적인 것이 일념삼천^{一念三千}의 관법이다. 한 생각 가운데에 지옥, 아귀, 축생, 아수라로부터 부처에 이르는 열 개의 수행 단계와, 그것들의 시작이나 끝, 원인이나 결과, 그리고 주체와 환경과 세상을 이루는 모든 요소를 일념 속에서 찾는 방법이다. 자신의 일념 속에서 안쪽의 마음이나 바깥세상의 모든 것을 남김없이 관찰하는 것이다. 물론 불교에서는 마음과 바깥세상이 둘이 아닌 하나이기는 하지만, 구태여 구별해서 본다면 그렇다는 말이다.

인도불교의 위빠사나가 몸과 마음의 움직임으로부터 출발해서 자신과 우주 존재의 실상을 보려고 한다면, 천태종의 지관법은 아예 마음의 상태를 지옥으로부터 부처에 이르는 열 단계로 나누고, 다시 그것이 순간순간의 일념 속에서 교차되는 상황을 처음부터 끝까지 여실히 보려고 한다. 인도 명상법보다 중국의 지관법이 마음과 세상을 관찰하는 데 있어서 총체성을 강화한 것이다. 위빠사나의 사념처나 지관법의 일념삼천을 염두에 두고 중국 선의 화두를 보아야만, 단순하게 보이는 화두에 담겨 있는 심오성과 총체성이 제대로 드러난다.

개에게 불성이 있느냐고 묻고 그 대답이 무無라고 하는 화두를 먼저 보자. 이 문답은 단순히 개의 이야기를 하고 있는 것이 아니다. 내 마음과 우주의 모든 존재 실상을 압축해서 표현하고, 수행자가 그것을 보게 하려는 큰 방편이 담겨 있다. 마삼근麻三斤이나 간시궐乾屎厥의 화두도 마찬가지이다. 부처를 무라고 하든, 삼베 옷감이라고 하든, 항문 닦기라고 하든, 그 속에는 마음에 나타나는 고통과 즐거움, 환희와 분노, 지옥과 부처 등의 시종始終이 숨겨져 있는 것이다.

098 화두의 효능

사업가가 자기 사업의 성패를 가름하는 장애를 만나게 되면, 그는 침식을 잊으면서 해결책에 몰두하게 된다. 정치인도 자기 분야에서 같은 경우를 만나면 마찬가지가 될 것이다. 어찌 사업가나 정치인뿐이랴. 문학가, 화가, 음악가, 발명가 등도 어떤 영감을 만나면 무아의 경지에 들어갈 수 있다. 석사 또는 박사 논문을 준비하는 학생들과 대화해 보면, 그들이 논문의 주제, 자료, 제목, 목차 등을 생각하는 가운데, 깊은 밤에도 잠을 잊을 수 있다고 한다. 박사학위 논문 준비자 중에는, 자신의 논문이 완성될 무렵에는, 세상의 모든 문제가 한꺼번에 전체적으로 연결되어서 풀리는 듯한 경지를 맛보았다고 하는 이가 많다.

개미에 대해서 연구하는 학자의 예를 들어보자. 그는 개미의 집짓기, 먹을 것 저장하기, 쓰레기 처리, 전쟁하기 등의 행동 양태를 관찰하면서, 첨단 과학 시대를 살고 있는 인간의 생존 방식과 다를 바 없음을 발견하게 된다. 개미의 세계를 보고도 인간 세계의 삶을 미루어 짐작할 수 있다는 것이다. 그래서 어떤 생물학자는 인간의 행동 양태를 유전자로 풀이한다. 쌍둥이는 아무리 멀리 떨어져서 살고 있더라도 행동 습관이 비슷하듯이, 모든 인간의 본능적 또는 습관적 행위는 유전자에 의해서 결정된다고 한다. 유전자를 아는 것은 인간의 모든 것을 아는 것이 된다. 물론 돈이나 권력을 목표로 삼는 사업가의 화두 즉 의심 덩어리, 문학 예술가의 화두, 철학자의 화두는 방향과 효능 면에서 같을 수가 없다.

남을 이기기 위해 음모를 꾸미는 이의 화두는 아무리 강한 집중력을 내게 하더라도 철학자의 화두처럼 인생 전반에 대한 연결된 통찰력을 얻게 하지는 못할 것이다. 모든 의심 덩어리는 궁극적으로 존재의 이치를 깨닫게 하는데 도움을 주기는 하겠지만, 사람의 근기와 의심 덩어리의 종류에 따라서 효과가 다르다. 선사들이 수행자들에게 별도의 화두를 소개하고, 사람과 공부의 진도에 따라 다른 화두를 주는 이유가 여기에 있다.

요즘 한국의 선사들이 입문자들에게 흔히 소개하는 "시심마是甚麼" 즉 "이뭣꼬" 화두를 예로, 이 의심 덩어리를 깨쳐서 어떻게 모든 존재의 이치를 깨달을 수 있는 것인지 생각해 보자. 화두를 개념 분별이나 언어로 풀이하면 그것은 이미 화두로서의 가치를 잃어버리기 때문에 실제로 참선할 때는 이렇게 풀어서는 안 되지만, 한 화두를 깨침으로써 어떻게 삶의 모든 것을 터득하게 되는가를 예로 살피기 위해서이다. 이뭣꼬 의심의 대상은 시작도 끝도 없다. 세상의 모든 것이다.

이 물음에 대답하려면, 삼라만상 두두물물의 존재 이치가 한꺼번에 연결되어서 풀려야 한다. 말이나 개념 분별로 푼다면 인연, 무상, 무아, 공, 유심 등의 교리를 동원해야 하겠지만, 선의 화두 참구는 일체의 사량 분별을 금한다. 의심에 바로 부닥쳐서 직관으로 나가라고 한다. 사량분별로 세상사를 연결시켜서 풀이하는 것과 직관으로 깨닫는 것은 어떻게 다른가? 몇 년 전 대만을 강타한 대지진의 예측 능력을 예로 비교해 보자. 대만의 지진 전문가들은 모든 과학기술을 동원해서 금년에 지진이 있

을 것이라고 예측했었다. 단지 정확한 날짜와 지역을 밝히지 못했을 뿐
이다. 그러나 지진 발생 지역에 있던 쥐들은 지진이 일어나기 전날에 갓
태어난 새끼 쥐까지 데리고 다른 곳으로 대피해 버렸다. 지렁이들도 대
피하기 위해서 땅 밖으로 솟아 나왔다. 쥐와 지렁이에게 무슨 과학적 지
식이 있었겠는가. 무슨 환태평양 지진대에 대한 정보가 있었겠는가. 오직
불가사의한 직관 능력만 있었을 뿐이다.

　수행자가 화두를 참구해서 세상의 거울과 같은 자신의 본성을 보면,
그 자리에서 존재의 모든 것을 터득하게 되는 것이다. 화두는 물론 예측
능력을 기르기 위한 것이 아니다. 인간이 참답고 평화롭고 행복하게 사는
마음과 행동의 이치를 깨우치게 하려는 것이다.

099 간화선과 법맥 문제

우리는 앞에서 생명 존재의 실상을 한꺼번에 드러내려고 하는 화두의 총체성과, 불가사의한 힘으로 직관의 깨달음을 얻게 하는 화두의 효능을 살펴보았다. 그런데 여기서 우리에게는 이런 물음이 떠오른다. 간화선看話禪은 중국 선종의 일파에서 주창한다. 조동종에서는 직접적으로 화두를 이용해서 참선하지 않는다. 물론 간화선 이전의 명상 관법에는 화두가 없었다. 그렇다면 화두를 들지 않는 묵조선이나, 간화선 이전의 모든 선사들의 화두가 없던 참선은 모두 헛것이란 말인가.

간화선 이전의 명상 수행법을 부정하면, 선에서 중시하는 법맥을 설명하기가 곤란해진다. 후대의 간화선이 깨달음으로 가는 유일한 길이라면, 간화선이 생겨나기 이전의 수행으로는 궁극의 깨달음을 얻지 못할 것이 아니냐는 말이 되고, 마침내는 과거 조사들의 깨달음을 의심하는 것이 된다. 그러나 간화선 입장에서 부처님이나 가섭 존자가 화두를 들고 공부했느냐고 따지거나 깨달음의 경지를 의심하지는 않는다. 선종은 화두를 중요시하면서도 아울러 간화선의 형식을 취하지 않고 명상 수행한 부처님과 조사들의 혜명慧命이 대대로 계승되어 왔다고 굳게 믿는다. 그래서 달마 대사가 참선법을 가지고 인도로부터 중국으로 온 것을 대단히 큰 일로 이 문제를 풀기 위해서 우리는 두 가지 방향으로 생각해 볼 수 있다.

하나는 간화선에서 다른 참선법과의 공통점을 찾는 것이요, 다른 하나는 다른 참선법에서 간화선적인 요소를 찾아내는 것이다. 그런데 이 두 방향은 하나로 만나게 된다. 공통점을 찾게 되면 자연히 왜 화두가 필요한가 하는 것과, 모든 관법에 공통적인 것이 화두에도 담겨 있음을 알기 때문이다.

간화선과 다른 참선법과의 공통점을 생각해 보자. 이를 다루기 위해서는 화두가 꼭 의문형으로 취급되어야 하는가라는 문제를 먼저 생각해야 한다. 대부분의 화두는 과거 조사 스님들이 우주 존재의 실상을 여실히 드러내기 위해서 문답형 또는 어떤 해프닝형으로 설한 가르침이다. 그 가르침을 제대로 파악할 수 없기 때문에 "그것이 무슨 의미일까?"라는 의문형으로 취급될 뿐이다. 가르침이 제대로 파악된다면 화두가 반드시 의문형이 될 필요는 없다. 그대로 존재의 실상을 전하는 무한의 상징적 또는 포괄적 가르침일 뿐이다.

구태여 의문형을 찾기로 한다면, 간화선 이외의 참선법에서도 얼마든지 가능하다. 먼저 위빠사나 신수심법身受心法의 관법을 보자. 몸, 느낌, 마음, 마음의 대상이 "어떤 상태에 있는가"를 관찰하는 명상법이다. 여실지견如實之見이 얻어지기 이전까지는 끊임없이 저 네 가지에 대해 의문을 품고 관찰해야 한다. 조동종의 묵조선默照禪도 표면적으로는 화두가 없지만 내용적으로는 "현성공안現成公案"이라는 명칭의 화두가 있다. "현상 세계에 있는 모든 사물 그대로가 불가사의不可思議한 공안 또는 화두"라고 할 때, "불가사의"라는 말 자체가 의문을 내포하고 있는 것이다. 간화선에 있어서도, 넓은 의미로 보면 화두가 따로 있는 것이 아니라 세상만사가 그대로 의문 거리가 된다.

의문성은 접어 두고 총체성이라는 측면에서 화두와 다른 관법과의 공통점을 보자. 우리는 앞에서 이미 이 문제를 다룬 바 있다. 위빠사나 관법이 천태종의 지관법을 거쳐 선종의 화두로 이른 데는, 우주 전체의 실상을 한꺼번에 통찰코자 하는 의도가 담겨 있다고 말이다. 화두에서의 간단한 한마디로 우주 전체의 실상을 표현하려고 한다는 것이다.

그렇다면 간화선이 다른 관법과 같단 말인가. 아니다. 분명히 다르다. 또 간화선의 효능은 아주 좋다. 단지 다른 종류의 참선법의 효능도 인정되어야만, 별도로 화두라는 이름을 내세우지 않고 공부했던 부처님과 조사들의 깨달음도 높이 받아들일 수 있다는 것을 말하려고 할 뿐이다.

⑩⓪ 화두의 논리 파괴

선사들의 가르침을 '화두'로 칠 때, 화두는 보통 사람의 상식과 논리를 완전히 파괴시키면서, 우리에게 저 논리로부터 초탈하라고 명한다. "한 손으로 치는 손뼉 소리를 들어라." "구멍 없는 피리" "한강 위로 남산이 흐른다." "바람에 의해서 깃발이 펄럭이는 것이 아니라 마음이 움직일 뿐이다." "남이 술을 마셨는데 내가 취한다."라는 투의 화두가 많다. 선사들의 어록 대부분이 논리를 쳐부수는 말들로 꽉 차 있다.

왜 우리의 상식과 논리를 쳐부수려고 하는가? 우리의 논리는 한쪽으로 치우쳐서 존재의 실상을 전체적으로 나타내지 못하기 때문이다. 인간의 논리라고 하는 것은 처음부터 나, 삶, 물질, 성취, 승리 위주로 되어 있다. "사람은 누구든지 살려고 한다."는 말은 옳게 들리지만, "삶은 죽음의 일부"라든지 "사람은 죽음을 향해서 달려가고 있다."는 말은 이상하게 들린다. 우리는 잘못된 논리 속에서 살아 왔다.

"나와 삶을 위주로 한 논리"를 지켜 온 결과는 무엇인가. 허무, 고독, 패배, 죽음뿐이다. 나를 먼저 내세우다 보니 남이 있고 경쟁이 뒤따른다. 승리와 성공을 구하다 보니 패배와 실패가 있다. 인류 문명의 건설이라고 하는 것도 기껏해야 땅 속에 있는 기름을 땅 위로 퍼 올려서 태우고 그로 인해 공해를 발생케 하는 것뿐이다. 나 위주, 물질 위주, 건설 위주로 아무리 죽을힘을 다해 뛰어 봐도 역시 똑같은 그 자리이다. 오히려 한 편의 논리에 치우쳐서 발버둥친 결과는 "끊임없이 쌓이는 쓰레기"라는 정신적 물질적 찌꺼기뿐이다. 살아 있는 나 위주의 논리는 출발점부터 잘못되었기 때문에 그것을 따라가면 갈수록 절망만 더 커질 뿐, 영원한 생명과 무한한 자비의 평화를 얻을 수 없다.

　남성학을 연구하는 학자들은 여성에 비해 남성이 약하다고 주장하기도 한다. 남성에게 힘이 없다거나 머리가 나쁘다는 뜻이 아니다. "강해야 한다."든지 "모험심이 있어야 한다."든지 "정력이 강해야 한다."는 강박 관념 때문에, 남자는 무리를 하게 되고, 그래서 평균 수명이 여성에 비해서 짧을 수밖에 없다는 것이다. 남과 대립하는 나, 패배와 대립하는 승리, 죽음과 대립하는 삶을 중시하는 논리도, 저 남성들에게 있는 체면 중시의 강박 관념과 유사한 것이라고 할 수 있다.

　화두는 먼저 저 편향된 논리를 부수는 일부터 시작한다. 선사들이 자주 쓰는 배와 언덕의 비유를 들어 생각해 보자. 바다에 두 척의 배가 있을 때, 한 척의 배가 움직일 경우, 어느 배가 움직이는지 알아보기는 쉽지 않다. 내가 탄 배가 움직일 때도, 옆의 배가 움직이는 것처럼 느껴질 수도 있고, 또 그 반대일 수도 있다. 어떤 때는 언덕이 움직이는지, 배가 움직이는지 착각될 때도 있다. 육지와 바다의 움직임도 다시 생각해 보자. 분명히 육지가 아닌 바닷물이 움직인다. 그러나 이것은 편향된 생각이다. 우주의 조화 속에 바닷물이 움직이는 것이라면, 바닷물만 움직인다고 볼 것이 아니라, 육지가 움직인다고 할 수도 있다.

　예전에 우리는 지구는 그대로 서 있고, 태양이 움직이는 줄로 알았다.

그러나 알고 보니 지구는 둥글고 오히려 지구가 태양을 돌고 있다. 또 지금까지의 과학은 태양이 자체적으로 불타고 있다고 말한다. 그러나 어떻게 태양이 혼자 탈 수 있겠는가. 반드시 우주 기운의 연결이 있어야 한다. 그렇다면 태양은 타는 모습을 보이면서 열을 반사하는 반사체에 지나지 않을지도 모른다. 또 우리는 사시사철이 바뀌면서 세월이 간다고 하지만, 뒤집어 생각하면 바뀌는 것은 세월이 아니라 바로 우리이다. 자연은 항상 그대로 있지만, 우리가 바뀌면서 제멋대로 세월에 연도를 붙이고 새 천년이 온다고 법석을 떤다. 화두는 한 편에 치우치지 말고 생사, 승패, 자타를 여읜 존재의 실상을 보라고 호령한다.

101 간화선과 묵조선

선은 겉으로 일체의 문자와 불경과 교리를 떠나는 것처럼 보이지만 실제로는 그렇지 않다. 무집착과 불이^{不二}의 정신에 철저하다고 해서, 선이 아무런 교리적 배경을 갖고 있지 않은 것은 아니다. 교리적 영향 편차의 예를 화엄^{華嚴}사상의 영향을 보다 많이 받은 임제종 계통의 간화선^{看話禪}과 천태^{天台}사상의 영향을 보다 많이 받은 조동종 계통의 묵조선^{默照禪}의 참선을 이해하는 차이에서 볼 수 있다. 여기서 "보다 많이"라는 표현을 쓰는 이유는, 선이 공^空 유식^{唯識} 등 불교사상 전반의 영향을 골고루 받았다는 것을 전제로 약간의 차이가 있음을 나타내기 위해서이다.

우리가 앞에서 공부한 바 있듯이, 화엄사상은 세상이 여래성의 출현에 의해서 나타났다고 보는 성기설^{性起說}을 내세우고, 천태사상은 세상이 처음부터 지옥에서부터 부처까지 십계^{十界}를 갖추고 있다는 성구설^{性具說}을 주창한다. 성기설과 성구설이 다 같이 부처와 중생, 깨달음과 미혹, 또는 진여와 생멸을 불이^{不二}로 보지만, 성기설은 부처, 깨달음, 진여 쪽을 보다 중시해서 중생 쪽을 지워 나가야 할 것으로 보고, 성구설은 중생, 미혹, 생멸 쪽을 보다 중시해서 중생의 자리 그곳에서 바로 부처의 행을 지어야 할 것으로 본다. 간화선과 묵조선의 참선 수행을 이해하는 차이는, 성기설과 성구설이 이상과 현실을 하나로 보면서도 각기 한쪽을 중시하는 차이와 유사하다.

간화선은 "견성성불見性成佛" 즉 "본래 부처인 자기의 본성을 깨닫고 부처가 되는 것"을 목표로 한다. 참선은 부처가 되기 위한 수단일 뿐이다. 부처라는 이상과 중생이라는 현실이 둘이 아니기는 하지만, 중생이라는 현실의 미혹을 지우고 부처라는 이상의 깨달음으로 회귀하는 방편 과정으로 화두를 들고 참선하는 것이다. 간화선도 정혜定慧 즉 참선과 깨달음 또는 고요 명상과 지혜가 둘이 아니라는 점에서는 이의가 없지만 깨달음 또는 지혜 쪽에 기운 편이다.

묵조선은 "지관타좌只管打坐" 즉 "오로지 참선하는 자세로 앉아서 부처로서 행하는 것"을 목표로 한다. 참선은 부처가 되기 위한 수단이 아니라 부처 그 자체로서 행동하는 것이다. 부처와 중생은 둘이 아니다. 부처에게도 지옥이 들어 있고 지옥에게도 부처가 들어 있다. 단지 부처는 부처의 행을 하고, 중생은 지옥의 행을 하는 데 차이가 있을 뿐이다. 그러므로 부처의 행으로 참선을 하면 그대로 부처이다. 새롭게 부처를 이루려고 할 것이 없다. 묵조선도 정혜定慧가 둘이 아니라는 점에는 이의가 없지만, 정定을 보다 중시하는 편이다.

간화선은 깨달음을 얻기 위한 수단으로 참선을 하기 때문에, 묵조선으로부터 "대오선待悟禪" 즉 "깨달음을 기다리는 참선"으로 비판을 받는다. 깨달음을 오색찬란한 사리舍利에 비유할 경우, 사리는 수행을 열심히 해서 자연적으로 얻어져야 할 것이지, 사리 그 자체를 얻기 위해서 수행을 해서야 되겠느냐는 것이다. 참 목적은 사리라는 깨달음이 아니라, 참선을 해서 부처의 행을 짓고 부처로서 행동하는 데 있다는 것이다.

반면에 묵조선은 오직 참선 그 자체를 부처의 행으로 중시하기 때문에, 간화선으로부터 "고목선枯木禪" 즉 "죽은 고목처럼 앉아 있기만 하는 참선"으로 비판을 받는다. 아무리 부처와 중생이 둘이 아니고, 미혹 세계 그대로 부처의 법신체이기는 하지만, 현전의 중생 세계로부터 본래 자기인 부처의 세계로 돌아가려고 해야지, 미혹의 현실에 멍하니 앉아서 부처 행의 모방만 해서야 되겠느냐는 것이다. 성기설과 간화선, 성구설과 묵조선이 다 같이 깨달음과 수행의 불이를 말하지만, 깨달음을 목표로 수행을 할 것이냐 아니면 수행 그 자체를 깨달음으로 삼을 것이냐에 미묘한 차이가 있다. 간화선은 자기의 본래 부처를 찾아가는 소득을 구하고, 묵조선은 현실에서 자기의 본래 부처를 지키는 무소득의 입장처럼 보인다.

102 주객의 살활 자재

선의 목적은 무엇인가? 견성성불이다. 그러면 왜 자신의 본래 성품을 보고 부처가 되려고 하는가? 간단히 말해서 괴로움을 여의고 좋은 쪽으로 가기 위해서이다. 왜 괴로운가? '나'라는 주체와 '세상'이라는 환경이 있기 때문이다. 그래서 선은 저 주체와 환경에 자재해서 마음대로 둘을 지우고 그릴 수 있어야 한다고 가르친다.

대표적인 법문으로 임제 선사의 사료간四料簡이 있다. 사료간에서 요간料簡이란 사량분별하는 것, 나누어 구분하는 것, 분류 표준 또는 기준 등의 뜻이다. 참선 공부가 깊어지는 단계, 공부 속에서 주체와 환경을 지우기도 하고 살려내기도 하는 단계, 또는 수행자의 근기나 공부가 익은 경지에 맞추어 필요한 가르침을 주는 단계를 네 가지로 분류하고, 그것을 모든 참선 수행자들의 공부를 점검하는 표준으로 삼는 것이다.

사료간이란, '탈인불탈경奪人不奪境' 즉 '나를 지워 세상 속에 묻어 버리는 것,' '탈경불탈인奪境不奪人' 즉 '세상을 지워 나 속에 묻어 버리는 것,' '인경양구탈人境兩俱奪' 즉 '나와 세상을 다 지워 버리는 것,' '인경구불탈人境俱不奪' 즉 '나와 세상을 현재 있는 그대로 살려 두는 것'이다. 여기서 '인人'은 나, 개인, 주체를 뜻하고, '경境'은 나를 둘러싸고 있는 환경, 대상으로서의 세상, 객체를 의미한다.

　첫째 나를 지워 세상에 붙어 버리는 탈인불탈경의 경지는 붉고 노란 색으로 물든 가을의 단풍을 보면서 절감할 수 있다. 가을의 산색은 너무 아름답다. 그런데 그것을 보면서 늙어 가는 내 마음은 무엇인가 허전하다. 쓸쓸하다. 나도 이제는 저 단풍처럼 이 세상을 하직해야 할 단계가 아닌가 하는 생각이 든다. 왜 멀쩡히 좋은 경치를 보고 이런 생각을 먹는가. 바로 '나'라는 놈 때문이 아니겠는가. 나라는 놈은 무엇인가. 기껏해야 지금 내가 누리고 있는 이 몸 이 머리의 의식뿐이 아닌가. 어째서 지금 나의 의식에 모든 것을 걸고 매달리는가. 나를 지워서 저 산하대지 속에 줘 버린다면 얼마나 편안하겠는가. 해마다 봄이 되면 새잎이 돋을 것이고 가을이면 찬란한 단풍 색을 보일 것이 아닌가. 저 산에, 하늘에, 바람에, 구름에, 바위에 나를 주어 버리면 될 것이 아닌가.

　둘째, 세상을 지워서 나로 삼아 버리는 탈경불탈인의 경지는 앞의 생각을 반대로 뒤집어서 느낄 수 있다. 앞에서는 나를 지워서 세상에 주는 식이었지만, 이 단계에서는 저 아름다운 세상을 그대로 나로 삼아 버리는 것이다. 그런데 세상은 내가 좋아하는 것으로만 이루어져 있지는 않다. 추하고 더럽고 악하고 미운 것들도 많다. 어떤 면에서 보면, 세상은 나와 대립하는 경쟁자들로 꽉 차 있다. 이 상황에서, 세상의 모든 아름다운 것과 추한 것들, 선과 악, 나를 돕는 것과 해치는 것들을 나로 삼아 버린다면, 나에게는 더 이상 실망할 것도 슬퍼할 것도 외로워 할 것도 없다. 좋으면 좋은 대로, 부족하면 부족한 대로, 악하면 악한대로 모든 세상이 그대로 나이기 때문이다.

　셋째, 나와 세상을 모두 지워 버리는 인경양구탈의 경지는, 불교 교리에서 말하는 공空사상에 철저한 단계이다. 나와 세상 가운데 어느 한 쪽을 지우고 세우는 데는, 항상 무엇인가 있어야 한다는 전제가 있다. 좋아야 한다든지 행복하지 않으면 안 된다는 전제는 반드시 나쁜 것과 불행을 동반하게 되어 있다. 그래서 나와 세상 모두를 한꺼번에 지우는 것이다.

넷째, 나와 세상을 있는 그대로 되살려 두는 인경구불탈의 경지는, 우리가 살고 있는 이 현실을 절대의 높은 입장에서 긍정하는 단계이다. 나와 세상을 둘로 보고 어느 한쪽이나 양쪽을 지우고 남겨 두는 것은 상대적인 집착의 찌꺼기 냄새를 풍기고 있다. 나와 세상의 실상을 바로 알려면, 현실을 그 자리에 그대로 두고 죽이기도 하고 살릴 수도 있어야 한다

103 마음 소 찾는 길

앞에서 우리는 주체와 환경을 차례로 지우고 다시 살려내는 사료간四料簡
의 참선 공부 단계를 살폈다. 이 사료간이 주체와 환경의 여실한 관찰과
초탈의 기준을 간략히 제시하는 데 비해서, 심우도尋牛圖 또는 목우도牧牛圖
는 이 기준을 따라 공부하는 방법을 소를 찾고 다스리는 그림과 설명으로
쉽게 풀이한다.

　소를 찾고 달래고 다스리는 그림과 설명의 종류는 알려진 것만도 열
가지가 넘는다. 작자가 분명히 알려진 것이 있는가 하면, 작자 미상의 것
도 있다. 또 그림이나 게송의 장 수가 4로부터 시작해서, 5, 6, 8, 10, 12
까지 있다. 그 가운데서 가장 널리 유포되고 애용된 것으로는 곽암郭庵 화
상의 십우도송十牛圖頌과 보명普明 화상의 열 장 본 목우도송牧牛圖頌이다.

　곽암 화상의 십우도가 임제종 간화선 계통의 선 수행 자세를 표현
한다면, 보명 화상의 목우도는 조동종 계통의 선 수행 입장을 나타낸다고
할 수 있다. 우리나라와 일본에서는 현재 십우도가 유행하고 있다. 큰 법
당 외벽에서 십우도 벽화를 흔히 볼 수 있다.

　십우도는 첫째, 소를 찾아 나서는 심우尋牛, 둘째, 소가 도망간 발자취
를 찾는 견적見跡, 셋째, 소의 모습을 보는 견우見牛, 넷째, 소를 붙잡는 득

우得牛, 다섯째, 소를 달래고 길들이는 목우牧牛, 여섯째, 소를 타고 집으로 돌아오는 기우귀가騎牛歸家, 일곱째, 소를 놓아 버리고 사람만 남아 있는 망우존인忘牛存人, 여덟째, 소와 사람을 다 같이 놓아 버리는 인우구망人牛具忘, 아홉째, 소를 찾기 이전의 본래 자리로 돌아가는 반본환원返本還源, 열째, 중생을 위해서 속세로 나가 현실사에 참여하는 입전수수入廛垂手로 이루어져 있다.

첫째, 소를 찾는다고 하는데 소는 무엇을 뜻하는가? 진리, 깨달음, 부처, 마음 등이 될 것이다. 이 단어들을 합쳐서 '존재의 실상을 여실히 볼 수 있는 본래 부처의 참 마음'이라고 할 수 있다. 더 줄여서 '참 마음' 또는 그저 '마음'이라고 할 수도 있다.

소를 찾는다는 것은 마음을 찾는다는 것인데, 이 '찾는다.'는 말 자체가 화엄 성기性起사상을 강하게 드러내고 있다. 성기사상은 미혹의 현실 그대로를 여래성이 출현한 법신체로 보면서도, 미혹과 여래성 가운데서 보다 근본적인 것을 집이라고 한다면 여래성을 택한다. 미혹은 지워야 할 것, 여래성은 드러내야 할 것으로 보고, 미혹을 지워야 여래성을 볼 수 있다고 하는 것이다. 그래서 소를 찾는다는 말 속에는 '미혹을 지우고'가 숨어 있다. 다음 장에서 살필 목우도의 '소 또는 마음을 길들인다.'는 '목우牧牛'라는 말과 크게 대비된다.

소를 찾아 나선다는 것은 번뇌 망상만 피우고 방황하던 사람이 마음 찾는 공부를 시작했다는 뜻이다. 집중해 관하는 가운데서 소 또는 마음의 발자취를 따라 가서 소를 보고 잡는다. 그러나 그 마음의 소는 업력으로 꽉 찌들어 있다. 억지로 고삐를 당기면 당길수록 더욱 씩씩거리면서 반항한다. 그러자 목동은 이제 방법을 바꾼다. 고삐를 늦추거나 당기면서 소

심우도
(송광사 승보전 외벽)

심우尋牛   견적見跡   견우見牛   득우得牛

목우牧牛   기우귀가騎牛歸家   망우존인忘牛存人   인우구망人牛具忘

반본환원返本還源   입전수수入廛垂手

를 달랜다. 지칠 줄 모르는 인내심을 가지고 차근차근 길들인다. 마침내 소의 등에 타고 집으로 돌아올 수 있게 된다. 수행자가 자기의 마음을 마음대로 부릴 수 있게 된 단계를 표현한 것이다.

소를 완전히 부릴 수 있게 되니, 구태여 길들이고 말고 할 것이 없다. 마음의 소를 제 노는 대로 놔두고 목동 즉 수행자는 혼자 한가로움을 즐긴다. 그런데 소를 놓고 사람만 있다는 것도 아직 방황과 고독과 미혹의 찌꺼기가 남아 있는 것을 뜻한다. 그래서 이제는 소도 사람도 없는 단계로 더 파고 들어간다.

그러나 여기서 머무르지 않는다. 다시 꽃 피고 새 우는 세상을 본다. 주변은 소를 찾아 나서기 이전과 조금도 다름이 없지만, 이제는 답답함의 고통이 없다. 고요하고 평화롭고 법열이 넘친다. 그 법열을 전하기 위해서 수행자는 사람들이 많은 시장 거리로 걸어 나온다.

104 마음 소 달래는 길

앞에서 살펴본 곽암 화상의 십우도^{十牛圖}와 마찬가지로, 보명 화상의 목우도^{牧牛圖}도 소를 마음의 본래 부처에 비유해서 참선 공부의 길을 알기 쉽게 소개하려고 한다. 그런데 두 선사가 똑같이 소를 소재로 삼았으면서도, 수행과 깨달음의 관계를 보는 시각이 크게 다르다. 십우도는 임제종 간화선의 입장에서, 깨달음이라는 소득을 기대하는 듯한 인상을 주고, 목우도는 조동종 지관타좌^{只管打坐}의 입장에서 수행 그 자체가 바로 부처의 동작이라는 것을 강조하는 듯하다.

십우도는 잃어버린 소를 찾으려고 하는 데서부터 시작하고, 목우도는 바로 목전에 있는 소를 길들이는 데서부터 출발한다. 십우도가 깨달음의 이상을 보다 중히 여긴다면, 목우도는 바로 미혹 속에 있는 목전의 현실을 보다 중히 여기는 입장이다.

목우도는 첫째, 소가 길들여지기 전의 상태를 나타내는 미목^{未牧}, 둘째, 일 단계 길들이기의 초조^{初調}, 셋째, 소가 목동의 인도를 받아들이는 수제^{受制}, 넷째, 소가 본마음으로 돌아와서 목동을 따르는 회수^{廻首}, 다섯째, 소가 완전히 객기를 버리고 목동에게 머리를 조아려 굴복하는 순복^{馴伏}, 여섯째, 이제는 소를 내버려두어도 아무런 문제를 일으키지 않는 무애

無碍, 일곱째, 목동이 소를 완전히 믿고 소가 스스로 알아서 행하도록 일임하는 임운任運, 여덟째, 소와 목동이 서로 상대를 잊어버릴 정도가 된 무애無碍, 아홉째, 소는 소대로 사람은 사람대로 각기 혼자서 자기 스스로를 반조할 수 있는 단계에 이른 독조獨照, 열째, 목동과 소가 다 같이 자취를 감추는 쌍민雙泯으로 이루어져 있다.

목우도는 또한 소를 길들이는 과정의 진척도를 소의 털색으로 나타내려고 한다. 처음에는 검은 소가 등장하고 차츰 머리로부터 검은 털이 벗겨진다. 검은 털이 꽁지로부터가 아니라 머리로부터 벗겨지는 것도 의미심장하다. 먼저 머리로 깨달음이 있어야 행동이 뒤따를 수 있음을 나타낸다.

목우도의 대부분은 소를 달래고 길들이는 것으로 되어 있다. 목동은 처음에 한 손에는 회초리를 들고 다른 한 손에는 소의 먹이를 들고 있다. 다음 단계에서 소는 반항하고 목동은 회초리를 내려치는 시늉을 한다. 이어서 소가 목동에 순응해서 마침내는 고삐를 잡지 않고도 소가 스스로 알아서 행동하는 경지에 이른다.

그런데 소를 찾는 '심우'와 소를 길들이고 달래는 '목우' 사이에는 수행과 깨달음을 이해하는 데 있어서 큰 시각 차이를 암시한다. 심우도에서도 목우의 순서가 있기는 하다. 그러나 심우도는 기본적으로 잃어버린 소 또는 무명에 의해 묻혀 버린 본래 부처로서의 참마음을 찾는 과정을 그리려고 한다. 반면에 목우도는 소를 잃어버렸다고 생각하지 않는다.

소는 바로 우리 눈앞에 있다고 생각한다. 깨달음은 눈앞의 미혹 무명을 달래고 길들이는 데서 회복되는 것이지, 무명을 걷어 버리고 도망쳤던 본래 부처로서의 소를 찾아오는 식의 것이 아니라는 것이다.

　우리가 앞 장에서 누차 살펴 본 바 있는 화엄사상의 '성기^{性起}'와 천태사상의 '성구^{性具}'는 기본적으로 부처와 중생, 열반과 생사, 보리와 번뇌, 깨달음과 미혹을 둘로 보지 않는다. 부처가 중생심에 담겨 있고, 중생이 그대로 부처이다. 그럼에도 불구하고 심우도는 성기를 설명하는 것처럼 보이고, 목우도는 성구를 풀이하는 것처럼 보인다. 심우도는 이상을 중심으로 그것을 찾고, 목우도는 현실을 중심으로 그것을 전환한다.

　심우도와 목우도는 맨 마지막 그림에서도 대조를 이룬다. 심우도에서는 목동 즉 수행자가 깨달음을 얻은 후에 중생을 구제하기 위해서 시장으로 나온다. 반면에 목우도에서는 둥근 원을 그린다. 심우도는 이상을 중시하기 때문에 현실로 나오는 그림을 그릴 필요가 있지만, 목우도는 처음부터 현실을 중시해 새삼스럽게 현실로 나오고 들어가고 할 것이 없다.

8장

불교 경전
–
교판
教判

105 천태종의 경전 분류 – 오시伍時

우리는 앞서 아함, 반야, 법화, 유식, 여래장, 화엄사상을 지나 밀교, 정토교, 선종을 둘러보았다. 불교에는 경전도 많고 그 속의 가르침도 다양하다. 각 불경마다 최상의 진리를 주창한다. 부처님의 가르침을 총체적으로 파악하려면 저 많은 불경들을 분류해서 정리할 필요가 있다. 그래서 과거의 조사 스님들은 자신이나 자신이 속한 학파 또는 종파가 좋아하는 불경이나 사상의 입장에 따라서 각기 불경을 분류했다. 이것을 '교상판석教相判釋' 즉 '가르침의 특징들을 판단하고 풀이하는 것'이라고 부른다. 이 교상판석을 '교판教判'이나 '판교判教'로 약칭하기도 한다. 부처님의 설법 형식, 순서, 진리를 드러내는 깊이, 중생을 교화하기 위한 방편이 첨가된 정도, 강조하는 가르침, 의미와 내용 등을 분류하고 체계화함으로써 불경 전체를 보다 일목요연하게 읽으려는 것이다.

불경의 분류는 인도에서부터 시작되었지만 중국에서 본격화되었다. 그런데 아무리 불경을 이해하기 쉽게 정리하더라도 반드시 불경 자체에 근거를 두어야 하기 때문에, 각 종파들은 『법화경』, 『열반경』, 『화엄경』, 『해심밀경』, 『능가경』 등에 있는 문구를 찾아서 그것을 발판으로 삼으려고 했다.

가장 유명한 교판의 하나로 천태종의 '오시팔교五時八教'가 있다. 부처님의 설법을 다섯 시기로 나누고, 다시 중생을 가르치는 형식에 의한 네 가지와 교리 내용의 깊이에 따른 네 가지로 분류한 것이다. 교화 형식과 내용까지 다루려면 복잡해질 것이므로, 여기서는 불경이 설해진 시기에 의한 다섯 가지 분류에 초점을 맞추기로 한다. 그런데 천태종에서 말하는 불경 탄생의 시기는 역사적인 것이 아니라 해석학적인 것이다. 역사적으로 뒤늦게 탄생된 불경이 천태종의 분류에서는 최초의 것이 되었기 때문이다.

천태종의 해석학적인 눈으로 봤을 때, 제1기의 불경은 『화엄경』이다. 부처님이 성도 후 21일 동안 자신의 깨달음을 있는 그대로 토해 내었다. 그런데 그 가르침은 너무 높아서 중생들이 이해하지 못했다. 그러자 부처님은 이런 식으로 설법해서는 안 되겠다고 생각한다. 제2기 12년 동안 중생들이 알아들을 수 있는 쉬운 법문을 한다. 이 설법이 『아함경』으로 편집되었다.

중생들이 가르침을 좀 알아들을 수 있게 되자, 부처님은 제3기 8년 동안 한 단계 더 높여서 진리를 설한다. 이 설법을 엮은 것이 방등부方等部 불경이다. 『반야경』, 『화엄경』, 『법화경』, 『열반경』을 제외한 대승 불경 전체가 이 방등부에 속한다. 부처님은 중생들로 하여금 이제는 존재의 실상을 여실히 보고 지혜를 얻게 하려고 한다. 그래서 제4기 22년 동안 『반야경』의 공사상을 설한다. 반야를 일깨우려는 공사상의 본의와 달리 중생들은 허무주의에 빠질 염려가 있다. 그래서 제5기 8년 동안 부처님은 『법화경』을, 열반에 들기 직전 24시간 동안 『열반경』을 설한다. 방편과 진실을 조화시키면서 무량겁 전에 이미 성불해 마쳤고 중생을 위해 몸을 나타낸 석존의 영원한 법신과 중생에게 본래부터 갖추어진 불성을 알려준다.

천태종은 다섯 시기로 불경을 분류한 것을 외우기 쉽도록 게송을 제공한다. '화엄최초삼칠일華嚴最初三七日, 아함십이방등팔阿含十二方等八, 이십이년담반야二十二年談般若, 법화열반공팔년法華涅槃共八年'이다.

천태종의 불경 분류는 『법화경』 「신해품」에 있는 '장자궁자長者窮子의 비유'를 활용한다. 재산이 많고 사회적 지위가 높은 아버지가 타국에서 아들을 잃어버린다. 아들이 장성해서 거지로 아버지 앞에 나타났을 때, 아버지는 아들을 알아보지만 아들은 아버지를 알아보지 못하고 도망치려고 한다. 아버지가 아들을 달래서 마침내 자신이 보유한 모든 재산을 상속해 주는 과정을, 부처님이 중생을 달래서 진리와 영원한 생명의 재산을 넘겨 주는 과정과 일치되게 비유해서 불경을 분류한 것이다.

천태 교판에 의한 오시五時
① 화엄시華嚴時 : 성도 후의 21일 동안 『화엄경』을 설한 시기
② 아함시阿含時 : 이후 12년 동안 녹야원에서 『아함경』을 설한 시기
③ 방등시方等時 : 이후 8년 동안 『유마경』, 『금광명경』, 『능가경』, 『승만경』, 『무량수경』 등 방등부의 여러 경전을 설한 시기
④ 반야시般若時 : 이후 22년 동안 반야부 계통의 경전을 설한 시기
⑤ 법화열반시法華涅槃時 : 최후 8년 동안 『법화경』을 설하고 입멸 시에 『열반경』을 설한 시기

106 천태종의 경전 분류 – 팔교八教

앞에서 우리는 설법 시기를 기준으로 한 천태종의 불경 분류를 살폈었다. 이번에는 부처님의 설법 형식과 내용을 기준으로 한 천태종의 불경 분류를 보려고 한다.

부처님의 중생교화를 위한 설법을 약을 제조해 주는 것에 비유할 경우, 병에 대한 처방 또는 조제법에 따라서 네 가지로 분류되고, 약의 성분에 따라서 다시 네 가지로 나뉜다. 처방법 즉 설법 형식 또는 방법에 의한 분류를 '화의사교化儀四教'라고 하고, 약의 성분 즉 설법 내용에 의한 분류를 '화법사교化法四教'라고 한다.

화의사교는 돈교頓教, 점교漸教, 비밀교秘密教, 부정교不定教이다. 돈교는 중생의 수준을 고려하지 않고 부처님이 깨달은 진리를 그대로 토해 낸 가르침이다. 『화엄경』이 여기에 속한다. 점교는 중생의 근기에 맞추어서 낮은 단계서부터 차츰 차츰 진리의 알맹이를 더 많이 드러내는 설법이다. 아함부, 방등부, 반야부 불경이 여기에 속한다.

비밀교는 수준이 천차만별인 청법 대중이 한자리에 앉아서 같이 설법을 듣더라도, 부처님이 비밀스럽게 각자의 수준에 맞게 깨우침을 얻게 하는 가르침이다. 이 경우 청중들이 각기 제 나름으로 이익을 얻지만 서로 상대의 이익에 대해서는 알지 못한다. 부정교는 비밀교와 마찬가지로 같은 설법을 듣고 중생의 근기에 따라서 각기 다른 이익을 얻지만, 그것을 서로가 알 수 있는 가르침이다.

'동청이문同聽異聞' 즉 '한자리에서 설법을 들어도 사람에 따라 이해가 다르다.'는 점에서 비밀교와 부정교가 같지만, 비밀교는 청중이 서로의 다른 이익을 알지 못하고, 부정교는 청중이 서로의 다른 이익을 안다는 점에서 차이가 난다. 천태종은 『법화경』을 소의경전으로 삼는다. 그래서 『법화경』이 모든 근기를 소화할 수 있도록 돈교, 점교, 비밀교, 부정교를 다 갖추고 있다고 생각한다.

화법사교는 장교藏教, 통교通教, 별교別教, 원교圓教이다. 장교는 '삼장교三藏教'를 줄인 말이다. 소승의 경율론 삼장을 뜻한다. 불교에 있어서 어떤 가르침이 참이냐 거짓이냐를 가르는 기준은 공사상이다. 공사상에 부합되면 참다운 불교이고 그렇지 못하면 거짓이다. 그런데 공사상에도 깊이가 다르다. 공을 분석적으로 이해하는 단계, 직관에 의해서 전체적으로 체득하는 단계, 공과 현실과 그 연결 즉 공가중空假中을 차별적으로 이해하는 단계, 자기의 마음에서 공가중을 동시적으로 이해하는 단계의 넷이다.

삼장교의 공空에 대한 깨달음의 정도는 '석공析空' 즉 '공에 관한 분석적인 이해'일 뿐이다. 불경으로 말하면 아함부가 여기에 속한다.

통교는 소승과 대승에 공통되고 이 둘을 연결시키는 가르침이다. 이 통교에서는 공을 분석적으로 이해하는 단계를 넘어서 '공을 총체적으로 체득'하는 '체공體空'에 이른다. 앞에서 소승 불경은 모두 장교에 포함시켰지만, 대승 불경은 그렇게 갈라서 구분할 수가 없다. 각 불경은 자신만의 특색과 함께 다양한 측면도 같이 갖고 있기 때문이다.

별교는 대승 보살만을 위한 특별한 가르침을 뜻한다. 여기서는 공가중을 같이 보게 된다. 그런데 저 공가중空假中에 대한 관찰이 동시적이지 못하고 아직 차별적이다. 본체와 현상, 이상과 현실, 높은 근기와 낮은 근기를 한꺼번에 아우르지 못한다.

원교는 이상과 현실이 원만하게 조화를 이루는 가르침을 말한다. 그래서 진리와 함께 방편이 중시된다. 아무리 가르침이 높아도 중생을 깨우치는 방편이 없으면 쓸모가 없고, 아무리 방편이 좋아도 그 속에 높은 진리가 담겨 있지 않으면 거짓이요 헛것이다. 또 일심一心에서 공가중空假中을 동시적으로 파악한다.

천태종은 방편과 진실, 삼승과 일승, 역사적인 부처와 무량겁 전에 성불한 본래 부처 사이의 원융 일치를 강조한다.

화의사교

① 돈교頓敎 : 아무런 방편 사용 없이 깨달은 내용을 곧바로 설한 것
② 점교漸敎 : 점진적으로 깨닫도록 설한 것
③ 밀교密敎 : 가지가지의 능력자가 한자리에 있을 때 이들 서로가 알지 못하는 가운데 가만히 각기 다른 이익을 주도록 설한 것
④ 부정교不定敎 : 함께 듣고 있으나 다르게 듣고 다양하게 이해하여 체득하는 바의 교법이 일정하지 않은 설법

화법사교

① 장교藏敎 : 아함경을 비롯한 모든 소승 교의
② 통교通敎 : 모두에게 공통되는 가르침, 대승의 기본 교의
③ 별교別敎 : 순수한 대승의 가르침, 보살에 대한 가르침
④ 원교圓敎 : 부처님의 깨달음을 그대로 설한 가르침

107 화엄종의 경전 분류 – 현수 5교판

앞의 두 장에 걸쳐 우리는 천태종의 불경 분류를 설해진 시기, 형식, 그리고 내용에 따라 살펴보았다. 천태종이 『법화경』을 최고 불경으로 친다면 화엄종은 『화엄경』을 최고 불경으로 친다.

천태종은 분류 체계에서 『법화경』을 중심 자리에 놓으려고 하고, 당연히 화엄종도 『화엄경』을 최고 중심의 자리에 놓으려고 한다.

천태종이 존재의 실상을 밝히는 실상론實相論 계통이라면, 화엄종은 존재가 어떻게 생겨나는가를 설명하는 연기론緣起論 계통이다. 천태종이 공空과 성구性具로 맥을 잇는다면 화엄종은 유식唯識, 여래장如來藏, 성기性起로 맥을 잇는다. 그래서 천태종과 화엄종은 서로 대립하고 보완하면서 쌍벽을 이룬다. 천태종의 불경 분류에 대한 화엄종의 대응이 흥미롭다.

화엄종의 현수賢首法藏 대사는 불경 또는 불교 전체를 5교10종五教十宗으로 나눈다. 불경에 나타나는 가르침의 얕고 깊음과 느리고 빠름 그리고 원만하고 완전함의 정도에 따라서 다섯 부류로 가르고, 다시 그 불경에 나타나는 교리를 10종으로 분류한 것이다.

5교란 첫째 '소승교小乘教' 즉 '소승을 위한 가르침', 둘째 '대승시교大乘始教' 즉 '대승 보살을 위한 기초적인 가르침', 셋째 '대승종교大乘終教' 즉

'대승의 궁극적인 가르침', 넷째 '돈교顯敎' 즉 '단번에 불법 전체를 깨닫게 하는 가르침', 다섯째 '원교圓敎' 즉 '원만하고 완전한 가르침'이다.

첫째, 소승교란 무상無常, 무아無我, 사성제四聖, 12연기十二緣起 등의 기초 교리를 설한 『아함경』 등의 가르침을 말한다. 모든 대승 경전도 『아함경』에 뿌리를 두고 있으므로, 『아함경』을 대승적으로 풀이할 수도 있겠지만, 궁극적으로 모든 중생에게 불성이 갖추어져 있고 보살도를 닦아서 누구나 부처를 이룰 수 있다는 점까지 『아함경』이 분명하게 설하지는 못한다. 그래서 화엄종은 일단 『아함경』을 소승적인 가르침으로 몰아붙이는 것이다. 현수 대사는 이 가르침에 "아직 어리석음이 남아 있다."거나 "보살이 아닌 성문 제자만을 위한다."는 점을 드러내기 위해서 저 소승교를 '우법소승교愚法小乘敎' 또는 '우법성문교愚法聲聞敎'라고 부르기도 한다.

둘째, 대승시교는 공사상과 유식사상을 가르치는 불경을 뜻한다. 넓게 말하면 공과 유식은 모든 불경의 가르침을 포함한다. 공과 유식은 불교의 기준점이기 때문이다. 그러나 좁혀서 말하면 공을 설해서 반야지혜를 가르치는 반야부 불경과, 마음의 연기를 살펴서 존재가 일어남을 설명하는 『해심밀경』이 여기에 속한다.

셋째, 대승종교는 진여眞如의 연기를 설하는 『능가경』이나 『기신론』 등의 가르침을 뜻한다. 화엄종이 주장하는 대표적인 교리는 '성기' 즉 '온 세상은 여래성의 출현으로 이루어졌다'는 것이다. 이 성기설을 받쳐 주려면 망심妄心의 연기에서 한 걸음 더 나아가 진심眞心 또는 진여심眞如心의 연기가 필요하다. 그래서 현수 대사는 진여연기를 가르치는 경론을 대승종교로 삼는다.

넷째, 돈교는 언어나 점차적인 수행 단계를 초월해서 단숨에 궁극의 경지를 드러내고 전하는 가르침을 말한다. '마음이 청정하면 불국토가 청정하다'거나 침묵으로 모든 상대적인 것의 불이不二를 가르치는『유마경』이 여기에 속한다.

　　다섯째, 원교는 방편법을 넘어 원만하고 완전한 일승一乘의 가르침을 뜻한다. 현수 대사는 일단『화엄경』과『법화경』을 모두 들고 있지만, '일반적인 원교'와 '특별한 원교'를 를 구분함으로써『화엄경』을 최고의 자리에 놓는다.

화엄종 현수 대사의 5교판

	내용	주요 경전
소승교小乘敎	소승을 위한 가르침	『아함경』
대승시교大乘始敎	대승 보살을 위한 기초적인 가르침	『해심밀경』
대승종교大乘終敎	대승의 궁극적인 가르침	『능가경』,『기신론』
돈교頓敎	단번에 불법 전체를 깨닫게 하는 가르침	『유마경』
원교圓敎	원만하고 완전한 가르침	『화엄경』,『법화경』

108　화엄종의 경전 분류 - 종밀 5교판

우리는 외식을 하고자 할 때, 이왕이면 전문 식당을 찾으려고 한다. 칼국수를 먹고 싶으면 칼국수만 파는 식당을 찾고 싶고, 냉면을 먹고 싶으면 냉면 전문 식당으로 가고 싶다. 그런데 전문 음식점을 찾을 때의 마음과 막상 음식을 주문할 때의 마음은 다르다.

　동행인이 여럿이라면 물냉면과 비빔냉면 가운데 어느 하나로 통일하기도 쉽지 않다. 공기밥을 주문하더라도 어떤 이는 잡곡밥을, 다른 이는 쌀밥을 선호한다. 사람들은 한편으로는 한 종류만을 전문으로 만드는 음식점을 찾고자 하면서도, 다른 한편으로는 그 식당에 여러 가지의 다른 선택도 있기를 원한다. 그래서 아무리 작은 칼국수집이라도, 최소한 대여섯 가지의 다른 메뉴를 마련한다.

　화엄종 계통의 교판 가운데, '불교 속에는 중생들의 근기에 맞추어서 참으로 다양한 메뉴의 가르침을 제공하는구나!' 하는 생각을 갖게 하는 것이 있다. 바로 종밀宗密 대사가 불경을 다섯 부류로 나눈 교판이다. 종밀 5교판의 기본 골격은 앞에서 살핀 바 있는 현수 5교판과 다를 바 없지만, '인천교人天教' 즉 "천상락을 받고자 하는 사람들을 위한 가르침"이라는 표현과, 가르침의 단계를 보다 선명하게 보여 주는 구분이 있다.

종밀 대사의 5교판은 첫째 '인천교,' 둘째 '소승교^{小乘教},' 셋째 '대승법상교^{大乘法相教}' 즉 "중생의 흔들리는 마음의 상태를 설명하는 대승의 가르침," 넷째 '대승파상교^{大乘破相教}' 즉 "중생이 가지는 모든 종류의 집착을 부수는 대승의 가르침," 다섯째 '일승현성교^{一乘顯性教}' 즉 "불법의 진리를 전부 드러내는 최고의 궁극적인 가르침"이다.

첫째, 인천교는 최고의 목표를 천상락에 두는 사람을 위한 기복적 가르침이다. 세간적인 선업을 지어서 그에 상응하는 좋은 감응을 받는다는 것이 주된 가르침이다. 우리 주변에서 흔히 접할 수 있는 서양 종교가 이 단계쯤에 속한다. 서양 종교에서는 무조건 자기 종교에서 말하는 구원자를 믿기만 하면, 모든 죄는 스스로 없어지고 반드시 천상에 태어나게 되어 있다고 한다. 반면에 믿지 않는 이는 엄중한 심판을 받고, 지옥에 떨어진다고 한다. 그러나 불교 속의 인천교는 저 수준보다는 높다. 하늘이 궁극적인 이상이 아니고, 그곳에 태어난다고 해서 영원히 있을 수 없다. 자신이 지은 복을 다 까먹으면 다시 아래로 내려 와야 한다. 또 수행하기에 가장 좋은 환경은 천상계가 아니고 인간계이다. 지옥은 너무 괴로워서 도를 닦기 어렵지만, 천상은 너무 편해서 도를 닦기 어렵다. 『제위경^{提謂經}』 등의 가르침이 이 인천교에 속한다.

둘째, 소승교는 모든 교판에서 가장 낮게 치는데, 그럼에도 불구하고 인천교보다는 높다. 인천교를 이 소승교 아래에 배치한 종밀 대사의 번뜩이는 지혜가 놀랍고 통쾌하다. 서양 종교가 아무리 큰소리 쳐도, 저 가르침은 기껏해야 소승교보다 낮은 인천교에 속한다. 그리고 불교 내에도 인천교가 있다. 지하철에서 "불교는 어려워서 알 수 없고, 안다고 하더라도 철학이요 종교가 아니다."라고 떠드는 일부 서양 종교 광신자들에게, "저들의 종교는 기껏해야 인천교에 속하고, 그것은 불교의 많은 메뉴 가운데 최저의 염가품일 뿐"이라고 알려 줄 수 있게 되었다.

셋째 대승법상교와 넷째 대승파상교는 현수 5교판에서의 만법유식^{萬法唯識}과 일체개공^{一切皆空}의 가르침을 두 부류로 갈라놓은 것이다. 『해심밀경』 등은 망심이 움직여서 현상이 벌어지는 것을 설명하고, 반야부 불경은 만법이 공하다는 것을 알려서 반야 지혜를 깨우치게 한다.

다섯째, 일승현성교는 현수 5교판의 대승종교^{大乘終敎}, 돈교^{頓敎}, 원교^{圓敎}를 하나로 묶은 것이다. '일승^{一乘}'이라는 말은 "최고 또는 궁극적인 대승"을 의미하거니와, '현성교^{顯性敎}'에서의 '성^性'은 현상 이면의 본체를 나타낸다.

화엄종 종밀 대사의 5교판

인천교^{人天敎} 삼세업보와 선악의 인과를 가르침

소승교^{小乘敎} 무아를 설함

대승법상교^{大乘法相敎} 중생의 흔들리는 마음의 상태를 설함

대승파상교^{大乘破相敎} 중생이 가지는 모든 종류의 집착을 부수는 대승의 가르침

일승현성교^{一乘顯性敎} 불법의 진리를 전부 드러내는 최고의 궁극적인 가르침

109 법상종의 경전 분류

중국 종파불교 가운데 법상종^{法相宗} 또는 유식종^{唯識宗}은 현실 속의 중생 근기를 기초로 삼아 불경을 분류한다. 불교에서 '법^法'은 진리와 낱낱의 사물을 동시에 나타낸다. 진리가 별것이 아니라 모든 사물이 존재하는 실상을 드러낸 것에 불과하다는 의미에서 사물과 진리는 같은 단어로 쓰인다.

사물을 법이라고 할 때, 불교에서 모든 사물은 바로 마음이 규정하고 지어낸 것에 불과하다. 그러니 법은 그대로 마음이 된다. 그런데 마음에도 두 가지 측면이 있다. 표면 현상과 내면 본체이다. 마치 바닷물의 겉모습은 파도이지만 그 아래는 항상 물 그대로인 것과 같다. 현상 겉모습의 파도가 그대로 본체 내면의 물이어서, 마음의 현상면과 본체면이 둘이 아니지만, 그래도 파도는 우리의 눈앞에 보이는 현실이다.

법상종은 바로 마음의 표면, 즉 중생의 망심^{妄心}이 어떻게 분별을 지어서 모든 존재가 일어나고 없어지는 것으로 규정하는가를 살피는 종파이다. 마음의 본체 즉 법성^{法性}의 입장에서 세상을 보는 종파에서는 법상종을 '중생 가운데 성불하지 못하는 이도 있다고 보는 저급의 교파'로 간주한다. 법상종에서는, 『해심밀경』이나 『능가경』에 근거를 두고, 중생의 근기를 다섯 가지로 구분하면서, 그 가운데는 성불할 수 없는 근기의 중

생도 있다고 한다. 그리고 누구나 부처가 될 수 있다는 일불승一佛乘의 가
르침은 방편이고, 오히려 삼승三乘의 구별이 진실이라고 한다. 누구나 부
처가 될 수 있다는 가르침은 아무리 근기가 낮은 중생이라고 할지라도 좌
절하지 않고 끊임없이 도를 향해 정진하도록 유인하기 위한 방편설이라
는 것이다.

대승불교의 이상에서 보면 물론 누구나 성불할 수 있다는 말이 당연
하게 들린다. 그러나 성불하지 못할 사람도 있다는 법상종의 주장에도 죄
업과 미혹에 쌓인 중생에 대한 고뇌에 찬 연민이 엿보인다. 물질적 성취
에 탐착한 현대인들을 보면서, '저들도 불도를 닦으면 언젠가 반드시 성
불할 수 있다.'는 말은 공허한 자위의 독백처럼 들리기도 한다. 법상종의
주장에도 날카로운 현실 인식이 있다는 말이다. 여하튼 법상종의 규기窺基
대사는 『해심밀경』의 무자성품無自性品에 근거를 두고, 파도치는 목전의 중
생심을 인도할 실질적인 가르침을 최고의 것으로 내세우면서, 불경을 크
게 세 시기에 이루어진 것으로 분류한다.

첫째는 궁극적으로 존재하는 그 무엇이 있다고 가르치는 '유교有敎',
둘째는 모든 것이 다 공하고 가르치는 '공교空敎', 셋째는 사물의 공함을
확실하게 파악하면서도 중도中道 입장에서 임시적 또는 거짓이나마 눈앞
에 나타나는 현실을 인정하는 '중도교中道敎'이다.

첫째, 유교는 『아함경』의 가르침이 대표적 예가 된다. 대승의 입장에
서 봤을 때, 『아함경』이 모든 존재의 무아를 가르치는 것은 분명하다. 모
든 존재는 인연에 의해서 생겨나고 인연에 의해서 없어지므로 실체가
없다고 한다. 그러나 존재를 구성하는 요소마저도 실체가 없다고 부정하
지는 않는다. 아직 뭔가 '있다'는 것이 완전히 부정되지는 못한 단계라는

것이다.

둘째, 공교는 반야부 불경의 가르침이 대표적 예가 된다. 반야부 불경에서는 존재는 물론 그것을 구성하는 요소마저도 철저하게 부정한다. 그러나 여기에는 약점이 있다. 눈앞에 보이는 현실을 무시하고 일거에 부정해 버리는 것이다.

셋째, 중도교는 『해심밀경』의 가르침이 대표적인 예가 된다. 어떤 이가 깜깜한 밤에 새끼줄을 뱀으로 착각했다고 치자. 뱀은 물론 새끼줄과 그것을 밟고 착각한 사람 모두가 가짜이고 실체가 없다. 공하다. 그러나 실체가 없으면서도 현실적으로 눈앞에 나타나는 것 즉 실체면에서 무아이면서도 기능機能면에서 중생심에 영향을 미치는 현실을 인정해야 한다는 것이다. 이것이 바로 진정한 공 또는 중도의 가르침이라는 것이다.

법상종 규기 대사의 3교

	내용	주요 경전
유교有敎	궁극적으로 그 무엇이 있다고 가르치는 것	『아함경』
공교空敎	모든 것이 다 공하다고 가르치는 것	『반야경』
중도교中道敎	사물의 공함을 확실하게 파악하면서도 중도中道 입장에서 임시적 또는 거짓이나마 눈앞에 나타나는 현실을 인정하는 가르침	『화엄경』『해심밀경』『법화경』

110　정토와 밀교의 경전 분류

수회에 걸쳐서 우리는 천태, 화엄, 유식의 불경 분류를 살펴보았다. 여기에서는 공사상 전문 종파인 삼론종三論宗, 밀교, 정토종, 선종의 불경 분류를 간략히 정리해서, 교판 공부를 마무리하려고 한다.

앞에서 본 바와 같이, 식識의 분별에 의해서 어떻게 존재가 일어나는가를 설명하는 유식학에서는 유有를 가르치는 소승 불경, 공空만을 가르치는 반야부 불경, 그리고 중도中道를 가르치는 유식 계열의 불경으로 분류했었다.

그렇다면 존재가 어떤 상태에 있는가를 설명하려는 공종空宗 또는 삼론종의 대응은 어떨까? 간략히 줄여서 말한다면, 객관 사물과 주관 심식心識이 모두 실재한다고 가르치는 소승 불경, 객관 사물의 실재는 부정하되 아직 주관 심식은 존재한다고 가르치는 유식 계열 불경, 그리고 객관은 물론이거니와 주관적인 것까지도 부정해서 공의 지혜를 가르치는 불경으로 분류한다.

같은 불경에 대해서 유식종과 공종의 입장이 상반된 것을 보고, 독자들이 의아해 할지도 모른다. 유식종은 반야부 불경이 편향적으로 공사상만을 가르친다고 보고, 이에 반해 공종은 『해심밀경』과 같은 유식학이 의존하는 불경은 주관적 식의 실재를 설하고 있어서 아직 "있다"는 것이 남아 있다고 보기 때문이다. 그러나 같은 불경에 대한 상반된 주장이 불경의 내용을 바꾸지는 못한다. 누가 뭐라고 하더라도 모든 불경들은 그대로 있다. 단지 각 종파 또는 학파가 자기가 중요시하는 포인트에서 어느 불경을 높이 하거나 낮게 할 뿐이다.

우리가 앞에서 밀교를 공부할 때 살핀 바와 같이, 밀교는 간략하게 불경을 "말로 드러낸 가르침" 즉 '현교顯敎'와 "비밀법으로 전하는 가르침" 즉 '비밀불교' 또는 '밀교'로 나눈다. 『금강정경金剛頂經』과 『대일경大日經』을 대표로 하는 밀교계 불경을 제외하고는 모든 불경이 현교가 된다. 그러나 종교로서의 불경 또는 불교 전반에 비밀적 또는 신비적인 면이 스며 있다. 더욱이 선종의 전법傳法에는 스승과 제자 간에 비밀리에 통하는 것이 있다. 밀교의 불경 분류는 단지 진언眞言, 수인手印, 만다라曼荼羅 등으로 이루어진 독특한 밀교적 전통을 기준으로 삼았을 뿐이다.

정토교淨土敎도 간략히 성도문聖道門과 정토문淨土門, 또는 난행難行 자력교自力敎와 이행易行 타력교他力敎로 불경을 분류한다. 성도문은 금생의 이 자리에서 불도를 닦아 깨달음을 얻어 열반 또는 피안의 이상 세계에 도달하려는 수행 방향이다. 반면에 정토문은 우선 극락세계에 태어나기를 발원하고, 극락에 가서 아미타불의 도움을 받아 해탈을 얻으려고 하는 수행 방향이다. 성도문은 자기의 힘으로 닦는 것이요, 정토문은 타력 즉 불보살의 힘을 빌려서 닦는 것이다. 자력으로 불도를 닦아서 지금 이 생에서 불도를 이루는 것이 좋기는 하지만, 그것은 무척 어렵다. 그래서 난행도難行道라고 한다. 반면에 아미타불의 도움을 받아 수행하고 불도를 이루는 길이 먼 우회로이기는 하지만 누구나 행하기 쉽다. 그래서 이행도易行道라고

한다. 『무량수경無量壽經』, 『관무량수경觀無量壽經』, 『아미타경阿彌陀經』 등이 정
토문에 속하고, 나머지 불경들은 성도문이 된다.

　　선종禪宗에서는 일체의 문자, 언어, 사량분별 여의는 것을 가장 우선적
인 수행 덕목으로 삼기 때문에, 특별히 불경을 분류할 필요가 없다. 불경
그 자체가 문자요 언어이다. 어떤 선사들은 불경은 물론 부처님의 권위까
지 부정하는 듯한 태도를 취하기도 한다. 그러나 이것은 겉모습이다. 선
종도 분명히 불교에 속한다. "불경은 부처님의 말씀이요, 선은 부처님의
마음이다."라는 말에 반대하는 선사들은 없을 것이다. 이것이 곧 선의 교
판이 아니겠는가. 선은 불경의 언어를 떠나면서도, 불경에 나타나는 공사
상, 유식사상, 법화사상, 화엄사상을 골고루 섭취해서 활용하고 있다.

9장

자비

慈悲

111 자비 I - 고락의 뿌리

불교를 두 단어로 줄여 보라고 하면 '지혜智慧'와 '자비慈悲'가 될 것이다. 자비는 고통을 없애고 즐거움을 주는 것이다. 상대에게 잘해 주는 것이다. 잘해 주는 것을 싫어하는 사람은 아무도 없고, 불교가 자비의 종교라는데 이의를 달 사람은 아무도 없을 것이다. 그러나 내가 "일체중생을 차별 없이 사랑할 수 있는가?" "부모를 토막 살인한 대학생을 사랑할 수 있는가?" "이간질을 일삼고 교묘하게 나를 괴롭히는 사악한 사람을 진정으로 사랑할 수 있는가?"라는 물음을 만나면 자비는 어려워진다.

내면으로부터 자비가 우러나오려면, 먼저 상대를 불쌍히 여기는 마음 또는 연민의 정이 있어야 한다. 연민심은 상대의 슬픔에 공감하는 데서 나오고, 상대의 슬픔에 공감하려면 상대의 고통을 이해하고 억울하게 생각하는 마음이 있어야 한다. 이렇게 자비의 뿌리를 파고 들어가다 보면, 마침내 불교의 출발점이라고 할 수 있는 고苦를 만나게 된다. 우리 모두가 고통 속에 있다는 것을 볼 수 있을 때, 저절로 자비심이 솟아날 수가 있다.

세상에 고통이 있다는 것은 우리 모두 잘 안다. 늙음, 병, 죽음과 함께 마음대로 되지 않는 고통이 있다. 좋아하는 사람과는 헤어져야 하고,

싫어하는 사람과 같이 살아야 한다. 설사 좋아하는 사람과 같이 살 수 있다고 하더라도, 오래 같이 지내다 보면 무덤덤해지고 다른 자극을 향해서 방황하게 된다. 이처럼 사람은 괴롭게 되어 있다는 것을 우리는 잘 안다.

그러나 다른 한편으로 세상에는 즐길 만한 것이 너무도 많다. 석양과 가을은 쓸쓸하지만 다시 해가 뜨고 봄이 온다. 식물의 꽃뿐만 아니라 사람의 육체와 얼굴로 모습을 드러낸 꽃들이 갖가지 교태를 지으며 유혹한다. 새로운 전자제품과 자동차가 계속 쏟아져 나온다. 만약 어떤 이가 황금으로 이루어진 극락을 들먹이면서, 지상과 천상 사이에 어느 곳을 선택하겠느냐고 물으면, 대부분의 사람들은 주저하지 않고 이 세상에서 살고 싶다고 답할 것이다.

만나고 싶은 사람을 만나지 못하는 것은 괴롭다. 이루고 싶은 것을 이루지 못하는 것도 괴롭다. 그러나 만나지 못하더라도, 이루지 못하더라도 언제인가 만날 날이 있지 않을까 하는 기대에 차 있다. 기다리는 일이 아무리 고독하고 힘들더라도 우리는 기다리고 싶어 한다. 어쩌면 즐거움을 기다리는 괴로움을 즐기고 있는지도 모른다. 그래서 불교에서는 한편으로는 이 세상을 고해로 규정하고, 다른 한 편으로는 반고반락半苦半樂이 있는 곳이라고 말한다. 고통과 즐거움이 5대5의 비율로 있다는 것이다. 헌데 말이다, 저 반절의 즐거움이라고 하는 것이 어디에 뿌리를 두고 있느냐를 생각해 볼 필요가 있다.

씨앗과 새싹과 꽃과 열매가 있다고 치자. 열매와 씨앗은 같은 것이지만 배열하기 위해서 다른 이름을 붙여 본다. 새싹, 꽃, 열매 다 우리가 좋아하는 것이다. 그러나 이 중에 어느 것 하나를 얻기 위해서는, 반드시 그

전 단계의 것이 부서져야 한다. 씨앗이 썩어야 새싹이 나오고, 꽃이 시들어야 열매가 나온다. 좋다고 생각하는 것은 반드시 그 이전 것의 시체를 밟고 나온다. 즐거움은 고통을 통해서 나온다는 것이다.

우리에게 최고의 행복감이 들 때를 말하라고 하면, 아마도 많은 이들이 남녀 간의 정신적 육체적 교접에서 얻어지는 쾌감을 댈 것이다. 그런데 교접이라는 것이 무엇인가. 부수고 짓밟고 지워 버리는 것이 아닌가. 또 신생아를 열매라고 쳐보자. 그 껍데기는 고통을 겪고 망가지게 되어 있다. 반고반락이라고 하더라도, 그 반락은 궁극적으로 고통에 뿌리를 박고 있다는 말이다.

⑪⑫ 자비 Ⅱ - 아픔과 슬픔

앞에서 우리는 불교가 중생 세계의 현실을 파악하는 제일 전제, 즉 '괴롭다'는 것과 설사 즐거움이 있더라도 그것의 뿌리가 고통이라는 것을 살핀 바 있다.

고통 또는 아픔에서 슬픔이 나온다고 할 때, 우리는 이런 물음을 만난다. "고통이 있다고 해서 왜 꼭 슬퍼해야 하는가?" 사람은 먹어야 산다. 굶으면 죽는다. 배고프다는 것은 삶의 위협을 뜻한다. 배고프면 괴롭다. 그러나 갓난아기를 제외하고 모든 어른들은 배고프다고 해서 울지는 않는다. 사흘 굶으면 도둑질을 할 수도 있다는 속담이 있기는 하지만, 오래 굶는다고 해서 누구나 울지는 않는다. 특히 자기 자신의 배고픔 때문에 울지는 않는다.

그러면 언제 우는가? 어린 자식이 배고프다고 울어대는데 줄 음식이 없을 때, 부모는 슬퍼한다. 사람들은 자신의 실패 그 자체에 대해서는 크게 슬퍼하지 않는다. 자신의 실패로 인해서 괴로워할 주위 사람들을 생각해서 슬퍼한다. 자신의 실패가 주위 사람들로 하여금 자신을 인정해 주지 못하는 결과로 이어지기 때문에 실패를 슬퍼할 뿐, 실패 그 자체를 슬퍼하는 것은 아니다.

나는 지금 고통과 슬픔 사이에 불교 기본 교리인 연기법이 관련되어 있다는 것을 말하려고 하는 중이다. 모든 것은 상호 의존 상태에 있다. 사람도 의존 관계 속에 있다. 만약 나 혼자만 이 세상에 태어났다고 치자. 이것은 불가능한 가정이다.

우선 부모가 없이 태어날 수가 없거니와, 부모가 있다면 다른 사람들도 있을 것이기 때문에 아무도 혼자만 하늘에서 뚝 떨어진다는 가정은 완전히 엉터리이다. 그럼에도 불구하고 세상에 나 혼자만 있다고 가정한다면, 나는 고통은 알지언정 슬픔은 모를 것이다. 내가 누군가를 의식하기 때문에, 나의 성공과 실패, 건강과 질병, 만남과 이별, 삶과 죽음을 생각하는 누군가가 있다고 생각하기 때문에, 나는 성공을 기뻐하고 실패를 슬퍼하는 것이다. 내가 남을 의식한다는 것은, 물질적인 면에서뿐만 아니라 정신적인 면에서도 남에게 의지하고 있음을 뜻한다.

한 젊은이가 고향을 떠났다. 출세해서 부모 형제를 기쁘게 하고, 가능하다면 고향의 모든 친지들 또는 자기를 아는 모든 사람들이 자랑스럽게 여기도록 만들고 싶었다. 있는 힘을 다해서 일하고 공부하고 연구했다. 인정받기 위해서 정직, 성실, 근면, 충성을 곧이곧대로 실천했다. 세월이 지나서 출세의 문턱까지 이르렀다. 그러나 마지막 고비에 줄을 잘못 섰다는 이유로 완전히 몰락하게 되었다. 절망한 그 젊은이는 자신을 위해서 울지 않았다. 고향에서 자기가 잘 되기만을 비는 부모님이 마음 아파할 것을 생각하며 슬퍼했다. 자기가 말을 걸어 보지도 못했지만 마음속으로 짝사랑하던 사람의 실망을 생각하면서 눈물을 흘렸다. 우리가 영화나 소설에서뿐 아니라 현실에서도 흔히 보는 이야기 중의 하나이다.

특정한 사람만이 자기 이외의 사람을 의식하지 않는다. 연기법의 질서 속에 살고 있는 우리 인간은 남을 생각할 수밖에 없도록 되어 있다. 그러니 사람들에게 있어서 고통과 슬픔이 따로 있을 수가 없다. 아픔은 그대로 슬픔이 된다. 우리는 끝없이 넓고 깊은 슬픔의 바다에 떠 있는 것이다.

절대로 울지 않는다거나 슬픔을 모른다고 주장하는 이도 있다. 어떤 이는 웃고 즐기며 살기에도 짧은 세상인데 왜 우느냐고 반문하기도 한다. 그러나 생각해 보라. 나와 대상이 마음을 주고받을 때, 애절한 바침과 희생이 있다. 멍하니 세상의 껍데기에 정신을 빼앗기면 모르거니와, 조금이라도 생각을 모으면 애달파하지 않을 수가 없다. 슬퍼하지 않을 수가 없다.

113 자비 III - 슬픔과 연민

자비란 무엇인가? 간단히 말해서 모든 중생이 겪어야 하는 고통에 대한 슬픔과 연민이다.

독일 작가 안톤 슈낙Anton Schnack의 산문 가운데 「우리를 슬프게 하는 것들」이 있다. 작가는, 혼자서 울고 있는 아이, "사랑한다."는 말이 쓰여진 퇴락한 고궁의 흙담 벽, 자식의 철없는 움직임을 보고 아픈 마음을 적은 죽은 아버지의 빛바랜 편지, 거만하고 무시하는 듯한 태도로 옛 친구와 악수하는 출세인, 경적을 울리며 달리는 기차, 어릴 적 단짝 친구의 무덤 앞에 있는 묘비명, 가난한 노파의 눈물 등을 생각하며 슬퍼한다.

작가의 말을 직접 들어보자. "동물원의 우리 안에 갇혀 초조하게 서성이는 한 마리 범의 모습 또한 우리를 슬프게 한다. 언제 보아도 철책가를 왔다갔다하는 그 동물의 번쩍이는 눈, 무서운 분노, 괴로움에 찬 포효, 앞발에 서린 끝없는 절망감, 미친 듯한 순환, 이 모든 것이 우리를 더 없이 슬프게 한다."

아 … 그래, 우리 모두는 동물원에 갇혀 있는 저 범과 같다. 세상은 철창살로 꽉 차 있다. 출세한 권력자나 스타들을 둘러싼 경호원과 팬과 기자들, 조금이라도 방심하면 일시에 무너져 내릴 명예, 잠시라도 눈길을 떼어 놓지 않고 살펴야만 지켜지는 재산, 조금이라도 소홀하게 대하거나 끝없는 사랑을 지속적으로 맹세하지 않으면 언제 발길을 돌려버릴지 모를 연애 파트너, 외로움과 심심함을 잊게 해 주겠다면서 마약처럼 우리를 붙잡아 두는 텔레비전, 사채나 은행의 대출금, 언제 부도를 낼지 모를 크고 작은 공장, 윤리도덕과 관습 등 헤아릴 수 없이 많은 철창살이 있다. 우리는 그 안에서 범처럼 괴로워하면서 서성거리고 분노하고 절망하고 미쳐 버린다.

『법화경』「법사공덕품」은 안톤 슈낙이 태어나기 수천 년 전부터 세상의 슬픔을 낱낱이 조망했다. 많은 수의 눈, 귀, 코, 혀, 몸, 뜻으로 세상에 있는 모든 것을 보고, 듣고, 냄새 맡고, 맛보고, 감촉하고, 생각한다. 귀로 듣는 소리를 예로 보자. 가장 높은 하늘로부터 가장 낮은 지옥까지 세상에 있는 소리를 남김없이 듣는다.

웃는 소리, 우는 소리, 늙은 남자의 소리, 어린 여자의 소리, 도가 높고 낮은 이의 소리, 마차를 타고 있는 이와 바퀴에 깔려 있는 이의 소리, 닭소리, 개소리, 돼지 소리 등 모든 소리를 남김없이 듣는다. 그런데 저와 같이 모든 소리를 듣다 보면 이상한 일이 벌어진다. 모든 소리들이 슬프게 느껴지는 것이다. 가난하고 늙고 병든 이의 소리만 슬프게 들리는 것이 아니라, 부자, 건강한 이, 출세자의 웃는 소리도 슬프게 느껴진다. 세상의 모든 소리들이 한결같이 슬프게 느껴진다.

슬픈 드라마를 보면서 웃는 이는 없을 것이다. 같이 눈물을 흘리지는 않더라도, 똑같은 슬픈 감정을 갖지는 않더라도, 최소한 우울한 기분을 가질 것이다. 상대의 슬픔을 불쌍히 여기는 마음, 측은히 여기는 마음, 또는 연민의 정을 가지게 된다는 말이다. 자비란 별것이 아니다. 상대의 슬픔을 불쌍히 여기고 어떻게든지 그 슬픔에서 벗어나도록 도와주려는 마음이요 행동이다.

여기서 우리는 왜 자비가 중요한지, 왜 불교에서 자비를 교리의 근간으로 삼는지, 그 이유를 가늠할 수가 있다. 세상의 슬픔에 대해서 끝없는 연민의 정을 가지려면 먼저 세상의 슬픔을 낱낱이 느낄 수 있어야 한다. 중생의 고통을 보는 것은 바로 존재의 실상을 여실히 파악하는 것이다. 지혜는 이 존재 실상 파악을 이성 또는 계정혜戒定慧 삼학三學의 혜慧적 측면에서 말하는 것이요, 자비는 감정 즉, 정定적 측면에서 말하는 것이다. 슬픔에 대한 연민의 정이 아주 깊은 의미를 함축하고 있는 것이다.

114　자비 IV – 보시布施

우리는 수회에 걸쳐서 자비가 교리 전반에 뿌리를 박고 있다는 것을 살폈다. 중생이 겪는 고통의 실상을 볼 때 중생의 슬픔을 느끼고, 그 슬픔을 알 때 측은히 여기는 마음이 생기고, 그 측은히 여기는 마음에서 자비가 저절로 솟아난다는 것이다.

　이제부터는 자비가 행해지는 구체적인 방법에 대해서 생각해 보려고 한다. 자비행으로 먼저 사섭법四攝法 즉 상대를 불법이라는 진리의 바다로 이끄는 네 가지 포섭 방법이 떠오른다. 남에게 베풀어 주는 보시, 상대가 듣기 좋아하는 사랑스러운 말만을 하는 애어愛語, 상대에게 이로움을 주는 이행利行, 그리고 상대의 수준과 취향에 맞추어서 마음을 열게 하는 동사섭同事攝이다.

　사람은 받기를 좋아한다. 일단 가지려고 하고, 남보다 더 많이 가지려고 한다. 나에게 무엇인가를 얻어내려는 이와 무엇인가를 주려는 이가 있다면, 나는 물론 후자에게 더 친근하려고 할 것이다. 동서고금이나 지위의 고하를 막론하고 받기를 좋아하는 것은 사람들의 공통된 마음이다. 자비행은 사람들을 기쁘게 하는 것이다. 그래서 보시가 자비행의 첫째 덕복이 된다.

우리가 욕망 때문에 고통을 겪는데, 탐욕은 번뇌의 가장 큰 원인이 된다. 내 것을 남에게 주는 보시는 남의 것을 내 것으로 만들려고 하는 탐욕의 정반대가 된다. 남에게 내 것을 주는 보시행 그 자체가 내 마음 속의 탐욕을 줄이는 수행이 된다. 그래서 보시는 일석이조의 효과를 낸다. 받는 이를 기쁘게 하고 나의 탐심을 꺾는 것이다.

그런데 이런 의문이 들기도 한다. 사람의 본능은 꼭 받기만을 좋아하고 주기는 싫어하는 것일까? 만약 받으려는 마음이 본능이고 주려는 마음이 인위적인 것이라면, 보시는 억지로 행해지는 것이 아닐까? 그렇지 않다. 사람에게는 받으려는 마음도 있지만 주려는 마음도 있다.

많이 가지려는 이유는 궁극적으로 누군가에게 주기 위해서이다. 부귀를 누린다는 말은 자기의 것을 누구에겐가 베푼다는 것을 의미한다. 세상에는 '품위 유지비'라는 것이 있는데, 만약 가진 자가 베풀지 않고 혼자서만 품고 있다면 주위로부터 눈총만 받고 자신의 마음도 불안하게 될 것이다.

보시의 종류로 세 가지가 있다. 재물을 주는 재시財施, 진리를 전해 주는 법시法施, 상대를 보호해 주는 무외시無畏施이다. 물질을 베풀어 주는 문제도 간단치 않다. 부자도 있지만 가난한 이들이 더 많다. 줄 것이 없으면 무엇을 준단 말인가? 이 질문은 물질적으로 많은 것을 주어야만 한다는 선입견에서 나온 것이다. 흙 한 줌이라도 자기가 줄 수 있는 것을 주면 된다. 흙마저도 없으면 앞으로 주겠다는 원을 세우고, 또 주변 사람으로 하여금 남에게 주도록 인도하는 화주 역할을 하면 된다.

참다운 삶의 길 또는 진리를 알려 주는 보시도 큰 자비행이다. 상대가 이 보시를 귀하게 받아들이지 않을 수도 있지만, 최선을 다하기만 하면 그것으로 족하다. 상대에게 아무런 위협이나 불안감도 주지 않고 편안하게 해 주는 무외시는 불교 자비의 강점을 잘 드러내는 보시행이라고 할 수 있다.

사람들은 만날 때 좋은 관계를 기대하고 다짐한다. 그러나 세월이 가면서 시큰둥하게 대하고 심지어는 원수가 되어서 헤어지는 수도 있다. 처음이나 중간이나 끝에 한결같이 상대를 잘 위해 주는 보시는 아주 큰 자비행이다.

보시로 자비를 행할 때 불교에서 강조하는 점은 제 잘난 체를 하지 말아야 한다는 것이다. 보시에 대한 보답을 받겠다거나 자랑하는 순간 보시의 공덕은 없어져 버린다.

사섭법四攝法
- 보시布施 : 사람들에게 자비로운 마음으로 재물이나 진리를 베풀어 준다
- 애어愛語 : 사람들을 대할 때 항상 따뜻한 얼굴, 부드러운 말을 사용한다
- 이행利行 : 사람들에게 도움을 주는 등 항상 이로운 일을 한다
- 동사同事 : 나와 남을 구분하지 않고 협력한다

115　자비 V - 애어愛語

이 장에서는 자비행으로 사섭법四攝法의 두 번째 덕목인 상대에게 사랑을 표현하는 말, 즉 애어愛語를 생각해 보려고 한다. 교리 지식을 가진 이는 의아해 할지도 모른다. 사랑스러운 말을 상대에게 해 주는 것은 간단한 일인데, 왜 그것을 거창하게 제목으로 잡아서 길게 늘여 놓느냐고 말이다. 그러나 전에 강원이나 학교에서 머리로만 애어를 익히고, 깊이 생각해 보거나 실천을 소홀히 했던 나는, 대중을 위해서 일하는 요즘에야 애어가 얼마나 중요한지를 뼈저리게 느낀다.

내가 한 마디를 어떻게 함부로 내뱉느냐에 따라서, 그 말을 들은 한 사람의 마음이 흔들리고 이어서 전체 대중의 마음이 흔들린다. 반면에 나의 자비스러운 말이 한 사람을 감동시키면 대중 전체가 감동하게 된다. 그리고 말이 입에서 나오기는 하지만 입이 혼자서 말을 만드는 것은 아니다. 입 뒤에는 마음이 있고, 마음 뒤에는 업, 업 뒤에는 수행과 깨달음이 있다. 삶에 대한 깨달음, 모든 사람을 중히 여기고 공경하는 마음이 없이는 애어가 나오지 않는다. 억지로 애어를 지을 수 있을지는 몰라도 상대를 감동시킬 수는 없다.

종정을 역임한 바 있는 고암 스님의 하심하는 언어와 장좌불와하며 무섭게 수행하던 청화 스님의 자비스러운 언어는 유명하다. 고암 스님은 아무리 부족하고 나이 어린 사람을 만나도 깍듯한 경어로 대한다. 말씀의 내용에 관계없이 그 자비에 찬 음성과 경어만 들어도 상대는 저절로 감복하게 된다. 청화 스님의 자비도 마찬가지이다. 자신의 몸은 혹독하게 다루면서 수행하는 스님이, 사람을 대할 때는 완전히 달라진다. 불교인들이 저 큰스님들이 쓰던 자비의 언어를 항상 지킨다면 세상 어느 것 하나 무서울 것이 없다. 총칼도 꺾을 수 있고, 국민의 마음도 잡을 수 있다. 불교 내분이 없게 될 것은 말할 것도 없다.

　선문답을 비롯한 일화들 속에는 섬광처럼 번뜩이는 지혜가 담겨 있다. 생각이 깊은 이들 사이의 대화이다 보니, 언제나 상대를 의식하고 때로는 상대를 제압하려고 하는 것으로 비쳐지기도 한다. 이것을 잘못 받아들인 불교인들 가운데는, 자비의 언어로 상대를 기쁘고 편안하게 하는 말을 하기보다는, 상대를 이기려는 말을 궁리하고 내뱉는 예가 허다하다. 그러나 선사들의 제자나 상담자들에 대한 대화가 거친 듯이 보여도, 그 속에는 깊은 뜻과 자비가 담겨 있는 것이다.

　중생들은 속을 열어 보일 정도의 친구와 특정한 사람에 관해서 이야기 하다 보면, 흉을 보는 쪽으로 흐르기 쉽다. 대화 상대가 바뀌면 또 다른 사람을 입에 올려서 그의 잘못되고 부족한 점을 이야기한다. 이처럼 대화 파트너를 바꾸어 가면서 남의 흉을 보게 되면, 마침내 모든 사람의 흉을 보는 결과에 이른다. 이렇게 되면 자신도 모르는 사이에 안팎이 다른 사람이 되어 버린다.

　눈앞의 상대에 대해서는 아첨을 하고, 보이지 않는 사람에 대해서는 흉을 보게 되는 것이다. 애어를 행하려면 우선 꾸며대는 말, 아첨하는 말,

이간시키는 말, 욕하는 말, 즉 망어^{妄語}, 기어^{綺語}, 양설^{兩舌}, 악구^{惡口}의 네 가지를 범하지 않아야 한다. 본인이 없는 데서 허물을 말해서도 안 되지만, 본인 앞이라도 마음에 상처가 되지 않을까를 염려하면서 조심스럽게 문제점을 암시하는 정도에서 그쳐야 한다. 애어를 말하기 전에 보시하는 마음이 바탕에 깔려 있어야 한다.

보시와 함께 상대를 맑고 밝고 기쁘게 하려고 한다면, 애어는 자동적으로 흘러나올 것이다.

⑪⑥ 자비 VI – 이행利行

이번 장에서는 사섭법의 셋째인 이행 즉 상대에게 이로움을 주는 행위에 대해서 생각해 보려고 한다.

　절에서 부처님께 공양을 올린 후에는 축원을 하는데, 그 안에는 "악한 사람은 멀리하고 선한 사람은 가까이 하게 해 주세요."라는 내용이 들어 있다. 여기서 악인과 선인은 상대가 나에게 해를 끼칠 것인지 이익을 줄 것인지를 구별하는 면이 강하다. 중생은 새로운 인연을 만날 때마다 상대가 나에게 입힐 손익을 먼저 계산한다. 물론 이익을 줄 사람을 가까이 하려고 한다.

　상대에게 이익을 주는 종류는 우리가 앞에서 이미 공부한 바 있는 세 가지의 보시를 응용하면 편리할 것 같다. 즉 첫째 재물, 둘째 진리, 셋째 평화의 세 측면에서 상대를 이롭게 하는 것이다.

　첫째, 재물로 이로운 행동을 하는 것은 사람들이 흔히 보고 기대하는 자비행이다. 요즘 사람들은 경조사를 당해서 남으로부터 도움을 받을 경우, 그 부조자를 꼭 기억하려고 한다. 명단과 금액을 기록해 두고는, 상대에게 경조사가 생겼을 때, 그 기록을 보고 부조금 액수를 정한다. 그 정도로 경제적 이행이 중요시된다. 돈이 없으면 어떻게 이로움을 주나? 노동력이라도 제공해야 한다. 한 정치인의 부인이 국회의원으로 출마한 남편을 당선시키기 위해서 목욕탕에서 때밀이를 한 일도 있다. 또 다른 정치인의 부인은 남편의 출세를 위해서 실세 권력자의 사람의 집에 가서 부엌일을 했다는 보도도 있었다. 몸을 움직일 수 없어도 이익된 일을 할 수 있다. 눈빛과 마음으로라도 상대가 잘 되기를 기원하는 것이다. 눈동자의 움직임만으로도 상대를 감동시킬 수 있다.

둘째, 진리로 이로운 행동을 하는 방법은 육체적으로 모범을 보여서 상대를 바른 길로 인도하는 것이다. 사람은 습관의 동물이다. 습관은 모방에서 시작된다. 겉으로 보기에 나의 행동이 남과 아무런 연관이 없는 것 같지만, 실제로는 많은 영향을 준다. 사람의 습관이라는 것이 주변 환경을 벗어나서 별나라로부터 특별히 수입해 들여오는 것이 아니기 때문이다. 중생은 남이 살듯이 따라서 살 수밖에 없기 때문이다.

셋째, 상대에게 평화와 기쁨을 주는 행동은 가장 쉬우면서도 또한 어렵다. 재물도 들이지 않고 상대를 위할 수 있지만, 큰 지혜와 사랑의 마음이 있어야 한다. 먼저 상대의 취향에 순응하는 수순행隨順行을 해야 한다. 상대가 바다를 좋아하면 바다로 따라 나서고, 특정한 종류의 음악을 좋아하면 같이 그것을 즐겨야 한다. 상대가 밥을 먹으면서 코를 푸는 등 갖가지 악습을 행한다면 그것도 인내하고 좋아해야 한다. 몸을 낮추어 상대의 수준에도 맞추어야 한다. 배운 바나 교양이 없으면 그 정도에 맞추어서 놀아 주고 위해 주어야 한다.

사람은 누구나 나름대로의 자존심이 있다. 아무리 세상을 멀리하고 혼자서 지내는 사람도 자신의 생활방식에 대한 긍지가 있다. 아무리 겸손한 사람도 그에 대한 자부심이 있다. 상대를 존중해 주는 것은 상대의 인품이나 가치관을 높이 인정하는 것을 뜻한다. 그런데 마음속으로 존경하는 것만으로는 족하지 않다. 그 존경심을 몸으로 표현해야 한다.

　머리를 굽히며 합장하고, 엎드려서 절하고, 눈길이 마주칠 때마다 반가워하는 표정을 지어야 한다. 세상에서 '좋은 사람'이라는 것이 별것이 아니다. 이익된 행동을 하는 사람이다. 내가 가진 재물이나 몸으로 상대를 위하고, 상대에게 모범을 보이면서 바른 길을 제시해 주고, 상대의 취미, 수준, 인연에 맞추어서 상대에게 수순하고 존경을 표해 준다면, 누가 나를 좋아하지 않겠는가.

117 자비 VII – 동사同事

이번 장은 사섭법의 넷째로 동사섭 즉 상대를 중심으로 나를 맞추어서 마음이 통하게 하는 자비행이다. 불교의 자비에는 많은 방편이 있지만, 동사섭이야말로 그 극치라고 할 수 있다. 상대의 수준, 취향, 환경, 견해 등을 파악하고 무조건 나를 지우고 상대만을 내세우는 자비행이다.

상대의 수준에는 지적 능력, 경제력, 사회적 위치 등이 있을 것이다. 내가 아무리 지적 수준이 높다고 하더라도 상대와 마음이 통하려면 상대의 수준에 맞추어야 한다. 우리는 가끔 "무식한 것"이라는 말을 쓴다. 그런데 이 말은 학력이 없는 이에게 상상하기 어려울 정도의 큰 상처를 준다고 한다.

또 어떤 것을 가르쳐 줄 때 가르치는 사람은 상대의 근기와 자신의 어투를 잘 살펴야 한다. 가령 남편이 부인에게 운전을 가르쳐 준다고 치자. 이 때 대부분의 남편들이 "그것도 못하느냐."는 식으로 핀잔을 준다. 운전 교습으로 인해서 부부가 이혼한 예도 있다. 지적 능력이나 운동 신경 등에서 상대의 수준에 맞추려면 무한한 인내와 삶 전체에 대한 지속적인 통찰이 있어야 한다.

동사섭에 대해서 이리저리 헤맬 것이 아니라, 불교에서 상대를 공경하는 체계로 정리해 놓은 '육화경六和敬' 즉 "상대와 마음이 합해지도록 공경하는 여섯 가지 방법"을 활용하면 좋을 것 같다. 육화경은 화합의 방법을 설명하는데 주로 쓰인다. 일정한 목표를 갖고 일정한 수준에 이른 대중들이 상호 공경의 정신으로 보다 좋은 업 또는 해탈을 향한 공동체 수행 방법이다. 그러나 이 육화경이 자신을 낮추어 보다 수준이 낮은 상대를 위하고 교화하는 측면에서 이용될 수도 있다.

육화경은 몸, 입, 뜻, 계율, 이익, 사상의 여섯 가지 업을 동일하게 하는 공경법이다. 첫째, 상대와 같이 지내고 자주 만나는 것이 중요하다. 상대가 등산을 좋아하면 같이 등산을 한다고 치자. 스포츠의 많은 종목 가운데 어느 한 가지만 상대가 좋아하는 것을 같이 좋아하고 참여해 주어도 상대는 마음을 열게 되어 있다. 하물며 삶의 모든 면에서 상대와 행동을 같이한다면, 어느 누가 좋아하는 마음을 가지지 않겠는가.

둘째, 상대의 말에 맞추어 주는 것이다. 상대가 하는 말을 진지하게 들어 주는 일부터 시작할 수 있다. 사람은 자기를 알아주는 사람이 없을 때 무척 외로워한다. 상대가 교양 없고 모자란 말을 하더라도 그에 흔들리지 않고 상대의 본의를 밝혀 가면서 대화를 한다면, 상대는 마음을 열 수밖에 없다.

셋째, 상대의 마음에 맞추는 것이다. 윗사람의 마음을 미리 알아차리고 그에 따라서 충성을 다하는 심복처럼 상대의 뜻에 맞추고 수순한다면 누가 좋아하지 않겠는가.

넷째, 상대의 계율에 맞추는 것이다. 상대의 계율 기준이 나보다 낮을 수도 있고 높을 수도 있다. 궁극적으로는 모든 계목을 철저하게 지키는 쪽으로 회향해야 하겠지만, 상대의 근기가 하열하다면 일단 그 수준에 따르는 데서부터 시작해야 한다.

다섯째, 상대와 이익을 균등하게 나누는 것이다. 경제적 이익뿐만 아니라 대외적 위상을 비롯한 갖가지 기회도 평등하게 누리는 방법이다. 이익을 균등하게 하고 상대에게 맞추는 것만 확실히 한다면 이것 하나만으로도 상대는 마음을 열게 되어 있다.

여섯째, 상대의 철학, 사상, 이상에 맞추는 것이다. 같은 불경에 대해서도 천만 가지의 해석과 실천법이 있을 수 있다. 일단 상대의 주장을 긍정하는 데서부터 출발해야 한다.

육화경을 활용한 이상의 여섯 방면에서 수순행을 한다면 훌륭한 동사섭의 자비행이 될 것이다.

118 자비 VIII – 희사喜捨

자비를 실천하는 방법으로 자비희사慈悲喜捨 네 가지로 이루어진 사무량심四無量心이 있다. '자'와 '비'는 요즘 우리가 공부하는 내용 전체를 포함하기 때문에 여기서는 '희'와 '사'에 대해서만 생각해 보기로 한다. 무량심無量心은 인연의 친소나 원근을 가리지 않고, 모든 중생에게 자비를 베풀려는 마음을 뜻한다.

겉모습만으로는 중생은 소수의 가족 친지에게만 잘 해 주려는 것처럼 보인다. 그러나 더 많은 사람에게 자신을 내세워 보이고 싶은 마음도 있다. 더 많은 사람 나아가서 무량한 중생에게 자신을 뽐내려고 하는 마음을 뒤집어서 자비를 베풀려는 마음으로 바꾸면 그것이 바로 무량심이다.

어떤 동물학자는 동물들에게는 자기와 닮은 유전자를 많은 상대들에게 남기고 싶은 본능이 있다고 주장한다. 그래서 교미의 파트너를 이리저리 교체하는 것은 자연의 이치인데, 이 본능적 행태는 사람에게도 유사하게 나타난다고 한다. 사람도 자기와 닮은 유전자를 더 많은 상대에게 남기고 싶어 하는지에 대해서는 확신할 수 없다. 그러나 이 점만은 분명하다. 사람에게는 '나 혼자만'을 구하는 마음도 있지만, '더 많이'를 구하는 마음도 있다는 것이다. 그래서 자비를 베풀 때 그 대상을 무량한 중생으로 확대하려는 마음은 본성 그 자체라는 말이다.

희喜는 기뻐하는 마음 또는 기쁘게 해 주려는 마음이다. 무량 중생에게 자비를 베푸는 그 자체를 기뻐하거나, 중생들이 기뻐하는 모습을 보고 그것을 기뻐하는 마음이다. 사람은 누구나 괴로움을 여의고 즐거움을 얻으려고 한다. 중생이 괴로움이라고 받아들이는 것이 불교의 궁극적인 의미에서는 미혹과 집착에서 나오는 착각일 수도 있지만, 여하튼 중생은 자기가 서 있는 그 자리에서 또는 자기가 느끼는 그 수준에서 고통을 여의고자 한다. 자비는 일체의 번뇌를 끊고 보살이나 부처의 경지에 이른 이를 위해서 베풀어지는 것이 아니다. 눈앞에 있는 어리석고 불쌍한 중생을 위해서 베풀어지는 것이다. 그래서 자비를 베풀려면 무조건 상대를 기쁘게 해야 한다.

상대를 기쁘게 하는 것과 자비 사이에는 상충되는 것도 있다. 자비는 큰 슬픔에서 나오는 연민의 베풂이다. 이쪽이 슬픔 속에 있다면 상대에게도 그것이 전해진다. 이쪽이 기뻐해야 상대도 기뻐한다. 기쁨을 주고받으려는 본성 그 자체가 중생에게는 자비의 성품이 갖추어져 있음을 나타내기도 한다. 그래서 상대를 기쁘게 하려는 이는 먼저 슬픔을 삼키고 짐짓 기뻐해야 한다. 상대도 이쪽 마음을 어렴풋이 느낄 것이다. 여기에서 감동이 일어난다. 스스로 기뻐함은 상대를 기쁘게 하기 위해서이다. 이렇게 서로 상대에 대한 배려가 느껴지면서 자비심은 상승작용을 일으키고, 더 크고 넓게 뻗어 나간다.

사捨는 자신을 비우고 버려서 애증친원愛憎親怨이 없는 평정의 자세로 상대를 편안하게 위해 주는 마음이다. 중생에게는 좋아하고 싫어하는 것이 있다. 상대가 나를 싫어하면 그 때문에 괴롭고, 상대가 나를 지나치게 좋아하면 그것도 부담스럽다. 언젠가 자신의 허점이 탄로 나서 상대를 실망시키지 않을까 불안하기도 하다. 좋아하거나 싫어하는 마음이 없이 무심하게 대하고, 무심하게 베풀어 줄 때 중생은 편안하게 된다.

상대를 기쁘게 해 주려는 '희'와 애증이 없이 무심으로 보살피려는 '사'를 연결하면 '희사^{喜捨}'가 된다. 법당의 보시함을 '복전함' 또는 '희사함'이라고 부른다. 무량심으로 자비를 베풀라는 의미에서 붙여진 명칭인 것이다.

부처님이 말씀하신 열 가지 자애^{metta}의 공덕

1. 편하게 잠이 든다
2. 편하게 잠에서 깨어난다
3. 나쁜 꿈을 꾸지 않는다
4. 사람들에게 사랑을 받는다
5. 천신들과 동물들에게 사랑을 받는다
6. 천신들의 보호를 받는다
7. 외적인 위험이 해를 끼치지 못한다
8. 얼굴색이 맑다
9. 마음이 평안해진다
10. 죽을 때 혼란스럽지 않다
11. 행복한 세계에 다시 태어난다.

– 『청정도론』에서 재인용

10장

자주 하는
질문

119 불교는 종교가 아니라 철학이다?

타종교를 믿는 이들이 불교를 비판할 때 이렇게 말하는 경우가 많다. "불교는 종교라기보다는 철학에 가깝다. 설사 종교라고 하더라도 불교 전체를 완전히 파악하기는 대단히 어렵다. 그러므로 믿기만 하면 만사가 해결되는 알기 쉬운 우리 종교를 믿어라."

실제로 서양 종교에 비해서 불교는 너무도 심오하다. 그러니 타종교인들이 불교를 철학으로 몰아붙이거나 알기 어렵다고 불평하는 것도 무리가 아니다. 그러나 불교는 분명히 종교이다. 불교는 철학적 지식을 넓히는 것이 아니라 고통받는 중생을 구제하는 것을 그 근본 목적으로 삼기 때문이다.

서양인들이 말하는 종교에 대한 정의를 들어보자. 먼저 지정의知情意

(사람의 마음에 있는 세 가지의 요소인 지성(知性), 감성(感性), 의지(意志)를 아울러 이르는 말-편집자주)

로 구분하는 것이 헤아릴 수 없이 많은 의견들을 정리하는 데 편리할 것 같다. 지식을 강조하는 입장에는 이런 것들이 있다. "신앙은 지식이다. 내가 신을 믿는다면 그 신은 나의 의식 속에 존재하고, 그래서 나는 신에 대해서 알게 된다.", "종교는 우주에 대한 궁극적 태도의 표현이며, 요약하면 만물에 대한 인간의 인식의 의미와 취지이다.", "종교는 인간이 자신이 가진 이성을 넘어 무한자를 알아볼 수 있게 하는 신앙이다.", "종교는 만물이 우리의 지식을 초월하는 힘으로 나타난 것이라고 인식하는 것이다."

우리의 감정을 강조하는 입장에는 이런 것들이 있다. "종교는 신에 대한 절대 보편적인 의존 감정이다.", "종교는 인간의 주관적 감정일 뿐이다.", "종교는 인간과 우주간의 조화를 확신하는 데 근거한 인간의 감정이다.", "종교는 자연 질서와 초자연자 사이의 관계에서 생겨나는 인간 감정을 집합한 것이다.", "종교는 초능력적인 우주적 타자 앞에서 피조물인 인간이 느끼는 조용하고 겸손한 떨림이다."

의지를 강조하는 입장에서의 종교 정의에는 이런 것들도 있다. "종교는 신의 의지와 인간의 의지가 합쳐져서 나타나는 행위요 표현이다.", "종교란 우리의 의무를 신의 명령으로 받아들이는 것이다.", "종교는 인간과 초월자간에 의식적인 교섭이 있을 때 시작되는 것이다.", "종교는 감정이 깃들인 윤리학이다.", "종교는 곤궁에 빠진 사람이 자신의 존재와 운명이 달려 있다고 생각되는 신비 능력과 고의적인 관계를 갖는 것이다."

위의 종교 정의 가운데, '신神' '무한자' '초능력자' '초월자' '초자연자' 등의 표현이 나온다. 이 말들은 '신'으로 대표될 수 있겠는데, 신에 관한 불교의 입장에 대해서는 뒤에서 별도로 다룰 것이다. 여하튼 위의 말들 가운데 어느 하나를 잣대로 들이대며 불교의 종교성 여부를 묻더라도 '불교는 분명히 종교이다.'라고 대답할 수 있다.

불교에는 수행법의 기본으로 계정혜戒定慧 삼학三學이 있다. 계율로는 인간의 정신적 의지와 육체적 행동을 다스리고, 선정禪定으로는 인간의 정서를 가다듬는다. 그리고 지혜는 외부로부터 얻는 지식과 내면적 깨달음을 발전시킨다.

불교가 다른 종교와 마찬가지로 진선미眞善美를 추구할진대, 지정의 가운데 어느 한편에 치우쳐 있다고 할 수 없다. 더욱이 우리가 앞에서 공부한 교판敎判에서 알 수 있듯이, 불교에는 중생의 근기에 부응하는 무수한 방편이 있다. 타력과 자력(대표적으로 정토종과 선종)이 공존한다. 불교가 종교라고 하는 것은 의심할 여지가 없다.

불교는 종교에 대해서 비판적인 입장까지 수용할 수도 있다. "종교는 인민의 아편이다."라든지 "자연이나 착취자와 투쟁에서의 무력감이 피안에 대한 신앙을 낳는다."는 말도 선사의 설법으로 받아들일 수 있다. 불교를 자기도취나 자기 위안용으로 받아들여서도 안 되고, 힘을 이상으로 삼아서 그 힘을 구하기 위해서 불교를 믿어서도 안 된다는 것이 불교의 입장이기 때문이다.

그래서 한 선사는 "부처를 만나면 부처를 치고 조사를 만나면 조사를 치라."는 극언을 서슴지 않는다. 불교는 종교와 그 부정까지도 담을 수 있는 참으로 큰 그릇인 것이다.

120 불교는 무신론인가 유신론인가? I

앞에서 인용한 많은 종교 정의들은 신神, 무한자, 초능력자, 초월자, 초자연자 등을 전제하고 있었다. 종교에는 기본적으로 불가사의한 힘을 행사하는 신적 요소가 있다는 것이다. 신적인 힘 또는 기적을 보이는 측면에서 볼 때, 불경과 기독교의 성경은 완전히 다르다. 성경에는 기적이 중요시된다. 기적으로 읽는 이의 마음을 끌려고 한다. 그러나 불경은 그렇지 않다. 보통 사람으로서는 행할 수 없는 기적 같은 일이 있기는 하지만, 전하려는 메시지는 그 기적에 의존하지 않는다. 기적은 오직 상징적인 표현일 뿐이다.

하지만 불교에서 아무리 신이 행사하는 초능력이나 기적을 중시하지 않는다고 하더라도, 불경에는 많은 불보살, 천룡팔부, 잡신들과 그들의 초능력적인 힘이 소개된다. 요점처가 초능력에 있는 것은 아니지만, 사람들이 그것을 읽고, 신적인 능력 또는 기적으로 이해하는 것을 잘못이라고 할 수는 없다.

사람에 따라서 불교에는 참으로 신이 많다고 생각할 수도 있다. 불교의 신관을 이해하기 위해서는, 불교가 처음에는 인도의 힌두교와 거리를 두었고, 뒷날 대승불교 시대에 이르러서는 다시 힌두교와 가까워진 점에

불국사 사천왕

주의를 기울여야 한다. 석존 당시, 인도의 힌두교에서는 많은 신들을 받들고 있었다.

석존도 육도윤회에 나타나는 하늘나라와 지옥나라, 그리고 그곳에 거주하는 이들을 인정하고 있었다. 따라서 석존도 어떤 형태의 것이든 신들의 존재를 인정한 셈이다. 그러나 힌두교가 신들을 신앙의 대상으로 삼았지만, 석존은 그렇지 않았다. 석존에게는 신이 신앙의 대상이 아닌 것이다. 믿어야 할 것은 정각을 이룬 부처님, 그 부처님이 가르치는 진리, 그리고 그 진리를 행하고 전하는 스님네들인 것이다. 신적인 존재는 인정하되 그것을 신앙의 대상으로 삼지 않았다는 점에서, 원시불교는 무신론에 가깝다고 할 수 있다.

그러나 후대에 불교가 힌두교의 분위기에 젖어 있는 인도인들에 접근하다 보니, 힌두교적인 요소를 받아들이게 되었다. 힌두교에서 신으로 숭상되던 이들의 개념이 불경에서 보살의 개념으로 등장하게 된 것이다. 불경에 나타나는 많은 보살들은 실존 인물이 아니다. 우리가 흔히 접하는 관세음보살이나 지장보살은 대승 불경에 소개된 보살도의 수행자요 신앙의 대상이다. 그런데 저 보살들이 신이냐고 묻는다면, 불교는 아니라고 답할 것이다. 불교에 있어서 신은 결코 주된 신앙의 대상이 될 수 없기 때문이다.

불교에는 많은 신들의 이름이 있다. 『화엄경』에는 산, 들, 호수, 하늘, 바다, 바람, 불, 밤, 낮 등을 주관하는 신의 이름이 있다. 환자의 병을 치료하는 구병시식救病施食 예식문에는 조상신, 부엌신, 산신, 오방동토신五方動土神, 변소신, 도로신 등이 있다. 그러나 그곳에 열거된 신들이 전부가 아니다.

세상 모든 사물이 각기 신의 이름을 가질 수 있는 것이다. 그래서 학자들은 불교가 무신론적無神論的 범신론汎神論의 신관을 갖고 있다고 정리한다. 신을 신앙의 대상으로 삼지 않는다는 점에서 무신론이고, 신을 말하기로 하면 삼라만물이 각기 신적인 것을 내포하고 있다는 점에서 범신론인 것이다.

무신론적 범신론에는 다른 교리적 배경도 깔려 있다. 불교는 불가사의와 신묘神妙를 말하면서도, 인과법을 벗어나는 신비나 기적을 인정하지 않는다. 미혹한 중생의 눈에는 신비하게 보이는 것이 있을 수 있지만, 존재의 실상을 체달해서 사물을 여실히 보면, 세상사는 물이 위에서 아래로 흐르듯이 당연한 순리로 이루어진다는 것이다.

가령 기도를 통해서 불가사의한 가피를 입었을 경우, 그것은 중생의 눈에 기적이지만 불보살의 입장에서 보면 당연한 일이라는 것이다. 한국의 사찰에서 볼 수 있는 신적인 등상이나 탱화로는 금강역사상, 사천왕상, 산신탱화, 칠성탱화, 명부전의 십대왕과 권속, 신중탱화 속의 권속들, 조왕탱화 등이 될 것이다. 저 신상들이 신앙의 대상이 될 수 있는 것은, 불보살의 화현으로 풀이되기 때문이다.

121 불교는 무신론인가 유신론인가? Ⅱ

불교인들은 일부 기독교인들로부터 흔히 이런 말을 듣는다. "예수는 신이고 석가는 인간이다. 신은 전지전능하다. 그렇다면 당연히 예수를 믿어야 할 것이 아닌가?" 이 주장은 타종교의 신앙이므로 여기서 따질 필요가 없다. 단지 불교 입장에서 신적인 초능력과 관련해서 석가세존의 위치만 정리하면 된다.

불교에는 법신法身, 보신報身, 화신化身의 삼신三身사상이 있다. 법신은 우주와 생명 존재의 진리 그 자체를 인격적으로 표현한 것이다. 삼라만물이 포함된 전 우주의 운행 질서 그 자체를 법法 즉 진리로 보고, 그것을 근본 부처님으로 받드는 것이다. 보신은 사람이 무량겁 동안 보살도를 닦아서 법신의 자리로 올라간 부처님을 뜻한다. 화신은 법신의 세계에서 중생을 구하기 위해서 현실세계로 내려온 부처님을 의미한다. 기독교도 불교의 삼신사상과 유사하게 신을 세 종류로 나눈다. 예수는 불교의 법신에 해당하는 유일신이기도 하고, 불교의 보신처럼 신의 세계로 올라간 사람이기도 하고, 불교의 화신처럼 사람을 구하기 위해서 세상에 내려온 사람이기도 하다.

비로자나毘盧遮那 부처님은 법신, 아미타阿彌陀 부처님은 보신, 석가모니 부처님은 화신이다. 아미타불은 법장 비구가 48대원을 세우고 수행하여 부처를 이룬 분이고, 석가세존은 중생을 구하기 위해서 사바세계에 하강한 분이다.

무량겁 전에 이미 부처를 이루었지만, 중생에게 모범을 보이려고 짐짓 미혹한 사람으로 정각을 이루는 과정을 밟은 것이다. 불교도들은 부처님에게 불가사의한 능력과 방편이 있다고 믿는다. 그런데 조사 스님 가운데는 대승과 소승이 부처님의 능력을 믿는 면에서 차이가 있음을 지적하기도 한다. 대표적으로 유명한 것이 '삼불능三不能' 즉 "부처님은 불가사의한 자재력으로 모든 일을 다 해낼 수 있지만 오직 세 가지만은 어찌할 수 없다."는 생각이다.

『경덕전등록』 제4권에 등장하는 원규元珪 선사는 소승의 부처님은 첫째, 중생 각자가 지은 정업定業을 대신해서 소멸해 줄 수가 없고, 둘째, 인연이 없는 중생을 제도할 수 없고, 셋째, 일체중생을 한꺼번에 다 제도할 수는 없다고 한다. 그러나 대승의 화신불은 다르다. 중생의 정업도 소멸시킬 수 있고, 무연중생도 제도할 수 있으며, 중생을 일시에 제도할 수도 있다.

대승 화신불의 자재력에 대해서 어떤 이는 이렇게 물을지도 모른다. 세상은 범죄, 질병, 고통에 묻혀 있는데, 왜 부처님은 저 모든 중생의 업을 소멸시켜서 구제해 주지 않느냐고 말이다. 그러나 이 물음에 대해서 『유마경』은 이렇게 답하고 있다. 장님이 해를 보지 못할 때, 그것은 해의 잘못이 아니다. 마찬가지로 세상이 본래부터 완전함에도 불구하고 미혹에 쌓여서 그것을 바로 보지 못하는 것은 부처님의 잘못이 아니다.

부처님에게 중생으로서는 짐작할 수 없는 능력이 있지만, 그 능력은

화엄사 대웅전 삼존불
ⓒ 화엄사
비로자나 부처님(가운데), 노사나 부처님, 석가모니 부처님 세 분을 모셨다.

기독교적인 것과 다르다. 기독교의 경우에는 초능력의 표현이 기적으로 시작해서 기적으로 끝나지만, 불교의 경우에는 마음의 깨침을 위주로 나타낸다. 설사 불보살이 초능력을 행사하는 장면을 보여 주더라도, 그것은 깨달음의 불가사의한 경지를 상징적으로 표현하려는 시도일 뿐이다. 구태여 부처님을 신적인 측면에서 보더라도, 기독교의 신과는 성격이 근본적으로 다르다.

　기독교의 신은 인격적人格的이고 부처님은 비인격적非人格的이다. 인격신에게는 상대에 따라 인위적인 심판과 좋고 나쁨이 있지만, 비인격신은 상대적인 변덕이 없다. 인격신은 악을 미워하지만, 부처님은 악까지도 연민의 마음으로 받아들인다.

　불교에서는 선신善神도 숭배의 대상이 아니다. 불법 보호자에 불과하다. 불보살도 불법을 지키고 중생을 구하기 위해서 갖가지 신의 모습을 나타낼 수도 있다. 그렇다고 해서 부처님을 직접적으로 신이라고 부르지는 않는다. 신은 부처님보다 낮은 격에 속하기 때문이다.

　기계론적인 패러다임에서는 '세계를 인식하는 주체자 신은 대상에서

격리된 존재'였다. 그러나 이러한 기계론적인 관점은 이미 '관측자와 피
관측물의 상호 작용을 무시해서는 관측 행위가 성립할 수 없다.'는 양자
역학의 등장으로 한계를 드러냈다. 한편 '생명론 패러다임'의 입장에서
는 세계를 '관측자'를 포함하는 쌍방향적인 시각을 취한다. 비근한 보기
로써 선거의 여론 조사, 주가 예측 등과 같이 예측이나 관측 행위가 되먹
임 되어 현상에 영향을 준다. 세계적인 투자가 조지 소로스$^{George\ Soros}$는 이
사실을 '투자 행위가 곧 시세를 바꾼다.'는 말로 표현하고 있다. 세계 대
상과 자기와 일체화되어 있을 때는 주체적인 관여가 인식을 깊이 할 수
있으며, 추상적인 이론이 아닌 현장 중심의 원리가 작용하는 것이다.

122 불교는 우상숭배인가?

일부 종교인 가운데는 불상을 가리키면서 우상타파를 역설하는 이들이 많다. 산에 있는 마애석불에게 페인트칠을 하는가 하면 불상의 목을 자르는 경우도 있다. 그들은 자기 종교의 경전에서 가르친 것을 맹신해서 타 종교를 공격한다. 또 불상이나 조상 앞에 공양물을 올리고 절하는 것을 미신 행위로 몰아붙이기도 한다.

그런데 저와 같이 우상타파를 주장하는 이들에게도 예배의 대상이 있다. 말하자면 십자가가 그런 것이다. 저 타종교인들은 불교 신자처럼 절을 하지는 않지만 양손의 손가락을 교차시켜 주먹을 쥐면서 눈을 감고 고개를 숙인다. 저들과 불교인들의 예배 형태에는 어떤 차이가 있는가? 큰 차이가 없다. 불교인이 불상이라는 구상체具象體에 대해서 절을 하는데 비해서, 저들은 십자가라는 비구상체非具象體 즉 추상체抽象體에 대해서 머리만을 숙일 뿐이다. 예배 대상의 형상과 예배 방법은 문화의 차이일 뿐, 내용면에서는 다를 바가 없는 것이다. 불상이 우상이라면 십자가도 우상이요, 절하는 것이 미신 행위라면 머리만을 숙이는 것도 역시 미신 행위인 것이다. 구상화具象畵와 추상화의 두 개 그림이 있을 경우, 구상화를 좋아하면 정당하고 추상화를 좋아하면 부당하다는 주장은 어불성설이다.

타종교의 교리에 대해서 왈가왈부하고 싶지 않지만, 전지전능한 유일무이의 최고신이 있어서 인간처럼 변덕과 심술을 가지고 특정한 사람들만을 보살피고 다른 사람들에게는 화를 줄 것이라고 믿는 이들이 있다면, 그들이야 말로 미신의 우상숭배자가 아니고 무엇이겠는가. 인간사에 있어서도 훌륭한 스승은 제자들을 가르칠 때, 자기 자식이라고 하더라도 잘못을 저지르면 벌을 주고, 남의 자식이라고 하더라도 선행을 하면 칭찬을 해 준다. 하물며 성인이라면 얼마나 공평하겠는가. 그런데도 저들은 옳고 그름에 상관없이 자기들만을 보호하는 우상을 만들고 있는 것이다. 물론 모든 서양 종교인들이 불상을 가리키면서 우상타파를 주장하지 않는다. 일부 서양 종교인들이 그렇다는 말이다.

부처님이야말로 진정한 우상타파주의자이다. 무엇이 우상인가? 돈, 명예, 권력 등이 우상이다. 나만을 변함없이 사랑해 달라는 기대가 우상이요, 영원히 행복하게 살고 싶다는 희망이 우상이다. 근본적으로 '나' 라고 하는 그 자체가 우상이다. 세상에 변하지 않는 것은 한 가지도 없다. 끊임없이 변한다. 인연의 관계 속에서 나라고 하는 구조와 무대는 임시적으로 존재하지만 그 속에 고정적인 실체는 없다. 영원불변의 나가 없는 마당에 무슨 영원한 사랑이나 행복이 있겠는가. 그것들은 미혹한 중생이 지어 낸 우상일 뿐이다. 저 우상에 매달리는 이가 중생이요, 저 우상을 쳐부순 이가 부처이다. 부처님이 무상, 무아, 공을 가르치는데, 그 가르침들은 우상타파라는 한마디로 요약할 수 있는 것이다, 해탈은 바로 저 우상의 감옥으로부터 탈출하는 것이 아니겠는가.

그런데 우리 중생은 형상과 이름에 의해서 보고 듣고 말한다. 세상사가 모두 가짜인 것은 분명하다. 실체가 없는 것은 분명하다. 그러나 그렇다고 하더라도 우리는 손에 잡히는 형상과 호칭할 수 있는 이름과 생각을 떠올릴 수 있는 개념을 임시로나마 의지해서 해탈을 향해 수행한다. 꿈속의 호랑이가 가짜인 것만은 분명하지만, 그 가짜 호랑이에 의해서 꿈에서 깨어날 수가 있듯이, 법당의 부처님이 불보살의 육신이 아닌 것은 분명하지만 그 형상에 의지해서 신심을 표현하고 원을 세울 수가 있는 것이다.

위에서 우리는 타종교인들의 불상을 향한 우상타파를 부당한 것처럼 반박했었다. 그러나 사실은 불교 내부에서 오래 전에 이미 이 문제가 대두되었다. 법당의 불상을 진짜 불보살로 생각하는 것을 경계하기 위해서, 어느 조사 스님은 목불을 장작으로 삼아서 방을 따뜻하게 했다는 이야기를 전한다. 조사 스님이 화현해서 가르침을 전하려고 한다는 의미에서 타종교인들의 우상타파 주장을 공부 경책으로 삼을 수는 있다.

123 불교는 숙명론을 주장하는가?

우리는 맘대로 살 수가 있을까? 자기의 의지대로 살 수 있는 자유가 있을까? 뷔페에서 어떤 음식을 골라 먹을 것이냐에 대해서는 우리에게 자유가 있는 것 같다. 파랑과 노랑 가운데에서 어느 것을 더 좋아할 것이냐에 대해서도 자유가 있다. 그러나 부잣집의 자식으로 태어난다거나 머리 좋은 사람으로 태어날 자유는 없다. 어떤 이는 큰 노력이 없이도 부모덕에 갖고 싶은 것을 다 가질 수 있는가 하면, 다른 이는 아무리 노력해도 하는 일마다 실패하기도 한다. 인간에게 자유의지가 있느냐 없느냐는 교리적으로 중요한 문제이다. 먼저 인간의 자유의지를 제한하는 주장들을 살펴보기로 하자.

첫째, 어떤 전지전능의 창조신이 있어서 모든 세상사를 자기 마음대로 알아서 처리한다는 주장에는 완전한 자유의지가 인정되지 않는다. 창조신의 구상대로 세상이 돌아간다면, 인간의 의지와 노력은 필요가 없게 된다. 악한 사람이 아무리 선한 사람이 되려고 노력해도 그렇게 될 수가 없다. 모든 것은 창조신이 결정하기 때문이다. 또 어떤 사람이 아무리 극악무도한 일을 저질러도 그에게는 그 악에 대한 책임이 없다. 세상사가 창조신에 의해서 만들어졌다면, 악도 또한 창조신에 의해서 만들어졌을 것이다. 처음부터 창조신이 악을 만들었다면 그리고 그 악이 특정한 사람의 마음과 행동에서 일어나게 되어 있다면, 그 악을 저지른 사람에게 책임을 물을 수 없다. 사람의 의지는 없고 오직 창조신의 의지만 있을 뿐이다. 천당이냐 지옥이냐의 선택권만을 허용하고 그것을 인간의 의지라고 말한다면, 그리고 어느 한 쪽을 인간이 선택해야 한다면, 그 선택 역시 창조신의 의지로 돌아간다. 창조신이 그렇게 되도록 세상을 만들었기 때문이다. 창조신이 모든 것을 만들었다면, 어떤 사람이 어느 쪽을 향하든 그 역시 창조신이 처음부터 그렇게 프로그램을 만든 셈이 된다. 모든 사물과 상황을 창조신이 만드는 마당에 인간의 의지를 말하는 것은 무의미하다.

둘째, 세상사는 본래부터 어떤 순서에 의해서 진행되도록 정해져 있다는 숙명론에도 인간의 의지는 인정되지 않는다. 가령 갑이라는 사람은 모범생의 역할을 하고 을이라는 사람은 문제아의 역할을 하도록 숙명 지워져 있다면, 갑은 아무리 나쁜 짓을 하려고 해도 결국 좋은 일을 한 것이 되고, 을은 아무리 선행을 하려고 해도 결국 악을 행한 것이 되리라. 세상만사가 숙명의 소산이라면, 전체적 또는 개인적으로 발전이나 퇴보를 걱정할 것도 없다. 어차피 세상은 숙명적으로 될 것이기 때문에 성공할 사람은 방일해도 일이 잘될 것이고, 실패할 사람은 아무리 노력해도 일이 잘못될 것이다.

셋째, 세상사는 우연히 이루어진다는 우연론에도 인간의 의지는 인정되지 않는다. 한 남자가 평생 좋아할 배우자를 만나는 것도 우연이요, 이혼할 배우자를 만나는 것도 우연이 된다. 성공과 실패가 모두 우연이기 때문에, 세상사는 게임이나 도박보다도 더 결과를 예측할 수 없다. 게임

에는 실력이 우세한 쪽을 봐서 미리 결과를 점칠 수 있고, 도박도 필연적
으로 패가망신한다는 것을 예상할 수 있다. 그러나 우연론은 그나마도 어
떤 일의 시작과 끝을 예측하기가 어렵다. 우연히 될 수도 있고 안 될 수도
있기 때문이다. 우연론에서 인간의 의지는 철저히 무시되는 것이다.

　불교에서는 위의 창조신론, 숙명론, 우연론을 인간의 의지를 뭉개버
리는 잘못된 주장으로 말한다. 인간의 의지를 중요시하는 불교의 가르침
과 다르다는 것이다. 보통 창조신론은 서양 종교에서 주장하는 것으로,
숙명론은 고정된 사주팔자의 운명론이 주장하는 것으로, 우연론은 공산
주의가 주장하는 것으로 예를 들어 설명하기도 한다. 그러나 이 분류는
우리의 이해를 돕기 위해서 구별해서 예를 들었을 뿐이고, 현실에서는 위
의 세 가지를 교묘하게 섞어 써서 인간의 의지가 무력한 것처럼 말하기도
한다.

124   불교와 자유의지 I

앞에서 우리는, 세상사가 창조신에 의해서 만들어지고 조정된다거나, 숙
명적으로 정해져 있다거나, 우연히 이루어진다고 하는 주장들이, 인간의
자유의지를 인정하지 않게 된다는 점을 살폈었다. 물론 저 창조신론, 숙
명론, 우연론도 부분적으로는 인간의 자유의지를 인정할 수 있을 것이다.
창조신이 허용하거나 묵인하는 범위 내에서 인간의 의지를 인정하는 것,
결과는 숙명적으로 정해져 있다고 하더라도 그 결과에 이르는 과정을 인
간의 의지로 바꾸는 것, 그리고 우연론 가운데에서도 인간의 의지가 작용
할 수 있는 확률을 높이는 것 등이다. 그러나 아무리 이리저리 말을 굴리
더라도, 궁극적으로 인간의 자유의지는 부정된다.

　불교에서는 '자업자득自業自得 인과응보因果應報'라는 말부터 인간의 의지
를 인정하고 있다. 사람이 스스로 업을 짓고 그 업에 대한 결과를 받는다.
그것이 인연과因緣果의 법이다. 또 일체유심조一切唯心造 즉 모든 것이 마음의
규정에 의해서 생겨난 것이라는 입장이나 공空사상에서 볼 때도, 인간의
의지가 중요시된다.

　먼저 불교에서 흔히 사용하는 여섯 가지 감각 기관의 용어를 보자.
눈, 귀, 코, 혀, 몸, 뜻, 즉 안이비설신의眼耳鼻舌身意이다. 앞의 다섯 가지는

감각 기관이지만, 여섯째는 인간의 의지를 뜻한다. 이 여섯 감각 기관은 여섯의 상대 경계 즉 색성향미촉법色聲香味觸法에 대응해서 여섯 가지 인식을 만든다.

그런데 불교의 유식唯識사상, 유심唯心사상에 의하면 세상의 모든 것은 마음이 만들어 낸다. 감각 기관이나 마음이 대상을 인식할 때, 그 마음은 밖의 것을 보는 것이 아니라, 자신의 식識이 주관과 객관으로 갈라진다. 그러니 아무리 주관이 객관을 보더라도, 그 객관은 자신의 식에서 갈라져 나간 것에 불과하다. 결국 인간은 자기의 마음속에서 대상을 인식하는 것이다. 주관 객관이 모두 마음속에 있다면, 그리고 그 마음이 자유롭게 객관을 인식한다면, 불교에서는 의지의 자유가 완전히 보장된다고 할 수 있다.

유식사상과 유심사상의 바닥에는 불교의 공사상이 깔려 있다. 세상은 특별히 어떤 모양으로 정해져 있는 것이 아니라, 공한 상태에 있다. 세상에 펼쳐지는 것은 백지에 사람의 마음이 멋대로 그림을 그리는 것과 같다. 그런데 인간의 자유의지가 인정되기는 하지만, 그것의 진로는 크게 둘로 갈라진다. 윤회의 길과 열반의 길이다. 생멸문生滅門과 진여문眞如門이라고 부를 수도 있다. 윤회의 길은 무명과 갈애에 의해서 사람이 갖가지 번뇌를 일으키고, 현실에서 고통을 받으며 윤회하게 된다. 고통 가운데는 자기가 원하는 대로 성취하지 못하는 것이 있다.

아프고 싶지 않아도 아파야 하고, 늙고 싶지 않아도 늙어야 하고, 죽고 싶지 않아도 죽어야 한다는 것은, 결국 인간의 의지가 제대로 인정되거나 성취되지 못함을 뜻한다. 인간의 의지가 제대로 인정되려면 열반의 길로 가야 한다. 열반의 길은 헛된 욕망을 쉬고, 무상, 무아, 공의 현실을 여실히 보아야 한다. 그러면 물질이나 육신으로는 영원을 살 수 없다는 것을 알게 된다. 영원한 목숨은, 지금의 이 육신을 천 년 만 년 유지하는 데서가 아니라, 오히려 자신을 지우고 변하는 세상 전부를 자기 자신으로 삼는데서 얻어진다는 것을 깨닫게 된다. 우리가 가지고 있는 자유의지의 방향을 바로 잡음으로써, 그것이 제대로 인정되고 성취되게 하는 것이다.

열반의 길로 인간의 의지를 성취되게 하는 방안은 중국불교에서 각 종파별로 제시하고 있다. 화엄종은 온 세계를 비로자나 법신불의 출현 동작으로 보는 성기사상을, 천태종은 부처와 중생이 상호 완전하게 갖추어져 있다는 성구사상을, 선에서는 견성성불사상을, 밀교에서는 즉신성불사상을, 정토종에서는 염불 즉 왕생극락사상을 가르친다. 망심妄心의 자유 의지는 광기와 같으므로 인정되지 않고, 영원을 살려는 무아 정신에 입각한 자유의지만 인정되는 것이다.

125 불교와 자유의지 Ⅱ

앞에서 우리는 미망에 빠진 의지에는 자유가 인정되지 않고, 자기가 지워진 우주아를 터득하고 실천할 때에만 자유의지가 인정된다고 살핀 바 있다. 이에 대해서 독자가 날카로운 질문을 보내 왔다.

첫째, 만약 미혹한 중생의 의지는 부정되고 깨달은 부처의 의지만 인정된다면, 자유의지를 논하는 그 자체가 무의미한 것이 아닌가? 지금 중생으로서의 우리에게 자유의지가 있느냐를 묻고 있는 마당에, 중생에게 자유의지가 없다고 한다면 결국 우리에게는 자유의지가 없다는 말이 되는 것이 아닌가?

둘째, 중생에게 자유의지가 없다면 지옥과 극락, 윤회와 해탈의 길을 선택할 자유도 없어야 하는 것이 아닌가? 악업을 짓고 지옥에 떨어지더라도 본인의 책임이 아니지 않는가? 자업자득의 인연과 법칙이 무시되는 것이 아닌가?

이 질문을 계기로 우리는 자유의지와 연관해서 다른 각도에서 의문을 만들어 본다. 중생으로서의 나와 부처로서의 나는 하나인가 둘인가 하는 것, 그리고 중생의 의지가 부처의 의지가 될 수 있고 반대로 부처의 의지가 중생의 의지로 될 수 있느냐는 것이다.

간단하게 결론부터 말한다면 불교에서 부처와 중생은 둘이 아니다. 『화엄경』에서 마음과 부처와 중생이 차별이 없다는 것, 『법화경』에서 중생은 무량겁 전에 이미 성불한 부처의 상속자라는 것, 『열반경』에서 모든 중생에게 불성이 있다는 것, 여래장사상에서 중생은 부처의 태아라는 것 등이, 한결같이 부처와 중생이 둘이 아님을 가르치고 있다.

중생은 미숙한 부처이고 부처는 원숙한 중생일 뿐이다. 부처와 중생이 둘이 아니라면, 중생의 의지와 부처의 의지를 따로 나눌 필요도 없다. 중생 속에 이미 부처의 의지가 들어 있으니, 중생에게 부처가 누리는 자유의지가 있는 셈이다.

중생인 우리에게는 지옥의 길을 갈 것이냐 극락의 길을 갈 것이냐, 또는 윤회의 길을 갈 것이냐 해탈의 길을 갈 것이냐 대해서 선택할 권한이 주어져 있다. 어느 쪽을 향하느냐는 점에 있어서는 자유의지가 인정된다. 그러나 일단 윤회의 길에 들어서게 되면, 그 순간부터 끝없는 장애를 만나게 된다. 생로병사로부터 시작해서 모든 것이 자유의지를 구속한다. 이런 점에서 윤회의 길에는 자유의지가 인정되지 않는다고 하는 것이지, 중생에게는 무조건 자유의지가 없다는 말이 아니다.

자기 부모를 죽이고 토막을 내서 쓰레기통에 버린 한 청년을 예로 들어서 생각해 보자. 그 청년에게도 불성은 있다. 자유의지가 있다. 그러나 미혹에 빠져서 원망하는 마음의 포로가 되고 나면 그는 이미 본래의 자기가 아니다. 그는 미쳐 있다. 정신병자라고 단정적으로 말하는 것이 아니라, 자기를 잃어버렸다는 말이다.

부처는 그만두고라도 중생으로서의 자기마저 잃어버린 사람에게 자기의지를 말하는 것은 부질없는 일이 아닌가. 마찬가지로 우리 중생에게

불성이 있는 것은 분명하지만, 그리고 본래의 부처요 미래의 부처인 것
은 분명하지만, 우리가 미혹에 빠져서 죄업의 길을 간다면, 자기 자신을
잃어버린 것이 되어서 자기의지를 논하는 것이 무의미하다는 말이다. 자
기 자신이 정립되어 있을 때 자기의 자유의지를 말할 수가 있는데, 그 자
기 자체가 상실되어 있다면, 그곳에 의지의 자유를 붙일 수가 없다는 말
이다.

　중생이 미혹에 빠져 있는 것은 당연하다. 탐욕에 빠져 있는 것은 분명
하다. 이 욕망의 세계에서 하는 일마다 잘못될 것이다. 그렇다면 그 중생
이 해탈을 향한 좋은 의지를 낸다고 하더라도, 어떻게 그 의지를 성취할
수 있느냐는 물음이 제기된다. 미혹의 꿈속에서 아무리 좋은 생각을 낸
들 어떻게 꿈에서 깨어날 수 있느냐는 말이다. 그러나 우리는 이렇게 말
할 수 있다. 꿈속의 호랑이가 가짜이기는 하지만, 우리를 잠에서 깨어나
게 할 수 있다고 말이다. 중생도 발심하면 깨달음으로 나아갈 수 있다는
것이다. 해탈로 가는 길에서 중생의 의지와 부처의 의지가 하나로 이어지
는 것이다.

126 불교와 자유의지 Ⅲ

우리에게 자유의지가 있다고 하는 것은, 마음 내키는 대로 살아 갈 자유
가 있다는 것뿐이다. 아무리 자유의지가 있다고 하더라도 그것을 쓰지 않
을 수가 있다. 사람은 습관의 동물이다. 자기도 모르게 업의 굴레 속에서
살아간다. 업의 삶에서는 의지가 무시된다. 겉으로 보기에 자기 마음대로
사는 것 같지만, 실제로는 과거의 습관을 그대로 답습할 뿐이다. 그러니
업습의 삶에서 자유의지는 이름만 있게 된다.

　업은 끝없는 반복 즉 윤회를 만든다. 불교는 저 윤회로부터 벗어나라
고 가르친다. 해탈하고 열반에 들라고 가르친다. 자유의지를 죽여 버리
는 업의 윤회에서 벗어나, 자유의지를 마음껏 활용하라고 가르치는 셈이
된다.

　이 자유의지를 확대해 나가면 불교에서 중시하는 원願의 사상이 나
온다. 업의 생활은 자유의지를 사장시키는 것이 되고, 원의 생활은 자유
의지를 살리는 것이 된다. 업과 원이라는 말 그 자체에는 시간적으로 과
거와 미래의 차이가 없다. 그러나 현실에서 사용될 경우에, 업은 이미 과
거에 행해진 것을 지칭하고, 원은 미래에 행해질 것이라는 작심을 나타
낸다.

불교는 원의 종교이다. 원에 모든 시간과 공간이 다 들어 있다. 불경에 이상세계가 화려하게 그려져 있지만, 우리가 아는 범위 내에서는 지구상에 저 이상세계의 원이 실현된 적이 없다. 이상세계는 항상 미래에 있다. 원은 끝이 없다. 무한하다.

원의 무한성을 가장 잘 나타내는 것으로 수기授記사상이 있다. 『법화경』의 수기를 보자. 부처님은 제자에게 참으로 기나긴 세월의 수행 끝에 성불하리라는 예언을 내린다. "삼백만억 나유타 부처님을 공양, 공경, 찬탄하며 보살행을 닦은 끝에 성불한다."는 것이다. 불교에서 겁劫은 그저 비유로 짐작할 수밖에 없는 긴 시간이다. 한 부처님의 수명만을 보아도 12소겁小劫이요, 정법正法의 기간이 20소겁, 상법像法의 기간이 20소겁이니, 한 부처님을 모시는 기간만 쳐도 52소겁이 된다. 삼백만억의 무한수 부처님을 차례로 공양하자면 얼마나 많은 시간이 걸리겠는가.

우리가 이 수기를 역사적 사실로 쳐서 계산한다면, 석존이 『법화경』을 설하신 지 3천 년도 넘지 못하였다. 아직 1겁의 무량 억천만분의 일조차도 채우지 못한 것이다. 그토록 긴 세월에 걸쳐서 부처님을 모시고 보살행을 닦은 후에 성불하리라는 수기를 받고도, 제자들은 환희의 감격에 어쩔 줄 모른다. 100년의 기간도 제대로 보내기 힘든 세상에서, 무량 억천만생 뒤의 성불을 듣고도 기뻐하는 것은, 우리로는 측량하기가 불가능할 정도의 아주 깊은 신심과 원에 차 있음을 나타낸다. 원을 세운 마당에 세월의 간격은 아무리 길어도 문제되지 않는다. 원 속에서 이미 무한 미래의 성취를 만끽한다.

『무량수경』에는 또 다른 종류의 원이 있다. 법장 비구는 만약 중생들이 염불하고도 극락세계에 가지 못하는 이가 있다면 성불하지 않겠다는 원을 세운다. 법장 비구는 마침내 아미타불이 된다. 그러니 누구든지 아미타불을 진실한 마음으로 생각하면 극락에 갈 수가 있게 된다. 여기에 수행 기간은 명시되어 있지 않다. 아니, 시간을 말할 필요가 없다. 불교에서 진실한 원은 그것의 도달과 다를 바 없다. 원을 세우는 그 찰나에 성취를 느낄 수 있다.

어떤 이는 불교의 원사상이 역사적 사실성을 결여한 유심주의가 아니냐고 물을지도 모른다. 불교는 공空사상을 기본으로 삼고 있다. 현실은 결정된 것이 아니다. 끝없는 과정의 상태에 있다. 고정된 사실이란 있을 수가 없다. 시간과 장소에 따라서 같은 사실도 얼마든지 달리 해석된다. 그렇기 때문에 미리 고정된 결과를 정하지 않고 진행되어 가는 먼 미래를 미리 느낄 수가 있다. 왕생극락이나 성불의 원을 세운 그 자리에서 성취의 기쁨을 누릴 수 있다. 자유의지를 원과 연결해서 생각하면, 불교의 공사상과 유심사상이 자유의지의 기초 위에 서 있다고 할 수 있다.

지명 스님

동진 출가하여 부산 범어사 강원과 영천 죽림사 등에서 내전을 수학했고 동국대 불교학과에서 석사와 박사 과정을 마친 뒤 미국 템플대학 종교학과에서 석사·철학박사 학위를 취득했다. 의왕 청계사, 속리산 법주사 주지 소임을 살았고, 조계종의 입법기관인 중앙종회 의원을 역임했다. 지금은 경기도 과천 포교당과 괴산에 있는 각연사 깊은 산골, 안면도 서해 바다를 오가며 수행과 포교에 힘쓰고 있다.

그동안 출간된 책은 『허공의 몸을 찾아서』(불교시대사, 1994), 『큰 죽음의 법신』(불교시대사, 1995), 『무로 바라보기』(오늘의 책, 2005), 『진흙이 꽃을 피우네』(해토, 2007), 『그것만 내려놓으라』(조계종출판사, 2008) 등이 있다.

한 권으로 읽는 불교 교리

초판 1쇄 펴냄 2015년 11월 20일
초판 3쇄 펴냄 2018년 1월 26일

지 은 이 | 지명
발 행 인 | 전설정
편 집 인 | 김용환
펴 낸 곳 | 조계종출판사

출판부장 | 최승천
편   집 | 강지혜
디 자 인 | 김현희
마 케 팅 | 김영관

출판등록 | 제2007-000078호(2007.04.27)
주   소 | 서울 종로구 삼봉로 81 두산위브파빌리온 230호
전   화 | 02-720-6107~9
팩   스 | 02-733-6708
홈페이지 | www.jogyebook.com

ⓒ 지명, 2015

값 17,000원
ISBN 979-11-5580-064-5 (03220)